科学发展观视域下
文化建设思想研究

种海峰◎著

人民出版社

目　录

导　论

　　中国共产党自成立以来，立足中国革命、建设与改革开放的具体实践，在马克思主义的指导下，不断致力于文化事业的建设与发展。从中国新民主主义革命到社会主义革命和建设，再到中国特色社会主义现代化建设，在九十多年的艰辛探索中，中国共产党人始终能够以巨大的理论勇气和求真务实的创新精神，致力于马克思主义文化理论的继承和发展，不畏艰难地致力于社会主义文化建设的实践探索，成功地实现了马克思主义文化理论的中国化、民族化与时代化。党的十六大以后，在科学发展观的指导下，以胡锦涛同志为总书记的中国共产党围绕"什么是中国特色社会主义文化"，"如何建设中国特色社会主义文化"，"建设什么样的文化、怎样建设文化"，"实现什么样的文化发展、文化怎样发展"，以及"以什么样的精神状态、担负什么样的文化历史使命"，"实现什么样的文化奋斗目标"等一系列重大问题，在中国特色社会主义文化的内涵、本质、地位和作用、文化建设的奋斗目的、指导思想、文化建设的重要内容等方面形成了一系列重要的理论认识，作出了重要的部署和探索，为马克思主义文化理论的中国化、中国特色社会主义文化建设事业发展作出了重要的贡献，所形成的关于科学发展中国特色社会主义文化的一系列重要理论观点具有极强的理论指导意义和现实意义。

　　文化既是人类特有的现象与活动，也是人类及其社会发展进步的重要因素。"一部人类社会发展史，是人类生命繁衍、财富创造的物质文明发展史，更是人类文化积累、文明传承的精神文明发展史。人类社会每一次跃进，人类文明每一次升华，无不镌刻着文化进步的烙印。"① 从人类社会发展的历史发展来看，人类社会的每一次飞跃都与文化的创新与飞跃息息相关。文化是民族凝聚力和创造力的重要源泉，是综合国力竞争的重要因素，是经济社会发展的重要支撑。"一个没有文化底蕴的民族，一个不能不断进行文化创新的民族，是很难发展起来的，也是很难自立于世界民族之林的。要提高发展水平，增强发展后劲，提高群众生活质量，必须高度重视并全面推进文化建设。"② 随着历史的进步和时代的发展，文化在当今世界事务、国际关系、综合国力竞争以及经济社会发展中的地位和作用日益显著。尤其是 20 世纪末 21 世纪以来，在全球化和信息化的多重因素推动下，文化越来越成为人们关注的焦点和重点。

中国特色社会主义文化，是我国进入改革开放的新时期以来在中国共产党领导下中国社会主义文化的理论与实践；中国特色社会主义文化理论是中国特色社会主义文化建设实践的理论化、系统化。中国特色社会主义文化建设的实践是在马克思列宁主义、毛泽东思想，特别是邓小平理论、"三个代表"重要思想、科学发展观以及习近平新时代中国特色社会主义思想的指导下进行的伟大社会历史活动。中国特色社会主义文化建设是中国特色社会主义现代化建设的重要构成部分与有力的支撑。建设中国特色社会主义文化，对于促进中国特色社会主义协调、和谐发展，对于建设全面建成小康社会，对于不断开创中国特色社会主义事业新局面、实现中华民族的伟大复兴具有极其重要的意义。中国特色社会主义的发展内在要求文化事业的相应同步协调发展，在中国特色社会主义总体事业中，文化与经济、政治、社会和生态几大方面相互依存、相互渗透、相互促进、相互作用，缺一不可。

---

① 《十六大以来重要文献选编》（下），中央文献出版社 2011 年版，第 751 页。
② 《胡锦涛文选》第 2 卷，人民出版社 2016 年版，第 44 页。

　　党的十六大以后，随着国际国内形势的不断变化，中国特色社会主义事业的伟大实践为文化发展增添了新的内涵，提出了更新更高的要求。我国文化建设的奋斗目标，就是使我国成为社会主义文化强国、文化大国，不断满足广大人民群众对精神文化生活与文化产品的需要，让人民共享文化发展成果；更好构筑中国精神、中国价值、中国力量。文化强则国家强，国家的强大才可能久远。没有社会主义文化的发展和繁荣，就没有社会主义现代化。一个真正的强国，不仅仅是经济上的强大、物质力量的强大，还包括文化上、精神力量的强大。党的十七届六中全会审议通过了《中共中央关于深化文化体制改革　推动社会主义文化大发展大繁荣若干重大问题的决定》（以下简称《决定》），《决定》明确提出了"坚持中国特色社会主义文化发展道路，努力建设社会主义文化强国"的宏伟目标。在我国经济建设、政治建设、社会建设取得长足发展与巨大成就的背景下，大力加强文化建设，是深刻把握新形势下全球文化发展大趋势、科学判断我国全面建设小康社会的新要求，是全面认识党所肩负的历史使命、积极主动回应人民群众的战略抉择，也是深入探索中国特色社会主义建设、规律与党的执政规律的战略抉择，不仅顺应了历史进步的客观趋势，也顺应了广大我国人民群众的愿望与期盼。建设社会主义文化强国，就是要大力推动社会主义先进文化发展，实现物质文明与精神文明的协调发展，使社会主义核心价值观深入人心，不断满足人民群众对文化生活的需要，不断丰富人民群众的精神世界，促进文化事业文化产业的协调发展，共建中华民族美好的精神家园，为世界文化、人类文明的进步发展做出更大的贡献。

　　围绕建设社会主义文化强国的奋斗目标，中国共产党团结和领导全国人民大力加强中国特色社会主义文化建设，在中国特色社会主义文化理论和实践方面取得了一系列重要的成果和成就，为今后中国特色社会主义文化建设的进一步发展积累了宝贵的经验，打下了坚实的基础。研究、总结和继承这一宝贵的理论经验和实践经验，是一项十分重要而有意义的工作。

第一节　文化与文化发展观

　　中国古代的"文化"内涵主要体现在其精神方面，包含"文治教化"的意思，而在西方早期由于受到自然本体论哲学思维方式的影响则比较偏重它的"自然"（Nature）属性，原意是指耕种、栽培、掘垦等。但是，西方古代"文化"的含义也是逐渐演化的，后来经过了从物质意义向精神意义的延伸和转变。意大利哲学家维柯指出，人创造的世界本质上是一个文化的世界，这个世界与自然界有很大的不同；康德在《判断力批判》中认为，"文化"是"一个理性的实体为达到最高目的而进行的能力创造"，这种创造，就是人运用自己的思维和自然赋予的能力，不断追求实现自己的目标，它不仅是个人的道德完善和精神发展，而且也是一个民族生活方式的最高阶段。考察"文化"一词的演变历史可以发现，尽管人们关于文化描述性的定义、历史性的定义、行为规范性的定义、心理性的定义等，林林总总，众说纷纭，但一个共同之处就是都认为文化的核心是人所特有的价值观和意义系统，它不仅是人安身立命的思维方式，而且是人根本的生活方式和实践方式。

　　18世纪以来，越来越多的思想家们把文化的变迁与社会历史的发展联系起来考察，他们大体上表达了以下三种观点：第一种是线性发展观。法国的孔多塞、孔德等人是这种观点的代表。孔多塞在《人类精神进步的历史概观》中指出，人类文明的进步是连续的，随着科学技术不断发展，新知识、新道德、新政治不断涌现；在社会文化的不断进步面前，蒙昧、野蛮必将逐渐退却，人类必将掌握社会历史发展的法则，从而能够自由的控制自己的命运。孔德在《实证哲学教程》中提出，人类社会发展的轨迹是从神学阶段进入形而上阶段，再进入实证阶段的。他认为，文化的发展可以从社会的静态与动态两个维度来进行分析。所谓静态，就是在横向上研究一个特定时代和社会文化总体中部分的功能与相互关系；所谓动态，则是在纵的方向上研究不同时代的文化变迁及其相互关系。孔德指出，可以用类似自然中的因果一致律来研究社会文化的发展问题。第二种是循环上升的发展观。以意大利的维柯为代表。维柯提出人类历史是从一个循环向另一个循环作类似螺旋式向上运动的，每一个循环中都包含着从神的时代到英雄时代、再到人的时代的演化，神的时代起主导作用的文化因素是宗教；英雄时代起主导作用的文化因素是神话；人的时代起主导作用的文化因素是哲学。这种历史文化循环发展的模式是非线形的，但却仍然是多样的、进步的。第三种是辩证的发展观。这以康德、黑格尔、马克思为代表。马克思在《政治经济学批判》等著作中论述了辩证发展的历史文化观。他指出，生产关系的总和构筑了社会的经济结构，这个经济结构形成了社会历史发展的基础，在这个基础之上产生法律、政治的上层建筑及其相应的意识形态。二者的关系是，经济基础决定社会的上层建筑，而上层建筑反过来又对经济基础产生作用。文化的不断进步促进社会的不断发展，人类社会的进步发展与人类文化的进步和发展本质上是同步的、一致的，两者是相互促进、彼此证明的关系。文化与其所赖以存在的人类社会总是处于不断的发展变化之中。但文化的发展与社会的发展都不是自然而然实现的，文化发展与社会的发展是作为主体的人不断地有意识地构筑、经营的结果。马克思辩证的文化发展观对后来的文化理论以及世界历史的发展产生了重要的影响。

那么，什么是文化发展呢？所谓文化发展，简言之，就是人类文化的新陈代谢，换言之，就是在社会发展中，符合人类社会客观规律的文化观念不断产生，文化新生事物不断涌现、不断战胜落后、腐朽、错误文化的过程；更进一步地说，文化发展就是人的适应世界能力和境界的不断提升。人类文化的历史过程从长时段来看，总体上是一个顺应历史潮流、不断从低级走向高级、从简单走向复杂，从野蛮走向理性、从蒙昧走向科学的发展与进步的过程。其间，离不开人类作为文化活动主体能动的设计和推动，离不开人类文化建设活动或文化建构活动。人类社会的发展受到复杂的因素和条件的影响，诸如经济发展水平、历史传统、文化主体人的素质和能力、政治制度、国际环境等，其中有一个因素不应当被忽视，那就是在特定的政治制度下文化主体所倡导的、作为社会历史内在的价值理念即特定的文化发展观。文化发展观，概言之，就是人们关于文化发展的本质、价值、目的、内涵等文化基本问题的基本看法和根本观点，是关于文化的哲学认识和反思。文化发展观解答了一定社会文化建设的发展方向、发展道路、发展目标、发展制度、发展动力等一系列理论问题。

发展观或社会发展观是关于社会发展和历史发展的世界观和方法论。"发展观是关于发展的本质、目的、内涵和要求的总体看法和根本观点。有什么样的发展观，就会有什么样的发展道路、发展模式和发展战略，就会对发展的实践产生根本性、全局性的重大影响。"[1] 社会发展观或历史发展观中内在地包含着文化发展观，不仅如此，而且文化发展观构成了社会发展观或历史发展观的核心内容。一般地，有什么样的文化观与文化发展观，就会有什么样的文化建设思路，就会有什么样的文化创造实践活动，同样地就会有什么样的文化存在，也就会有什么样的社会存在。人类文化发展观决定着文化的发展方向，制导着文化的发展道路。因此，确立一定的、科学的文化发展观具有非常重要的价值和意义。过去我们大都比较重视社会发展观，相对地则对文化发展观较少提及。在理论层面上，文化发展观是较为抽象的、深层次的发展观。根据其性质上的区别，我们大致可以把文化发展观区分为正确的文化发展观与不正确的文化发展观，或者区分为科学的文化发展观与不科学的文化发展观。所谓科学的文化发展观，可以理解为既合规律性又合目的性的文化发展观，也即"又好又快"的文化发展观——既符合文化事业发展的客观规律、反映文化发展趋势又符合主体的需要，能够实现主体的预期目标，满足主体（国家、集体和个人）对于文化进步发展的愿望和要求。

党的十六大以后，在党和国家制定的社会主义文化理论和一系列文化政策的指导下，我国文化建设取得了丰硕的成就，文化领域呈现出了令人

---

① 《十六大以来重要文献选编》（上），中央文献出版社 2005 年版，第 755—756 页。

可喜的发展繁荣局面，人们的文化意识与文化观念不断提高，文化体制机制改革不断推进，人民群众精神文化生活更加丰富多彩，国家文化软实力持续提升，为实现"两个一百年"奋斗目标和中华民族伟大复兴奠定了坚实的基础。然而也要看到，在我国的文化建设中，囿于各种原因，现实中依然还有一些僵化的、片面的、错误的文化发展观念还在束缚着人们的头脑，阻碍着文化体制机制改革，给我国文化发展带来了不可忽视的阻滞力；有的文化观念在一定时期一定条件下是合理的、正确的思想观念，但是随着时间的推移则有可能变成片面的认识、失去其合理性。尽管出现这种现象的原因大致在于客观事物和实践的发展，以及人的认识具有其局限性和相对性，在某种程度上带有一定的不可避免性；但无论如何，人们总是不断地向往并追求着具有充足理由的、正确的、合理而科学的思想观念，力求其观念与行为实践的相一致、相协调、相和谐。

在对待文化及其发展问题上，我们有必要盘点、分析一下那些常见的关于文化发展观的误区，并以此清理一下思路，在此基础上弄清楚我们应该秉持什么样的文化发展观，思考究竟什么样的文化发展观适合我国国情、符合我国当前文化事业的现状？归结起来，亟待破除的文化发展观念误区，我们认为，主要有以下六个方面：

文化发展观念误区一：只要生产力、经济发展上去了，文化水平就自然提高上去了，这是一种消极无为的错误观念。这种观点的错误之处，在于没有看到文化与经济的相对独立性，没有看到文化是与政治、经济、生态既联系又相区别的社会事业和领域。马克思主义基本原理告诉我们，社会存在决定社会意识，但是作为社会意识的文化和社会经济发展之间又有不完全同步、不完全一致、不平衡不协调的特征，那种认为经济建设搞上去了文化就会自然发展起来的观点是错误的。实践证明，繁荣的经济并不自发产生健康有益的文化，如果不加以正确引导，文化建设就会有偏离正轨、走上歧路和陷入迷途的危险；如果没有先进文化的支撑，经济和社会的发展就缺乏应有的氛围和持久的动力而难以为继。政治、经济的发展，为文化的发展提供了有利的发展基础和条件，反过来，文化也能够反作用于前者，为其提供强有力的思想指引和智慧支撑。生产力、经济的发展只能代表社会在获取物质财富、改造自然、改善人类物质生活水平方面所达到的高度和水平，不能说明也不能解决人们在精神生活中遇到的困境与需求。因为，物质世界与精神世界，物质生活与精神生活毕竟是两个不同的世界与生活，它们之间虽然有关联，但不能相互代替、相互僭越。既如此，我们在发展生产力、提高经济实力的同时，就要同时大力进行文化发展和文化建设，使两方面协调起来。要放弃那种只要生产力上了文化自然就发展上去了的幻想，要真抓实干，一手抓经济发展，一手抓文化繁荣，两手抓两手都要硬。实践中常常会发现，片面抓经济而忽视文化，其结果文化发展不仅没有搞上去，而且生产力、经济由于缺乏文化的支撑而陷入缺乏后劲的境地。

文化发展观念误区二：文化发展就是科学教育事业发展。长期以来，我们许多人的思想观念都是如此认为的。这种观念是有其原因的，其与我们对文化概念的认识与理解有关，一定程度上也同文化的相关政策有关。文化本身是一个极为复杂涵盖物质、精神、制度等的概念，而我们习惯上只重视其精神、思想的方面，而对其有形的、物质的、感性一面有所忽视。因此，每当谈及文化发展，就联想到了理想信仰、价值观念、科学教育、文学艺术等。精神文化与物质文化是紧密联系无法分割开来的，无形不能摆脱有形，必须依托于有形才能存在和显现。那些凝结了文化创造者智慧和能力的建筑、交通工具、服饰、日常用品等，我们无法否认其是文化的构成物。我们不能只重视那些不可见的隐性文化或观念文化，而对那些可见的显性物质文化视而不见（当然，对于物质文化，我们之所以称其为文化物，仍然是在于我们要解析其中所包含的精神信息或思想信息。对于那些没有精神内涵的物品，尽管它是有形的，但很难称其为文化物）。我国文化事业和文化产业，长期以来未得到长足发展背后一个很重要的原因，在于我们所持有的文化观念欠全面，就是对物质文化的不够重视。为什么说这种文化发展观念也与国家政策的导向有关呢？以党的第八次代表大会政治报告为例，报告中提到了在进行社会主义建设中如何进行文化教育建设的问题。报告中除了提到发展各级各类的学生人数、努力扫除文盲外，还提到了要在思想观念上对封建主义、资本主义思想的批判，改造人们的世界观，加强思想战线工作。直到党的十六大报告中明确提出了"积极发展文化事业和文化产业""继续深化文化体制改革"的目标等内容，意味着除了政治思想、民族精神、思想道德建设和科学工作者教育这些精神文化之外，文化产业等也是文化事业的重要的组成部分。精神文化所依附的物质文化、经济文化正式进入文化建设的重要内容，从而开启了我国文化建设整体推进的序幕与历史。由此，我们也可以看到，文化观念对于文化发展观以及文化实践的重要性。

文化发展观念误区三：文化是纯消费、消耗性事业，不会产生经济效益。这个看法与前面的观念存在一定的因果关系。由于我们长期以来把文化划归于科学教育、思想观念、理想道德、文学艺术等，认为文化建设几乎不会产生可以看得见的回报，如果有什么回报的话，也是未来遥远的而非短期的回报。总之，大多数人认为文化建设是虚的、空的，不是实实在在的事业。这个看法根本在于没有认识到文化的力量，更没有认识到文化的经济价值。正是由于这种观念的作祟，导致有关人、有关部门对文化另眼相看，一提到文化建设则积极性不高、兴趣不大，以文化没有看得见的回报回避文化建设问题。近年来，文化产业异军突起，以及文化经济化和经济文化化的趋势日益迅速发展。值得注意的是，自从党的十六大以来，我国文化产业作为未来国民经济中先导性、战略性和支柱性的新兴朝阳产业，得到迅速发展。文化产业以其创意为源头，以思想内容为核心，其产业链长、消耗小、污染少、经济效益高为其显著特征，一方面，它是我国社会主义市场经济条件下主动适应国际经济形势以及国内人民群众日益增长的物质、精神文化需要的必然选择；另一方面，它也是我国经济结构优化与调整的重要着力点。我们已经认识到，文化由公益性的文化事业和经营性的文化产业两大部门组成。客观地讲，公益性的文化事业主要由政府行为主导，这部分领域可以说需要大量的投入，不以赢利为目的，不求经济效益的回报，但对国家和社会都是不可或缺的；没有文化事业的投入，就没有社会的稳定与和谐，就没有国家的长治久安。因此，国家必须保证对文化事业的建设，保证文化的社会的功能和社会效益的实现。文化成就使得以上认为文化不会产生经济效益观念及看法不攻自破，其认识片面性和局限性可见一斑。

文化发展观念误区四：文化建设工具论。这是一种在单纯追求经济思维之下把文化建设视为经济建设的工具和从属的观念。这种观点认为，我们既然提出以经济建设为中心，那么文化建设的目的就是为经济建设服务的，文化是装点经济的修饰品，衡量文化建设成败的标准就是所带来的经济效益。能够带来经济效益的文化就是"好"的文化。在这种观念指导之下，其结果必然是文化成为经济的婢女，导致文化活动的失序与混乱，各种落后文化、腐朽文化、非科学文化趁机沉渣泛起，一些市场商业活动纷纷打着文化的旗号粉墨登场。例如，前几年比较典型的"文化搭台，经济唱戏"就是例证。不可否认，在短时期内，这种模式也起到一定的效果，但长期则不可持续。因为，在这种模式中，文化与经济没有真正融合而是"貌合神离"的。文化和经济要取得共同发展，二者必须真正结合，相得益彰，实现文化与经济从内容到形式上的一体化。

文化发展观点误区五：文化建设靠后论。这种观点主张先不急于发展文化，而应该优先发展经济，等将来经济发展上去了，富裕了有钱了，再去着手建设文化也不迟。这种观念产生的原因，在于对以经济建设为中心作了片面的理解。在有些人的意识中，既然以经济建设为中心，就要放松其他方面的建设，不能兼顾；否则就会干扰到经济建设，影响到经济建设的成效。关于这个问题，邓小平同志在谈到"两个文明"建设时，就已经作了解答："物质文明和精神文明都搞好，才是有中国特色的社会主义"，要一手抓物质文明，一手抓精神文明，要两手都要抓，两手都要硬，不能一手硬一手软。这就说明了文化建设与经济建设和物质文明建设同等重要，不可偏废，要同时建设同步发展。必须认识到，经济建设和文化建设、物质文明建设和精神文明建设是对立统一的辩证关系，它们是相互依存、相互影响、相互作用、相互促进、相互转化的。文化促进经济，能够赋予经济强大的动力和能量。相反，落后、错误的文化思想则阻碍经济发展。邓小平曾经指出："经济建设这一手我们搞得相当有成绩，形势喜人，这是我们国家的成功。但风气如果坏下去，经济搞成功又有什么意义？会在另一方面变质，反过来影响整个经济变质，发展下去会形成贪污、盗窃、贿赂横行的世界。"[1] 因此，文化建设等不得，慢不得，必须要加紧加快发展。

文化发展观念误区六：文化建设代价论。认为牺牲或放慢文化建设是以经济建设为中心的实践中必然会付出的代价。这种观点主张，在一定时期文化建设的滞后、落后是很正常的，甚至有时坐视这种现象的发生。在一些人眼里，文化建设不能与经济建设同时抓起，因为两者是相矛盾相对立的，不能同时兼顾，经济建设要取得发展，必然以牺牲或放弃文化建设为条件；有的人借口发展经济，拒绝在文化建设方面用力用功。还有一种情况，就是把文化庸俗化、恶俗化，一味迎合获取经济利益，放弃文化底线要求，放弃对真善美标准的坚守。在当今全球化时代，由于信息网络现代传媒、技术手段的迅速发展，改革开放打开了长期封闭的国门，大量信息尤其是西方发达国家凭借其科技手段的优势把其本国的社会价值观和意识形态输送传递给其他国家，这就对我国主流意识形态带来了冲击和挑战。除此之外，互联网上鱼目混珠，各种各样的信息带总是令人眼花缭乱，虚假的、错误的、腐朽的、反动的、淫秽色情、暴力等不良信息会借网络大开方便之门，并对受众的思想观念、价值认同产生不可忽视的影响。因此，在经济建设的同时，如果忽视、放弃文化建设，后果是十分严重、不堪设想的。文化建设并非可有可无，可抓可不抓，而是非抓不可，非抓好不可而，必须常抓不懈。如果在经济建设中付出文化的代价，这个代价实在是太大了，得不偿失。因此，我们一定要提高认识，正确摆正文化建设与经济建设的关系，纠正错误思想，避免借口文化建设代价论而放松文化建设、单打一地抓经济建设。

---

[1] 《邓小平文选》第3卷，人民出版社1993年版，第154页。

以上错误、片面的文化发展观，有其产生的几个主要根源：

第一，孤立、片面地看问题。以上观点就文化论文化，割裂了文化与社会其他方面和因素的有机联系。人类社会中，政治、经济、文化等处于不可分割的统一整体中，它们缺一不可又相互影响、相互联系、相互作用。如果在实践中片面地强调一方面忽视其他方面，则导致我们社会片面的、非平衡的、非协调的发展。还有，就是只看到了文化的某一功能而未看到文化的其他功能，对文化没有形成系统、全面的、整体上的理解，使文化发展与经济发展相对立、相脱节。

第二，静止地看文化，缺乏发展、变化的眼光。文化是活动的、动态的，它是人固有的活动方式和实践方式及其结果。

第三，犯了实用主义的错误。把文化工具化、手段化、外在化，没有认识到文化本身就是人类内在的活动方式，其本身具有属人性、内在性；如果把文化实用化、功利化，则会造成文化的异化，即文化的反人性，把文化变成一种同人的内在本质相异己的东西而与人相对立相分离；另外，把文化变成的经济的附属品也是这种实用主义的表现。

第四，犯了经济至上论的错误。这种错误其实是现代工业文明时代发展观的一种表现，工业文明发展观视 GDP 为生命，把发展等同于工业发展、等同于经济发展。这种观念由于其暴露出越来越多的弊端，因而受到了人们越来越多的质疑和批判。1995 年，哥本哈根世界人口与发展大会提出了"以人为中心"的发展观，这种新的发展观把经济、自然、社会和人的综合因素考虑起来，纠正了以往发展观的偏颇与不足，突显了发展的人文性、全面协调性、可持续性，可以说具有革命性的意义。

第五，犯了文化保守主义的错误。文化发展需要相对包容性、开放性的环境。以上观念，仅仅局限于特定时期里我国社会历史有限的范围看问题，缺少世界视野和宽广的国际眼光。当今，国际局势和国内形势的进一步发展为中国特色社会主义文化建设既提出了挑战，又提供了难得的有利机遇。因此，我们应当牢牢把握时代提供的历史机遇，积极主动地回应时代的挑战，而不可错失良机、消极无为，贻误促进文化繁荣发展的大好机遇。

总之，我们必须树立正确的、科学的文化发展观，促进中国特色社会主义文化事业全面、协调、健康可持续发展。只有树立正确的、科学的文化发展观，才能真正推动中国特色社会主义文化建设，使其沿着正确的方向健康顺利地向前发展。党的十六大以后，以胡锦涛同志为总书记的党中央，坚持一切从实际出发，实事求是，高瞻远瞩，针对我国文化建设相对滞后的短板，按照科学发展观的要求树立了新的文化建设发展理念，以高度的时代担当，提出发展和壮大我国文化软实力，发展和繁荣中国特色社会主义文化的重要任务，提出了指导中国特色社会主义文化建设科学的文化发展观，具有十分重要的理论意义和实践意义。

第二节　中国共产党文化发展观的历史演进及其实践

作为一种认识和观念，中国共产党文化发展观的形成和发展是一个随着历史和实践的深入发展而不断完善、丰富和逐渐成熟的过程。在这个过程中，充斥着在文化及其发展问题上马克思主义与各种非马克思主义、历史唯物主义与历史唯心主义、真理与谬误、正确与错误的斗争和较量。

一、中国共产党成立以前的文化论争

1915 年前后兴起的新文化运动，不仅为马克思主义传入中国、以及中国共产党的成立提供了前提条件，而且也是一场重要的思想解放运动，成为五四运动之后中国现代文化生发的起点与开端。

1840 年以后，西方列强纷纷入侵中国，中华文化遭遇前所未有的冲击和挑战。为挽救危局，中国先后产生了洋务运动、戊戌变法、辛亥革命

等运动，但都相继失败。尤其是辛亥革命，虽然推翻了统治中国两千多年的封建专制制度，但顽固陈腐的封建思想和封建道德依然阴魂不散，浓厚地笼罩在中国大地。中国的政治环境、政治制度虽然发生剧烈的变化，但思想文化却未有大的改观，甚至出现了某种倒退现象。辛亥革命的胜利成果被袁世凯窃取后，他发布《崇孔伦常文》，尊孔子为"万世师表"，定孔教为国教，认为其"放之四海而皆准"，应该"尊孔祀孔"，"以正人心，以立民极"①一时间，北京、上海、山东等地纷纷成立孔教会、孔道会、宋圣会等组织，出版杂志、刊物，一些封建主义的旧思想旧文化再度卷土重来，尊孔复古的逆流甚嚣尘上。这些现象说明了，不改造中国人民的思想观念，不进行一次思想上的文化启蒙，片面强调学习西方先进的物质技术、学习西方政治制度是远远不够的，事实证明也是不会成功的。因此，在此背景下，对国民的文化改造、思想启蒙已经被推到历史的前台。陈独秀、李大钊、胡适等一批有识之士掀起了一场轰轰烈烈的新文化运动，大张旗鼓地揭开了思想启蒙的序幕。新文化运动的主题是民主与科学。当时的人们认为，民主与科学不仅是西方文明成功的秘密，而且"这有两位先生，可以救治中国政治上道德上学术上思想上的一切黑暗。若因为拥护这两位先生，一切政府的压迫、社会的攻击笑骂，就是断头流血，都不推辞。"②总之，他们认为，中国的一切问题的最终症结，在于唯有民主和科学的良方才有解决的希望和可能。

新文化运动所倡导的民主，也就是西方资产阶级的民主制度和民主思想。新文化运动的推动者高举民主的旗帜，对中国封建专制制度和思想文化展开了激烈的批判和抨击。陈独秀认为封建专制"以君主之爱憎为善恶，以君主之教训为良知，生死予夺，唯一人之意志是从"，导致"人格丧亡，异议杜绝"。因此，应该结束这种官僚政治，代之以"自由的、自治的国民政府"③。李大钊也指出，自由与专制是对立的，中国欲

---

① 《中华民国史档案资料汇编》第3辑"文化"，江苏古籍出版社1991年版，第1—2页。

② 《新青年》第6卷1号，1919年1月15日。

③ 陈独秀：《吾人最后之觉悟》，《青年》1卷6号，1916年2月15日。

求自立自强，必须抛弃封建专制制度才有真正的出路。新文化运动所倡导的科学，就是西方的以探索真理追求事物中因果关系奥秘的自然科学和人文社会科学，以及与之相联系的科学态度、科学精神与科学方法。新文化运动推行者以道学的名义，提倡追求真理、信仰真理，反对封建迷信、蒙昧和盲从，要求人们用科学的精神与立场去独立思考，以科学的态度面对一切观念和问题。中国文化革命的主将鲁迅先生发表文章，提出用"科学""医治思想上的迷信、愚昧、不改现状、不思变革的弊病"①。阐明了科学这种当时中国人不很熟悉的东西对解救国民、实现中国社会进步的重大意义。

人们对上世纪初期发生的新文化运动也许会有不同角度的评价，从不同方面判断其得失功过，进而得出不同的结论。但有一点是不可否认的，那就是对民主、科学两种重要思想观念与文化价值观念的引入和倡导，好似一股清新的空气吹进一间长久封闭、沉闷的房屋，给人们僵化的思维以新奇的冲击和震动，开阔了中国人民的眼界和视野，极大地增强了中国人关于民主、科学的思想意识，使人们的思想从长期以来的封建思想、封建道德伦理的枷锁中解放出来，逐渐唤醒了国人的主体精神和主体意识，增强并培养了人们探索追求真理、追求变革、突破陈规的革新社会创造精神，从而为接受新的社会进步思想、新的文化观念打下了有利的思想文化基础，对现代中国进步起到了巨大的历史推动作用。

新文化运动倡导者主张学习西方先进思想文化，站在更高的世界主义和普遍主义的角度审视中西方文化的优缺点，这显然是一个进步。同时期，来自西方的各种社会思潮，如空想社会主义、新村主义、工读互助主义、基尔特社会主义、无政府主义、改良主义、科学社会主义等在中国思想界八仙过海，纷纷登场，各种主义各种思想相互激荡、相互竞争，但结果都是昙花一现，喧嚣一时而已。直到1917年俄国十月革命胜利以后，马克思主义传播到了中国，中国先进分子从此开始"用无产阶级的宇宙观

---

① 鲁迅：《随感录》三十八，《新青年》5 卷 5 号，1918 年 11 月 15 日。

作为观察国家命运的工具，重新考虑自己的问题"①。1919年爆发了五四运动，促使新文化运动由资产阶级民主主义性质的思想文化运动转变成为马克思主义性质的思想文化运动。与此同时，陈独秀、李大钊等人也实现了由激进的民主主义者向马克思主义者的重大转变，并且自觉地运用马克思主义历史唯物主义这一新的世界观和方法论为思想工具来思考中国的革命道路和文化选择。五四运动是中国历史上一个重要的分水岭。"在'五四'以前，中国的新文化，是旧民主主义性质的文化，属于世界资产阶级的资本主义的文化革命的一部分。在'五四'以后，中国的新文化，却是新民主主义性质的文化，属于世界无产阶级的社会主义的文化革命的一部分。"②随着这个巨大的历史转变，马克思主义思想文化逐渐进入了中国人的精神世界，对于中国思想文化的进步发展具有十分重要的意义。

在这场革命运动中，以李大钊为代表的新文化运动"左翼"知识分子热情讴歌俄国十月革命，指出十月革命的胜利将开辟世界历史的新纪元，"这个新纪元是世界革命的新纪元，是人类觉醒的新纪元"③。他讴歌十月革命代表着一种新的文明即社会主义文明，中国应向其学习。"吾人对于俄罗斯今日之事变，惟有翘首以迎其世界的新文明之曙光，倾耳以迎其建于自由、人道上之新俄罗斯之消息，而求所以适应此世界的新潮流"④。在李大钊、陈独秀等人的感召下，毛泽东、瞿秋白等人开始接受和宣传马克思主义。毛泽东在《湘江评论》上指出，十月革命的胜利必将"普及于世界"，"不但湖南、全中国一样尚没有新文化，不但中国，全世界一样尚没有新文化。一枝新文化小花发现在北冰洋岸的俄罗斯。"还称赞俄国"是世界第一个文明国"。⑤1920年，毛泽东和何叔衡在长沙发起成立俄罗斯研究会，积极研究、宣传马列主义的经验，瞿秋白认为俄国是"世界革

---

① 《毛泽东选集》第4卷，人民出版社1991年版，第1471页。
② 《毛泽东选集》第2卷，人民出版社1991年版，第698页。
③ 《李大钊文集》第2卷，人民出版社1999年版，第252页。
④ 《李大钊文集》第2卷，人民出版社1999年版，第219页。
⑤ 《新民学会资料》，人民出版社1980年版，第250页。

命的中心点，东西文化的接触地"①。为此，他还克服重重困难，亲赴俄罗斯进行社会考察，深入俄罗斯基层社会，并通过信件向国内系统介绍苏俄各方面情况，号召中国"以俄为师"，走十月革命社会主义的道路。然而，作为新文化运动的另一轴心人物胡适却顽固坚持"西化"立场，反对"以俄为师"，认为西方文化代表世界文化的未来走向，并鼓吹民族文化虚无主义，断言"我们的固有文化实在是很贫乏的"。② 他认为，即使欧洲文明在第一次世界大战中衰落，西方文化还有美、亚、澳三洲可以躲避，因而不必太过于悲观，说什么"我们必须承认我们自己百事不如人……不要怕丧失我们自己的民族文化"③。在政治上，胡适等人认为马克思主义不适合中国的国情，主张"多研究些问题，少谈些主义"，中国的问题只能通过一点一点的改良来解决，不能通过社会革命来解决。按照胡适的看法，他认为中国不能借鉴俄国十月革命的经验，只有全盘西化、全面向西方学习，才能有出路。因此，正如毛泽东所说的那样："五四运动的发展，分成了两个潮流。一部分人继承了五四运动的科学和民主的精神，并在马克思主义的基础上加以改造，这就是共产党人和若干党外马克思主义者所做的工作。另一部分人则走到资产阶级的道路上去，是形式主义向右的发展。"④全盘西化派盲目崇拜西方文化，拒绝实际地研究中国现状，不能认识社会主义革命时代的到来，因而无法提出实现中国文化复兴的正确方案；而中国早期的马克思主义者则根据世界历史主题的变化，将中华民族文化与近代社会变革相联系起来，顺应时代潮流，遵循社会发展客观规律，提出了社会转型与文化振兴的正确主张，从而为后来中国共产党领导的中国新民主主义文化创造了有利的思想条件。

　　五四运动之后，中国局势更加错综复杂，围绕着中国向何处去、中国文化向何处去的问题，出现了不同的观点和设计，思想界逐渐划分出了

---

① 《瞿秋白文集·文学编》第 1 卷，人民文学出版社 1985 年版，第 31 页。

② 《胡适文存》第四集，黄山书社 1996 年版，第 337 页。

③ 《哲学家思想资料选》上卷，华东师范大学出版社 1998 年版，第 344 页。

④ 《毛泽东选集》第 3 卷，人民出版社 1991 年版，第 832 页。

"全盘西化派""东方文化派""中国本位文化派"，以及愈来愈有影响力的"马克思主义文化派"几大阵营。"全盘西化派"的代表人物有胡适、陈序经、张东荪等人。（由于此派的观点前面已有论及，故在此不再复述。本文简单介绍下"东方文化派""中国本位文化派"这两种观点。）"东方文化派""中国本位文化派"常常被归为文化保守主义。"东方文化派"的代表人物是梁启超、梁漱溟、杜亚泉、张君劢等人。这个流派产生的背景是第一次世界大战结束和俄国十月革命爆发之后，"一战"思潮与东方国家的文化保守主义相遇，进而形成"东方文化派"。此流派认为世界大战的爆发表明了西方"科学的破产""西方文明的衰落"，主张以东方文化去挽救、矫正西方文化的弊端，通过中西方文化的调和，达成一种"新的文化系统"。针对此观点，新文化运动的头面人物先后著文进行剖析、批驳。瞿秋白从马克思主义的角度、从历史唯物主义的人类社会发展规律出发，阐述了社会主义替代资本主义和封建主义，以及走无产阶级新文化道路的历史必然性；指出只有发动无产阶级世界革命，效仿十月革命，"东方民族方能免殖民地之苦，方能正当的为大多数劳动平民应用科学，以破宗法社会封建制度的遗迹，方能得真正文化的发展"①。

1934年，国民党政府提倡"尊孔读经"，发起所谓的以"礼义廉耻"为内容的"新生活运动"。次年，经授意，王新命、何炳松、陈希圣等十教授联名发布了《中国本位的文化建设宣言》，正式提出了"中国本位文化"论点。他们认为，"此时此地的需要，就是中国本位的基础"，"是新文化建设的依据，是对待中西文化关系的准则"；"把过去的一切，加以检讨，存其所当存、去其所当去"，对西方的文化按照现实中国的需要加以吸收。②"中国本位文化"者认为，英美资本主义、苏俄共产主义、新国家主义都不适合中国，中国需要的是所谓"第四套文化"。所谓"第四套文化"即"中国本位文化"。按胡适所说，这只不过是"中体西用"论的翻版而已。总的

---

① 《瞿秋白文集》（政治理论篇）第2卷，人民出版社2013年版，第24页。
② 《文化建设》第1卷第4期，1935年1月。

来说，无论是"全盘西化论"，还是"东方文化派"或"中国本位文化派"，尽管他们提出的文化发展方案不无道理之处，具有一定的可取之处，但仍然没有超出非此即彼的二元对立思维模式，没有正确解决好文化的时代性与民族性的关系问题，因而不可能为中国文化的发展指出一条正确的出路。这样，对中国新文化建设的历史重任就自然地落在中国马克思主义者的肩上。中国共产党的建立，是中国历史上开天辟地的大事，其重要意义亦在于，从此以后，中国文化发展有了以马克思主义为指导的、能够以正确的态度和方法对待传统文化和外国文化，以及建设先进文化的正式政党组织；不仅中国革命，而且中国文化的面貌亦从此焕然一新。这是因为，马克思主义不仅是一种消灭私有制、推翻资本主义制度的社会革命理论，而且是改造世界创造理想的、实现人类幸福生活、促进人的自由和解放的文化价值观念。马克思主义的文化理想成为五四运动以后中国人民的理性选择，成为中国人民改造社会、实现解放的理想的思想武器和精神武器。

二、中国新民主主义文化发展观及其实践

1921 年，中国共产党成立，意味着中国新文化建设从此正式产生了新的文化主体，中国新文化建设也从此开始了新的征程，掀开了新的历史篇章。1922 年 6 月，中国共产党第二次代表大会召开，会议在正确分析中国国情和中国革命性质的基础上，第一次提出了彻底的反帝反封建的民主革命纲领，解决了中国革命的对象问题，从而为中国人民的革命斗争指明了正确的方向，也揭开了中国革命和中国文化新的一页。在中国共产党领导下，中国人民不仅找到了实现民族独立和解放的正确道路，而且拥有了文化选择、文化建设的科学武器。中国文化的发展，既不可能是对传统文化简单的复归与继承，也不可能走西方文化的路子，而是要消灭私有制，消除剥削，消除旧社会遗留下来的不合理的传统习俗、思想文化，在中国共产党领导下倡导和发展马克思主义文化、无产阶级文化。因此，从这个意义上来看，马克思主义的中国化不仅是一场反抗外国帝国主义的侵

略、推翻封建主义压迫的政治、社会运动，而且也是一场对人的真正解放与更深刻思想启蒙的文化运动，是一场在实现社会变革中来实现文化变革或真正意义上文化革命的伟大实践。正如毛泽东曾经所指出的："自从中国人学会了马克思列宁主义以后，中国人在精神上就由被动转入主动。从这时起，近代世界历史上那种看不起中国人，看不起中国文化的时代应当完结了。伟大的胜利的中国人民解放战争和人民大革命，已经复兴了并正在复兴着伟大的中国人民的文化。这种中国人民的文化，就其精神方面来说，已经超过了整个资本主义的世界。"①

以毛泽东为代表的中国共产党人，坚持马克思列宁主义，把马克思主义基本原理同中国革命实践相结合，在领导中国人民波澜壮阔的新民主主义革命、推翻长期压在中国人民头上"三座大山"的革命实践中，对建设中国新文化、开辟中国先进文化发展道路进行了可贵的探索，形成了新民主主义文化理论，丰富并发展了马克思主义文化理论。毛泽东指出，在革命战争中"没有文化的军队是愚蠢的军队，而愚蠢的军队是不能战胜敌人的"②。还指出，"如果知识分子跟八路军、新四军、游击队结合起来，就是说，笔杆子跟枪杆子结合起来，那末，事情就好办了"③。毛泽东在《湖南农民运动考察报告》中指出，在国家革命时期，要领导农民从事政治斗争、经济斗争和文化斗争，通过发动和领导农民破除封建主义文化，消除封建迷信和陈规陋习，来唤醒民众觉悟，并将"文化运动"作为农协应当开展的十四件大事之一进行了精心布置。1934年，毛泽东提出"为着创造革命的新后代，苏维埃必须实行文化教育的改革，解除反动统治阶级加于工农群众精神上的桎梏，而创造新的工农的苏维埃文化"④。在艰苦的抗日战争中，为了用马克思主义文化理论武装全党和革命人民，为了更有力地反击日本帝国主义的侵略，毛泽东提出了"文武两面"工作的主张，"文"

---

① 《毛泽东选集》第4卷，人民出版社1991年版，第1516页。
② 《毛泽东选集》第3卷，人民出版社1991年版，第1011页。
③ 《毛泽东文集》第2卷，人民出版社1993年版，第257页。
④ 《建党以来重要文献选编》第11册，人民出版社2011年版，第124页。

的方面即通过思想教育工作团结一切可以团结的力量，壮大民族抗日统一战线；后来，党又进一步改进了文化政策，积极争取知识分子和文化界人士，不断发展壮大抗日文化战线的人才队伍和文化力量。

1940 年，毛泽东的《新民主主义论》发表。《新民主主义论》是中国共产党指导新民主主义革命的基本纲领，也是马克思主义文化理论与中国新民主主义文化实践相结合的结晶，它科学地回答了中国新民主主义文化的性质、地位、作用、方针和政策等一系列重大问题，是新民主主义文化建设的理论指南。这一光辉著作的发表，标志着新民主主义文化理论的正式形成。关于什么是文化？毛泽东指出："一定的文化（作为观念形态的文化）是一定社会的政治和经济的反映，又给予伟大影响和作用于一定社会的政治和经济；而经济是基础，政治则是经济的集中的表现。"[1] 这个定义揭示了文化的本质，是对马克思主义社会存在决定社会意识、社会反作用于社会存在这一原理的坚持和贯彻。基于文化和政治、经济的关系，毛泽东指出："中华民族的旧政治和旧经济，乃是中华民族的旧文化的根据；而中华民族的新政治和新经济，乃是中华民族的新文化的根据。"[2]因此，要消除中华民族的旧文化，就要认识到它所赖以产生的旧政治和旧经济；而要建设新文化，也不能脱离其所依赖的新政治和新经济基础。"所谓中华民族的新政治，就是新民主主义的政治；所谓中华民族的新经济，就是新民主主义的经济；所谓中华民族的新文化，就是新民主主义的文化"[3]，新民主主义的文化，一句话概括，就是无产阶级领导的人民大众的反帝、反封建的文化。他强调：新民主主义文化"只能由无产阶级的文化思想即共产主义思想去领导，任何别的阶级的文化思想都是不能领导的。"[4]新民主主义文化的领导权必须掌握在坚持无产阶级文化思想的中国共产党手中。

---

[1]　《毛泽东选集》第 2 卷，人民出版社 1991 年版，第 663—664 页。

[2]　《毛泽东选集》第 2 卷，人民出版社 1991 年版，第 664 页。

[3]　《毛泽东选集》第 2 卷，人民出版社 1991 年版，第 665 页。

[4]　《毛泽东选集》第 2 卷，人民出版社 1991 年版，第 698 页。

我国新民主主义文化就其文化性质来说，具有一定的特殊性，它既不同于资产阶级领导的旧民主主义文化，又不同于无产阶级领导的社会主义文化。对此，毛泽东指出："就整个国民文化来说，还不是完全以社会主义文化的资格去参加，而是以人民大众反帝反封建的新民主主义文化的资格去参加的。"①这是由当时特殊的基本国情所决定的。中国要成立新国家，"不但有新政治、新经济，而且有新文化。这就是说，我们不但要把一个政治上受压迫、经济上受剥削的中国，变为一个政治上自由和经济上繁荣的中国，而且要把一个被旧文化统治因而愚昧落后的中国，变为一个被新文化统治因而文明先进的中国。""建立中华民族的新文化，这就是我们在文化领域中的目的。"②这样的新文化，就是民族的、科学的、大众的文化，就是中国共产党领导的人民大众反帝反封建的文化。

人民群众是历史的创造者，也是文化的主体。毛泽东在《新民主主义论》中指出："革命文化，对于人民大众，是革命的有力武器。革命文化，在革命前，是革命的思想准备；在革命中，是革命总战线中的一条必要和重要的战线。"③新民主主义革命是中国人民反帝反封建的壮阔的革命运动，革命初期敌强我弱，敌大我小，面临的困难和任务十分艰巨、十分繁重。而我们的革命人民群众，成分比较复杂，主体素质也参差不齐，文化水平普遍有限，如果不去用科学理论去武装，就不会形成有效、团结的力量，就不会产生革命的行动。因此，必须用马克思主义的革命文化理论来宣传、教育人民群众，不断提高他们的科学文化水平和文化素养，提高他们理论水平和实践能力，使他们掌握应对困难的理论武器和精神武器。因此，在长期的革命斗争实践中，中国共产党非常重视文化建设，一直注意采取各种措施和手段，制定具体的文化政策和制度，利用广播、报刊、学校、出版等多种形式开展广泛的文化教育和文化启蒙活动，坚持为工农大众服务的文化方向，向他们介绍、宣传马克思主义，阐述革命的道理和

---

① 《毛泽东选集》第 2 卷，人民出版社 1991 年版，第 705 页。

② 《毛泽东选集》第 2 卷，人民出版社 1991 年版，第 663 页。

③ 《毛泽东选集》第 2 卷，人民出版社 1991 年版，第 708 页。

共产主义的远大理想目标，正是由于中国共产党细致的思想政治教育工作，极大地解放了人们的思想，开阔了人们的眼界，振奋了人民群众精神面貌，唤醒了人民的自觉和自信，从而使得他们能够积极地参加到革命的行列中去，能够在极其艰难的局势下战胜大的敌人，取得一个又一个的胜利。因此，中国共产党在对敌斗争中，除了有"手里拿枪的军队"之外，还有无形的"文化的军队"，文化军队在思想文化战线上对旧思想、旧观念、旧道德进行了猛烈的冲击，极大地统一了人们的思想，动摇了帝国主义和封建主义的社会基础，团结了群众打击了敌人，巩固了无产阶级革命阵营。因此，"文化是不可少的，任何社会没有文化就建设不起来"，"如果不发展文化，我们的经济、政治、军事都要受到阻碍。"[①]在长期的革命战争中，我党领导的文化军队"以新的装束和新的武器，联合一切可能的同盟军，摆开了自己的阵势，向着帝国主义文化和封建文化展开了英勇的进攻。"其"锋芒所向，从思想到形式（文字等），无不起了极大的革命。其声势之浩大，威力之猛烈，简直是所向无敌的。其动员之广大，超过中国任何历史时代。"[②]

以毛泽东为代表的中国共产党人，在新民主主义文化发展观以及文化建设方面取得了宝贵的历史经验。

第一，强调对中外文化的批判和继承。中国共产党人对文化采取从实际出发、实事求是的科学态度，既反对抛弃民族传统文化搞"全盘西化"，又反对排斥西方文化的文化保守主义，提出要剔除其糟粕，吸取其精华；文化选择的标准是为现实的革命行动服务，有利于推进和创造中国的新文化。

第二，做好新民主主义文化普及和文化提高的工作。新民主主义文化是人民大众的文化，因此，要完成新民主主义革命的艰巨任务，必须依靠人民、服务人民、发动人民、武装人民。许多革命同志由于长期受剥削阶级的统治和压迫，缺少文化，文化水平不高，所以，他们迫切要求文化启

---

① 《毛泽东文集》第3卷，人民出版社1996年版，第110页。

② 《毛泽东选集》第2卷，人民出版社1991年版，第697—698页。

蒙和教育，需要接受文化知识，接受文化的滋养。因此，对人民进行文化普及教育，这既是革命人民自身的要求，也是革命工作的客观需要。

第三，建设强有力的文化工作者队伍，是新民主主义文化建设健康可持续发展的可靠前提和保证。加强革命的文化队伍的建设，不断壮大无产阶级文化队伍，不断调动广大文化工作者的积极性，提高其战斗力，使他们在一定思想文化的鼓舞下满腔热情地投入工作。

第四，加强党对文化建设工作的领导。坚持党对文化工作的正确领导，是新民主主义文化事业取得成功的根本保证。在新民主主义文化建设的实践中，以毛泽东为首的中国共产党坚持以马克思主义基本理论加强文化建设，坚持中国传统文化的继承和发展，注意吸收外来文化的优秀成分，始终坚持为人民的文化发展方向，站在时代前列，代表先进文化的正确方向，除旧布新，不断改造建立在旧的经济基础之上旧的社会文化，制定了一系列文化发展的方针和政策，为新民主主义革命提供了强有力的精神动力，保障了新民主主义文化沿着正确的轨道向前发展。

三、过渡时期的文化发展观及其实践

1949 年新中国成立以后，随着革命形势的发展，我国社会开始从新民主主义向社会主义过渡，相应地，新民主主义文化开始向社会主义文化转变。这次历史性转变，是继五四运动之后中国文化又一次重要而深刻的文化变革，标志着党领导人们在新的历史条件下开始了又一次伟大的文化探索和文化实践。1949 年 9 月，在中国人民政治协商会议上，毛泽东指出："随着经济建设的高潮的到来，不可避免地将要出现一个文化建设的高潮。中国人被人认为不文明的时代已经过去了，我们将以一个具有高度文化的民族出现于世界。"[①] 他还庄严宣布，中央人民政府将"领导全国人民克服一切困难，进行大规模的经济建设和文化建设，扫除旧中国所留下来的贫

① 《毛泽东文集》第 5 卷，人民出版社 1996 年版，第 345 页。

困和愚昧，逐步地改善人民的物质生活和提高人民的文化生活"①。在过渡时期，在制定的文化建设路线、方针和政策的指引下，党领导人民进行了声势浩大的文化建设，并取得了一些重要的成就：

第一，在全党和全国人民中广泛开展马克思主义理论的学习教育活动。为了适应新中国成立后我国由新民主主义向社会主义的转变，提高人民群众马克思主义思想觉悟，1945年，中共中央发表《关于加强党的宣传教育工作的指示》，号召大力宣传马克思主义、毛泽东思想，要不断进行政治理论学习，开展批判各种非马克思主义的思想文化活动，等等。

第二，加强教育事业的调整改革。新中国成立后，"加强工农教育是巩固和发展人民民主专政、建立强大的国防军和强大的经济力量的必要条件；没有工农文化教育的普及和提高，也就没有文化建设的高潮"②。因此，党在教育工作方面一个重要任务，就是提高人民的文化水平，培养国家需要的人才，对中国教育进行改造，同时肃清旧社会遗留下来的封建思想、资产阶级思想以及反动的法西斯主义的思想等一切反动的、错误的思想文化观念。

第三，大力创建和发展科教文化事业。国家采取一系列措施，设立新的科研机构，尽快改变我国科技的落后状态，以服务于百废待兴、蓬勃发展的国家经济发展的迫切需要。

第四，采取一系列促进文学艺术发展繁荣的具体文化措施，等等。

不可否认，在由新民主主义文化向社会主义文化的过渡过程中，一方面取得了一些成就；另一方面，由于当时文化发展观认识上出现的偏差，党领导的文化建设也出现了一些失误，给后来的社会主义文化发展和文化建设带来了不良的后果。主要有以下三方面：

第一，对文化改造过于迫切，犯了急躁冒进的错误。文化有其固有的发展规律，不可主观强求，不能人为地加以干扰。众所周知，文化的改造

---

① 《毛泽东文集》第5卷，人民出版社1996年版，第348页。
② 《中华人民共和国重要教育文献》，海南出版社1999年版，第67页。

和发展是一项极为复杂而艰巨的系统工程，涉及个人与社会、现实与历史、宏观与微观、政治与经济、道德与习俗等许多方面，无论是旧文化旧观念的肃清与摒弃，还是新文化的倡导与建立，都不可能在短时期内一下子完成，都不能急于求成。

第二，把学术问题与政治问题混同起来，犯了简单粗暴的错误。例如，在对胡风、俞平伯等人的思想问题上，采取了不合适的群众性批判斗争的方式，以势压人，以偏概全，把思想方法、研究方法和具体学术问题上的不正确观点乃至一些本该是进一步讨论才可能有结论的问题，同政治立场问题混淆起来，缺乏实事求是、具体问题具体分析的科学态度；另外，对某些人的思想观点断章取义，无限上纲，以行政手段解决学术争论，把问题扩大化，使相关知识分子和文化工作者受到了牵连和打击，造成了一些历史冤案。

第三，在文化改造目标上，犯了盲目求"公"、求"纯"的错误。社会主义文化改造是必要的、正确的，以马克思主义列宁主义作为文化建设的指导思想是无产阶级执政党地位决定的，必须用这一指导思想指导社会主义文化实践的整个过程。然而，在当时的具体实践中，却对历史传统文化遗产以及外国文化采取了否定与忽视的方式。"文化改造，固然给人们带来了重整'文化河山'的喜悦，但也为以后社会主义文化建设初创了一条充满风雨的实践模式，并丢失了许多必要的文化资源。"①这是历史留给我们惨痛的教训。

四、社会主义文化建设的曲折发展（1956—1976 年）

社会主义改造基本完成之后，我国开始转入大规模的社会主义建设时期，中国共产党领导人民在文化建设方面进行了创造性的探索与实践，经过不懈努力，初步建立起了社会主义文化制度和文化体系。当然，由于受

---

① 陈晋：《毛泽东与先进文化论纲》（中），《党的文献》2002 年第 2 期。

极"左"错误思想以及唯心论的影响，同其他方面一样，文化事业也出现了一系列挫折和失误，导致出现了像"文化大革命"那样严重的错误，给党的文化事业造成了严重的损失。

这一时期，党在文化建设方面取得了以下主要成就：

第一，提出了文化建设的一系列基本方针政策。例如"二为"方向、"双百"方针，以及古为今用、洋为中用和推陈出新等，这些文化建设方针政策具有很强的指导性，意义深远，至今仍未过时。"二为"即坚持文化为人民服务、为社会主义服务的方向，要求我们的文化要始终以广大人民群众为服务对象、表现对象，满足人民群众精神文化的需求，文化作品要真正反映人民群众的生活、感情和需要。同时，要求文化建设要为火热的社会主义经济建设服务，为发展社会主义生产力作出应有的贡献。"双百"方针就是文化建设要坚持百花齐放、百家争鸣的方针。这一方针是社会主义民主原则在思想文化领域的实现和体现，同时也坚持了党的群众路线的工作方法论，有利于动员各方面的力量，调动各方面发展文化的积极因素，共同促进社会主义文化的进步与繁荣。"古人今用、洋为中用""推陈出新"是以毛泽东为代表的中国共产党人以科学的态度对待传统文化和外来文化的基本原则，体现了马克思主义辩证唯物主义实事求是的科学态度。无论历史文化还是外国文化，既不能全盘接受，也不能一概排斥，而要批判地继承，合理地吸收，剔除糟粕，吸收精华，只有如此，才有文化的创新和发展。

社会主义改造基本完成以后，其后社会主义文化建设的二十年间又可以分为前十年和后十年两个阶段。1957 年到 1966 年的十年，党领导的社会主义文化建设出现了成就与失误并存的结果。取得的成就主要表现为：其一，制定了社会主义文化建设的具体奋斗目标。在 1957 年召开的全国宣传工作会议上，毛泽东指出，我们一定要"将我国建设成为一个具有现代工业、现代农业和现代科学文化的社会主义国家。"[1]"现代科学文化"

---

[1]　《毛泽东文集》第 7 卷，人民出版社 1999 年版，第 207 页。

成为全党和全国人民共同奋斗的目标之一。后来，在此基础上，我国又提出实现社会主义"四个现代化"的要求。

其二，提出了在文化建设中要尊重文化发展规律的思想。20世纪60年代初，党纠正"大跃进"和"人民公社化"运动中出现的激进主义错误。毛泽东在1960年《十年总结》一文中提出，由于对社会主义建设的经验不足，带有很大的盲目性，面前有一个很大的未被认识的必然王国，因此，我们要"去调查它，去研究它，从其中找出它的固有的规律，以便利用这些规律为社会主义的革命和建设服务。"①1961年，周恩来在一次讲话中提出了要尊重精神生产规律的重要思想，他说："文艺同工农业生产一样，有它客观的发展规律。当然，文艺是精神生产，它是头脑的产物，更带复杂性，更难掌握。"②他还说"搞指标、订计划、保证完成、一催再催"是不符合精神生产规律的。"搞文化工作要研究经济基础……思想是先行，但文化建设高潮要在经济高潮之后。文化事业的发展不能漫无边际。"③

其三，提出了对待知识分子的正确路线。为过去"反右"运动中受到不公正待遇的知识分子进行平反脱帽，重申绝大多数知识分子是劳动人民的一分子，要信任、帮助他们，要解决其问题和困难，改善与他们的关系，做好知识分子工作。

在取得成就的同时，这期间由于受急于求成情绪的支配，对文化工作的指导思想越来越滑向极"左"的路线，导致社会主义文化建设遭受到了严重挫折，主要问题是"反右派"斗争被扩大化、"双百"方针遭到严重破坏；由于党的文化政策、知识分子政策没有被正确地贯彻执行，对形势的错误认识，许多提出自己意见的人被当作资产阶级而遭到错误批判，阶级斗争扩大化。据历史资料记载，到1957年底，全国共划出右派人数达到55万，其中知识分子居大多数。这几年间，整个文化界、思想学术界笼罩在连年不断的政治运动和思想批判之中，学术思想问题、世界观问题

---

① 《毛泽东文集》第8卷，人民出版社1999年版，第198页。
② 《周恩来选集》下卷，人民出版社1984年版，第340页。
③ 《周恩来选集》下卷，人民出版社1984年版，第329、339页。

被几乎完全等同于政治问题，思想文化界一时间风声鹤唳、人人自危，社会主义文化建设陷入低潮。

从 1966 年到 1976 年这十年，是"文化大革命"的十年。十年"文革"是一场由毛泽东亲自发动和领导的、旨在进行"无产阶级专政下继续革命"的社会政治运动，其后果是我国不仅遭受了政治、经济上难以估计的损失，"文革"中文化界和教育界成为首当其冲的重灾区。我国历史上许多宝贵的文化遗产、文明成果遭受空前的破坏，社会主义文化事业出现了停滞甚至大倒退，真可谓是中华民族历史上一次空前的文化浩劫。实践证明，所谓"文化大革命"并非真正意义上的文化革命，而是我党在探索中国社会主义发展道路、探索中国社会主义文化建设道路过程中出现的重大失误，是文化的灾难，是一场社会内乱。

"文化大革命"的教训是惨痛的，永远不应该被忘记，它告诉我们：

第一，要严格地把学术问题与政治问题区分开来，不能混同、混淆。

第二，要遵循文化固有的发展规律，不能用政治斗争、军事手段去进行文化建设。

第三，要始终坚持文化为经济建设服务的路线，不能搞阶级斗争扩大化，要紧紧围绕发展生产力，经济建设的中心来发展社会主义文化事业。

第四，要始终从我国基本国情出发，实事求是，认识到我国经济文化比较落后的客观实际，认识到我国社会主义文化建设的长期性、艰巨性和复杂性的特征。

党的十一届三中全会以后，我国全面结束并肃清"文革"造成的消极影响，同时全面结束并肃清错误的文化建设观和发展观，开始了全面拨乱反正的工作，从此，不仅进入了改革开放、建设社会主义现代化的新的历史时期，而且开启了中国特色社会主义文化建设的伟大实践。

五、改革开放新时期以后至党的十六大以前的文化建设

进入改革开放的新时期以后，以邓小平同志为核心的第二代中央领导

集体坚持把马克思主义、列宁主义、毛泽东思想关于文化工作的思想理论应用于中国实践，在创造性地开辟中国特色社会主义道路的过程中，致力于中国特色社会主义文化建设，从中国特色社会主义整体发展、建设社会主义精神文明的高度强调文化建设的必要性和重要性，致力于探索中国特色社会主义文化发展道路，逐渐形成了正确的文化发展观，丰富并发展了马克思主义文化理论，不仅保障了我国改革开放和现代化建设健康顺利发展，而且也促进了我国思想文化建设的快速发展。

第一，提出了"社会主义精神文明建设"的概念和目标。1980 年 10 月 30 日，邓小平在中国文艺工作者第四次代表大会上的祝词中指出：社会主义国家不但要有高度的物质文明，而且要有高度的精神文明。关于我国把工作重心转移到经济建设上，他说："随着经济的发展，如果不注意精神文明建设，就有很大危险"①，"光靠物质条件，我们的革命和建设都不可能胜利。过去，我们党无论怎样弱小，无论遇到什么困难，都有强大的战斗力，是因为我们有马克思主义和共产主义的信念。有了共同的理想，也就有了铁的纪律。无论过去、现在和将来，这都是我们的真正优势。"② 不久，邓小平又提出把培育"四有"新人作为社会主义精神文明建设的主要目标。党的十二届六中全会通过《关于社会主义精神文明建设指导方针的决议》指出："社会主义精神文明建设是关于社会主义兴衰成败的大事。"要求全党从社会主义现代化建设总体全局的高度，科学认识社会主义精神文明建设的战略地位。

第二，提出了社会主义精神文明建设的主要内容和任务。邓小平指出，"所谓精神文明，不但是指教育、科学、文化（这是完全必要的），而且是指共产主义的思想、理想、信念、道德、纪律，革命的立场和原则，人与人的同志式关系，等等"，初步确定了精神文明的主要内容。后来，

---

① 中共中央宣传部、中共中央文献研究室：《论文化建设——重要论述摘编》，学习出版社、中央文献出版社 2012 年版，第 5 页。

② 中共中央宣传部、中共中央文献研究室：《论文化建设——重要论述摘编》，学习出版社、中央文献出版社 2012 年版，第 6 页。

党的十二大又把社会主义精神文明建设区分为文化建设和思想建设两大方面。关于社会主义精神文明建设的根本任务，1986 年发布的《关于社会主义精神文明建设指导方针的决议》中提出："社会主义精神文明建设的根本任务，是适应社会主义现代化建设的需要，培育有理想、有道德、有文化、有纪律的社会主义公民，提高整个中华民族的思想道德素质和科学文化素质。"①"四有"新人标准的提出，既是国家对社会主义公民的基本要求，也是提高整个中华民族的思想道德素质和科学文化素质的基本内容。

第三，对社会主义精神文明建设指导方针作了系统论述。党的十二届六中全会通过了《中共中央关于社会主义精神文明建设指导方针的决议》，比较全面阐述了社会主义精神文明建设的战略地位、指导方针、根本任务，对精神文明建设进行了全面部署。

第四，提出了"精神文明重在建设"重要思想，以及两个文明要"两手抓、两手都要硬"的方针。强调物质文明和精神文明要相互促进、共同发展，不能一手硬一手软，要改变实践中片面强调物质文明建设而忽视精神文明，以及对精神文明建设难以落实的现象，只有"物质文明和精神文明都搞好，才是有中国特色的社会主义。"②

1989 年 6 月，党的十三届四中全会以后，以江泽民同志为核心的党的第三代领导集体在跨越世纪的关键时期，面对世界政治多极化、经济全球化、国际各种思想文化思潮相互激荡的复杂形势，承前启后，继往开来，对十一届三中全会以来形成的正确的文化理论、文化政策、文化发展道路进行了系统的发展和升华，关于进入新世纪以来社会主义文化建设作出了创造性的战略性思考和部署，提出"三个代表"重要思想，丰富并发展了马克思主义文化发展观。

第一，创造性地提出了建设中国特色社会主义文化的概念。1989 年 9

---

① 《十二大以来重要文献选编》（下），人民出版社 1986 年版，第 1176 页。

② 《十四大以来重要文献选编》（上），人民出版社 1996 年版，第 30—31 页。

月，在庆祝新中国成立四十周年大会上，江泽民同志在讲话中指出："社会主义不仅要实现经济繁荣，而且要实现社会的全面进步。"①在建党七十周年大会的讲话中，他又指出："有中国特色社会主义的文化，必须以马克思列宁主义、毛泽东思想为指导，不能搞指导思想的多元化；必须坚持为人民服务、为社会主义服务的方向和百花齐放、百家争鸣的方针，繁荣和发展社会主义文化，不允许毒害人民、污染社会和反社会主义的东西泛滥；必须继承和发扬民族优秀文化传统而又充分体现社会主义时代精神，立足本国而又充分吸收世界文化优秀成果，不允许搞民族虚无主义和全盘西化。"②

第二，制定了我国社会主义初级阶段文化建设的目标、方针和基本原则，以及文化建设的基本纲领。以江泽民同志为核心的党的第三代领导集体继承了邓小平同志社会主义精神文明建设的思想，提出文化工作要培养和造就一代又一代社会主义"四有"新人，同时要求把培养"四有"新人贯彻到社会各个领域。1997年9月召开的党的十五大，系统提出了中国特色社会主义文化建设的一系列方针和原则：要坚持用邓小平理念武装全党，教育人民；努力提高全民族的思想道德素质和教育科学文化水平，坚持为人民服务、为社会主义服务的方向和"百花齐放、百家争鸣"的方针，促进学术和文艺繁荣发展；要求建设立足中国现实、继承历史文化传统、吸取外国文化有益成果的社会主义精神文明。同时，以江泽民同志为核心的第三代中央领导集体还提出了中国特色社会主义文化的"三个面向"，阐明了中国特色社会主义文化的时代性、开放性和开放性等基本特征。

第三，提出了党要始终代表先进文化前进方向的要求。"三个代表"重要思想是以江泽民同志为核心的党的第三代领导集体以世界眼光站在时代前进发展的高度，审时度势，高瞻远瞩，是在总结党的历史经验、以及国际共产主义运动经验教训的基础上提出来的。党要始终代表先进文化的

---

① 《十三大以来重要文献选编》（中），人民出版社1993年版，第626页。
② 《江泽民文选》第1卷，人民出版社2006年版，第158页。

前进方向，不仅是对党组织、党员干部的要求，同时也是对中国特色社会主义文化建设的总体要求。社会主义先进文化不仅是我国文化建设的目标，也是我国社会主义文化的根本特征。

第四，提出大力弘扬和培育民族精神的要求。江泽民同志指出："民族精神是一个民族赖以生存和发展的精神支撑。一个民族，没有振奋的精神和高尚的品格，不可能自立于世界民族之林。"①民族精神是一个民族在其生存、发展的长期实践过程中积淀形成的独特、稳定、持久的民族气质和民族品格。我国是一个历史悠久、幅员辽阔、民族和人口众多的经济以及文化相对落后的发展中国家，党要带领全国各族人民实现社会主义现代化的宏伟目标，必须集中全体人民的智慧和力量，同心同德，凝神聚力，才能克服面临的各种困难，实现预定的目标和理想。"民族精神，是我们非常宝贵的精神财富，我们世世代代都要加以继承和发扬，并结合时代和社会的发展要求，不断为之增添新的内容。"②

第五，把以德治国与依法治国有机结合起来。我们所提倡的道德，是社会主义的道德，是继承中华民族优秀道德传统并体现了马克思主义共产主义道德风尚的精神信仰和行为规范，它决定着中国特色社会主义文化建设的性质和方向。"我们在建设有中国特色社会主义、发展社会主义市场经济的过程中，要坚持不懈地加强社会主义法制建设，依法治国；同时也要坚持不懈地加强社会主义道德建设，以德治国。"③社会主义文化的根本任务，就是培养"四有"新人，而其中"有理想、有道德、有纪律"都是属于思想道德建设的范畴，加强"以德治国"，在社会主义文化建设中具有十分重要的地位和意义。

第六，大力实施科教兴国战略。人才兴则国家兴，科技强则国家强。当今世纪，是人才和科学教育发展的世纪，科学教育文化事业是中国特色社会主义文化重要组成部分。以江泽民同志为核心的第三代中央领导

---

① 《江泽民文选》第3卷，人民出版社2006年版，第559页。

② 《江泽民文选》第3卷，人民出版社2006年版，第401页。

③ 《江泽民文选》第3卷，人民出版社2006年版，第200页。

集体高度重视人才、重视教育、重视科技发展，提出了"科教兴国"发展战略。党的十六大报告强调："教育是发展科学技术和培养人才的基础，在现代化建设中具有先导性全局性作用，必须摆在优先发展的战略地位。"①

从党的十一届三中全会到党的十六大，以邓小平同志为核心的党的第二代中央领导集体、以江泽民同志为核心的第三代中央领导集体，党的十六大以后以胡锦涛同志为总书记的党中央，以马克思主义为指导思想，致力于马克思主义文化理论中国化，继承和发展了毛泽东同志为代表的中国共产党人的文化建设思想，在深刻总结以往文化建设经济经验教训的基础上，形成了并发展了中国特色的社会主义文化建设理论与实践，确立并发展了中国特色社会主义文化道路，谱写了社会主义文化发展的时代篇章，极大地推动了我国社会主义文化事业的科学发展和长足进步。

第三节　科学发展观与中国特色社会主义文化建设

一、科学发展观是必须长期坚持的指导思想

如何发展中国特色社会主义，不断解放和发展我国社会主义生产力，不断提高我国综合国力，使广大人民群众享受到发展的福祉，充分体现社会主义制度的优越性，这既是广大人民的期盼，也是长期以来中国共产党思考与探索的重大课题。伟大的时代呼唤伟大的理论，伟大的事业需要伟大的思想作为支撑。党的十六大以后，以胡锦涛同志为总书记的党中央，着眼于党和人民事业发展的全局，高举中国特色社会主义伟大旗帜，以马

---

① 《江泽民文选》第3卷，人民出版社2006年版，第560页。

列主义、毛泽东思想、邓小平理论和"三个代表"重要思想为指导，从我国社会主义初级阶段基本国情出发，紧密结合中国发展尤其是新的历史条件下的具体实践，同时借鉴国外一些国家发展的经验，适应中国经济社会发展新特点、新要求，提出了科学发展观这一重大战略思想。

2003 年 10 月，党的十六届三中全会第一次明确提出"科学发展观"这一概念；党的十七大对科学发展观的科学内涵、基本内容、历史地位和根本要求作出了系统概括，并把科学发展观写入党章；党的十八大把科学发展观列入党的指导思想。科学发展观是马克思主义基本原理与我国社会主义具体实践和时代特征相结合的结晶，是中国特色社会主义理论体系的重要组成部分。它是对党的三代中央领导集体关于发展重要思想的继承和发展，是马克思主义关于发展的世界观和方法论的集中体现，是同马克思列宁主义、毛泽东思想、邓小平理论和"三个代表"重要思想既一脉相承而又与时俱进的科学理论。

科学发展观的提出，标志着我们党对于"三大规律"即共产党执政规律、社会主义建设规律、人类社会发展规律的认识达到了新的高度和新的水平，也标志着马克思主义普遍原理和新的中国国情相结合的理论与实践达到了新的高度和新的水平。作为中国特色社会主义理论的新发展新成果，科学发展观解答了马克思主义中国化的一系列重大问题，是指导我国社会主义宏伟事业健康发展科学的世界观和方法论，是推动我国经济社会不断前进，加快我国社会主义现代化必须长期坚持、认真贯彻的重要思想。一方面，科学发展观坚持并发展了马克思主义的辩证唯物主义和历史唯物主义，确立了中国马克思主义发展观的当代形态；另一方面，科学发展观围绕发展这一主题，形成了涵盖哲学、经济学、政治学、文化学、社会学等丰富内容的综合性思想体系，为我们提供了认识和破解当代中国特色社会主义实践中遇到的一切现实问题的科学视角。

第一，科学发展观坚持"发展是党执政兴国的第一要务"，创新了中国特色社会主义发展理念，把握了中国特色社会主义发展规律。中国特色社会主义的主题是发展，发展贯穿于中国特色社会主义全部事业的始终。

胡锦涛同志强调:"发展是解决中国一切问题的'总钥匙'"①。科学发展观顺应了当今世界的时代主题,实现了马克思主义理论主题、中国特色社会主义实践主题与人类文明发展永恒主题三者的高度统一,在更宏阔的视阈和更深刻的内涵上提出和解决发展问题,极大地拓展了马克思主义理论发展的理论空间和时代空间。科学发展观并非简单地重复马克思主义的发展理论,而是紧紧结合我国情的新特征、新变化,倡导发展的全面性、协调性、科学性、合理性、可持续性,提出又好又快的发展要求,因而赋予"发展"范畴以更为崭新的内涵。

第二,科学发展观明确提出"以人为本"的价值理念,体现了我国社会主义事业发展的根本目的与根本追求。科学发展观的核心是以人为本,这既是马克思主义的核心,也是中国特色社会主义的核心,同时也是现时代我国文化建设的核心。以人为本,归根到底是以广大的人民群众为本。人民群众是社会历史的主体,是我们的执政之基、力量之源。立党为公,执政为民是我们党的根本宗旨和执政理念的集中体现,要始终把实现好、维护好、发展好最广大人民根本利益作为党和国家一切工作的出发点和落脚点。以人民为核心价值取向,深刻回答了共产党执政"为了谁"、发展"为了谁"这一重大问题。中国共产党提出要始终代表"中国最广大人民的根本利益",就是要尊重人民在建设中国特色社会主义伟大实践中的主体地位,尊重人民的实践智慧和实践精神,牢固树立发展为了人民,发展依靠人民,发展成果由人民共享,实现人的全面发展的坚定信念。各级党组织和政府部门要切实解决好人民群众最关心最直接最现实的问题,在进一步在落实工作任务上下功夫,让人民群众感受到切切实实的变化、得到实实在在的利益。

人民群众的生活需求是多方面的,也是具体现实的。既有物质的又有精神文化的,既有现实可感的,又有理想信仰、社会心理方面的,等等。科学发展观提出以人为本,要把这个要求落到实处,关键是解决好关系到

---

① 《十七大以来重要文献选编》上,中央文献出版社 2009 年版,第 575 页。

人民群众最关心、与他们直接现实相关的利益问题，这是马克思主义以人为本思想的具体化、现实化。过去，我们更多地强调国家利益、集体利益、社会利益的至上性，要求个人利益绝对地服从它们，这样的要求当然在特定的条件和时代都是正确的，也是必需的，但把这种要求固定化、绝对化则是不合适的。而且我们常常发现，现实中有些损害人民群众利益、伤害人民群众的行为都是打着国家、集体的旗号进行的，看起来冠冕堂皇，听起来有理有据，实则与人民群众的所思所想背道而驰。在中国特色社会主义的文化建设中，坚持以人为本，就是要做到调动人民群众的文化生产、文化创造的积极性、能动性、发挥他们文化建设的主体性作用，把他们的长远利益与眼前利益、整体利益与局部利益有机地结合起来，避免在实践具体工作中一味地奢谈宏大利益而忽视人民群众眼前的、具体的利益和诉求。使人民群众感受到国家的文化建设与他们的生活具有直接的现实相关性，满足他们的生活与发展的需要，这样他们就愿意投身到文化生产文化创造活动中来，极大地激发其文化创造文化创新的活力，真心实意地支持文化建设、拥护文化建设，为我国文化发展贡献出自己的力量。

第三，科学发展观提出构建社会主义和谐社会，使我国社会主义的战略布局更加合理、更加清晰。在社会主义经济建设、政治建设、文化建设"三位一体"的基础上增加了"社会建设""生态文明建设"重要内容，形成了"五位一体"总布局，拓展了中国特色社会主义道路的内涵与外延。从其内在关系来看，经济建设是中心，政治建设是保证，文化建设是灵魂，社会建设是条件，生态文明建设是基础。只有在"五位一体"总布局框架下全面推进、协调发展，才能形成经济富裕、政治民主、文化繁荣、社会和谐、生态良好的发展格局，把我国建设成为富强民主文明和谐的社会主义现代化国家。因此，科学发展观表征了我们党在建设中国特色社会主义理论上的不断创新，进一步丰富发展了中国特色社会主义理论体系，深化了我们党关于社会主义发展规律的认识，开辟了马克思主义唯物史观的新境界。

第四，科学发展观把统筹兼顾作为深入贯彻落实科学发展的根本方法，体现了对马克思主义唯物辩证法的正确运用。正确认识和处理中国特色社会主义建设事业中的一系列重大关系与矛盾，需要运用马克思主义唯物辩证法这一科学方法论总揽全局、科学筹划、协调发展。只有坚持统筹兼顾的思维方式和工作方式，才能科学统筹改革发展稳定、统筹治党、治国、治军各方面工作，统筹城乡发展、区域之间、经济社会发展、人与自然和谐发展，统筹国内国际两个大局，统筹各方面利益关系，才能最大限度地优化人力、物力、财力的结合与布局，充分调动我国广大人民群众投身中国特色社会主义事业建设的积极性与创造性，形成全体人民各尽其能、各得其所而又和谐相处的局面。

科学发展观的根本方法是统筹兼顾，这个方法不仅在于中国特色社会主义建设事业具有十分重要的指导作用，而且也是我国文化建设的根本方法，统筹兼顾方法是马克思主义唯物辩证法的根本要求与实践体现。客观事物是具体的、整体的、系统的真实存在，在其现实性上，其由许多因素方面、层次所构成，又由于任何事物都是运动、变化、发展的，因此事物又具有过去、现在与未来的纵向维度，展现出不同的历史面相和实际状态。我国的文化结构是复杂的，从性质上，有占统治地位的马克思主义、社会主义文化，也有非马克思主义的文化；从地域上，有特色各异的地域文化、民族文化；也有本土文化与外来文化之分；从功能上，有对社会发展和社会进步起着积极的促进作用的先进文化，也有起消极阻碍作用的落后文化；从主体上，有精英文化与大众文化；从时间向度上看，有传统文化、当代文化与未来文化，等等。按照不同的标准划分，文化还可以列举出许多个种类来。面对林林总总的文化类型，在文化建设过程中要正确地处理好诸种辩证关系，既不能顾此失彼，又不能单打一，而要全盘考虑，分门别类地统筹文化事业的整体发展；既不能胡子眉毛一把抓，又不能毕其功于一役，要科学地做好文化发展的长期、总体的规划，正确处理好各种文化关系；既要注意文化发展的全面性，又要关于把握重点，在文化建设中注意把两点论与重点论结合起来。

第五，科学发展观提出始终不渝走和平发展道路，推动构建和谐世界，为我国社会主义发展营造良好的外部国际环境。自20世纪八九十年代以来，世界格局发生了深刻而剧烈的变化。国际政治多极化、经济全球化、文化多元化深入发展，社会网络化、信息化持续推进，科技革命日新月异，全球合作向多层次全方位拓展，国际力量对比朝着有利于维护世界和平方向发展。然而，当今世界仍然很不安宁，全球发展不平衡问题有所加剧，霸权主义、强权政治、文化帝国主义和新干涉主义有所上升，局部冲突和热点问题此起彼伏；另外，经济安全、能源安全、环境安全、文化安全、网络安全等全球"现代性风险"问题日益突出。科学发展观以宽广的世界眼光和长远的战略思维，把中国特色社会主义事业放在当代世界发展大背景中加以分析定位，提出了一系列应对新情况新问题的新思想新观点，进一步发展和创新了中国特色社会主义理论，开创了我国经济社会改革发展的新局面。

总之，科学发展观用新的思想、观点和方法为马克思主义增添了新的内容、谱写了新的篇章，是当代中国的马克思主义关于发展的科学理论，是推进中国特色社会主义宏伟事业继续向前发展重要的思想指南和行动指南。要完整地把握科学发展观的精神实质，坚持用科学发展眼光观察问题，用科学发展方法分析问题和解决问题。把学习科学发展观的成果，转化为推动我们事业向前发展的动力，转化为广大干部群众的思想智慧，转化为开创中国特色社会主义新局面、实现中华民族伟大复兴"中国梦"的具体实践。

二、科学发展观对中国特色社会主义文化建设的指导

作为中国特色社会主义的理论结晶与重大战略思想，科学发展观对马克思主义文化理论中国化一系列重大问题作出了科学的解答。

第一，科学发展观系统地回答了"文化是什么"的问题。

党的十七大召开之后，"文化"逐渐成为一个理论热词和全社会日益关注的热点；更为重要的是，文化建设和文化发展被纳入中国特色社会主

义整体部署之中。2011 年 10 月 18 日，十七届六中全会通过了《中共中央关于深化文化体制改革 推动社会主义大发展大繁荣若干重大问题的决定》（以下简称《决定》）。这次全会连同会议通过的决定，是我党历史上一次十分重要的事件，具有极为深远的意义。因为它是我党首次以中央全会的形式专门研究和部署国家文化发展战略问题，这个决定也是历史上第一次关于文化问题的专门决议，提出了社会主义文化强国的总目标和总纲领，标志着新时期中国共产党新的文化自觉和文化自信，从此，开创了中国特色社会主义文化建设的新局面。《决定》中提出了许多新的观点、新的概括、新的表述，例如："文化是民族的血脉，是人民的精神家园""物质贫乏不是社会主义，精神空虚也不是社会主义""没有社会主义文化的繁荣发展，就没有社会主义现代化""社会主义核心价值体系是兴国之魂""中华民族伟大复兴必然伴随着中华文化的繁荣兴盛"，等等，创新了文化认识和文化观念，深刻地指明了文化在"五位一体"布局中的突出特征、地位和意义，体现了我们党在文化与文化发展观上广阔的理论视野和与日俱进的时代精神。

第二，科学发展观系统地回答了"为什么要发展文化"的问题。

自 20 世纪 90 年代以来，伴随着世界经济一体化、全球化，以及信息化的快速发展，文化在国家综合国力竞争中的地位和作用日益突显和增强，对政治、经济的影响日益显著。文化是民族凝聚力和创造力的重要源泉，是综合国力的重要因素，是经济社会发展的重要支撑。"当今时代，文化在综合国力竞争中的地位日益重要。谁占据了文化发展制高点，谁就能够更好在激烈的国际竞争中掌握主动权。人类文明进步历史充分表明，没有先进文化的积极引领，没有人民精神世界的极大丰富，没有全民族创造精神的充分发挥，一个国家、一个民族不可能屹立于世界先进民族之林。"[1]这就明确阐释并强调了文化对于国家的发展、民族精神提升以及经济社会发展中所具有的举足轻重的战略地位，文化建设在社会发展中具有

---

[1] 《十六大以来重要文献选编》（下），中央文献出版社 2008 年版，第 752 页。

不可替代的重要作用。说明加强与发展中国特色社会主义文化是顺应了世界发展潮流，遵循了人类文明发展规律，是建立在对国内外局势以及我国社会主义事业面临的主要特点和主要任务的正确研判的基础之上的。2008年，在全国宣传思想工作会议上，胡锦涛指出："当今综合国力竞争的一个显著特点，就是文化的地位和作用更加凸显，经济较量中的文化因素日益突出，越来越多的国家把提高文化软实力作为重要的发展战略……加强国家文化软实力建设，对内增强民族凝聚力和向心力，对外增强国家亲和力和影响力，是全面增强我国综合国力的必然要求，也是实现我国和平发展的战略之举。"[①] 与政治、经济、军事、科技手段等一些外在的力量不同，文化是一种依靠内在、持久的精神力量柔性地发挥其功能，它首先能够熏陶、影响、改变人的思想观念、价值理念。对内，文化以一种潜移默化的作用增强或者加深共同体内部成员的认同感，团结各方面的力量，增强和加深人们的相互了解、信任，激发人们的家国情感；对外，文化以其宜人的形式、合理的价值旨趣对人产生吸引力、说服力；另外，文化建设的作用还表现在能够满足广大人民群众日益增长的文化消费需要、增强我国综合国力、提高我国文化软实力、丰富人民群众的精神世界、增强人民群众的精神力量、激发和培养民族创造力和凝聚力、抵御各种敌对势力和各种腐朽落后的思想观念，以及对外树立国家文化形象等方面。总之，建设和发展中国特色社会主义文化对促进我国经济社会全面、协调、可持续发展，对于全面建设小康社会，对于开创中国社会主义事业新局面、实现中华民族的伟大复兴等，都具有十分重要的意义。

第三，科学发展观系统地回答了"文化为谁发展"的问题。

胡锦涛同志指出："为了谁，依靠谁，是我们推进文化改革发展的根本问题，决定着社会主义文化性质和方向。中国特色社会主义文化是人民共建共享的文化，人民是推动社会主义文化大发展大繁荣最深厚的力量源

---

① 中共中央宣传部、中共中央文献研究室：《论文化建设——重要论述摘编》，学习出版社、中央文献出版社 2012 年版，第 12—13 页。

泉，坚持这一点，是我国社会主义制度的本质要求，也是我们党立党为公、执政为民理念的重要体现。推动社会主义文化大发展大繁荣，必须坚持以人为本，以满足人民精神文化需求，促进人的全面发展为根本目的，不断提高全民族思想道德素质和科学文化素养，培育有理想、有道德、有文化、有纪律的社会主义公民；必须贯彻党的群众路线，尊重人民主体地位和首创精神，使全社会文化创造活力竞相迸发；必须坚持以人民为中心的创作导向，关心人民命运，体察人民愿望，反映人民心声，在人民伟大创造中汲取营养，把最好的精神食粮奉献给人民；必须坚持面向基层、面向群众，把满足人民基本文化需求作为社会主义文化建设的基本任务，鼓励创作生产更多受到群众欢迎的文化产品，让文化发展成果惠及全体人民。"①文化建设既要为了人民，也要依靠人民。中国特色文化建设要紧紧依靠广大人民群众这个主体，充分调动人民群众参与文化建设的主体性、能动性、主动性和创造性。广大人民群众投身到文化建设中来，不仅发展了文化，而且也得到了文化的滋养；他们既是文化的建设者、生产者，也是文化的受惠者、受益者，文化素养与文化境界同时得以提高。归根到底，马克思主义的价值旨归是以人为本，即为了人的解放、人的自由、人的发展、人的幸福。马克思主义是最大公无私的理论体系，马克思恩格斯创立的共产主义不是为了个人的私利，也不是为了某个国家民族的狭隘利益，而是为了全人类特别是广大无产阶级以及劳动人民群众的利益。在《共产党宣言》里，马克思恩格斯对于他们未来理想社会是这样描述的："代替那存在着阶级和阶级对立的资产阶级旧社会的，将是这样一个联合体，在那里，每个人的自由发展是一切人的自由发展的条件。"②这是一个真正的为了人、实现人的全面发展、符合人类本性的理想社会形态。当然，这样的理想社会不是一朝一夕能够实现的，需要人们艰苦的奋斗与努力；作为共产主义初级阶段的社会主义就要为了建立这样的联合体创造现

---

① 《胡锦涛文选》第3卷，人民出版社2016年版，第564—565页。
② 《马克思恩格斯选集》第1卷，人民出版社1995年版，第294页。

实的条件。科学发展观把以人为本放在首位，体现了对马克思主义核心思想的坚持和发展，集中反映了马克思主义为了人民根本利益的价值观。

在当代中国，提出并坚持以人为本，是对马克思主义基本原理和立场原则的继承和坚持，具有极强的针对性与现实意义。自从改革开放、大力发展市场经济以来，随着举国对经济发展的高度重视，一些人的兴趣与注意力放在了片面追求物质利益、对财富的占有上面，放弃了对崇高理想的精神生活的要求，人生的价值和意义被遗忘，许多人因而处于迷茫、焦虑、痛苦的境地。提出以人为本，就是强调人相对于物的优先性和重要性，凸显社会发展的价值指向应当以人为中心而不是以"物"为中心。具体在文化建设上来说，以人为本就是强调人应当始终是文化实践的核心。

其一，文化本质上是"人化"或"化人"。文化的主体始终是人，文化是围绕着人进行的，文化成果应为人占有与分享。

其二，以人为本是对我们过去片面强调以集体、社会的纠正。无论哪个社会，集体、社会和个人都是相互联系、相互包含、相互影响、相互依存的。然而，过去很长一段时间里，由于受到"左"的思想影响，我们片面强调国家、社会和集体对个人的绝对的优先性，忽视甚至否定正当的个人价值和个人利益，一刀切地要求个人无条件、绝对地服从国家、社会和集体，长此以往不仅损害了个人的权益和积极性，而且对国家集体的发展也造成了不利的后果。因此，在文化建设方面，不仅要宏观上进行国家意识形态建设，以文化引领正确的政治导向，坚持文化的政治性和党性要求；而且微观上要注意文化建设的人文性、人民性、群众性，兼顾文化的个性、娱乐性功能，使文化成为丰富广大人民群众精神生活、提高人民生活品质的有效手段，把文化的大众化与小众化、普遍性与特殊性、宏大叙事与小叙事等方面有机地结合起来、兼顾起来。

其三，以人为本是对那种把人民群众概念抽象化、空泛化的纠正。有时候，"人民"这个名词被当成一种标签式的概念或说辞。实际上，人民是具体的、活生生的、现实的生命存在，不应当被曲解、被空泛化，应当被赋予真实的、实质性的内容。在这个意义上，以人为本落实在文化建设上，就是不能以抽象的人去代替具体的现实的人，要真正地对待每一个人的文化需要、文化权益、文化权利，不断地创造条件去扩大和发展每一个人的文化利益，为其创造更好的文化环境和文化条件，使每一个社会成员切身感受到、享受到文化事业进步与发展的成果。

其四，以人为本是对我们过去曾经长期教条主义对待马克思主义、对待社会主义错误倾向的纠正。坚持物质世界的统一性原则，一切从实际出发、实事求是是马克思主义的基本要求。因而，无论是在历史上还是在现实中，都存在着把马克思主义、社会主义教条化、僵化的现象，有些人不是从实际出发，按照实际情况去决定、形成自己的思想认识和行动方案，而是"唯书、唯上"，紧抱着抽象的理论不放，以经验教条为本，不敢越雷池半步，或者用枯燥的理论教条去生硬地裁剪活生生的实际，这是一种削足适履、本末倒置的错误做法。

第四，科学发展观系统地回答了"文化建设的指导思想和基本方针"的问题。

中国特色社会主义文化建设的指导思想是马克思列宁主义、毛泽东思想，以及中国特色社会主义理论体系。中国特色社会主义文化建设的基本方针，就是在推进马克思主义中国化时代化大众化，用中国特色社会主义理论体系武装头脑、指导实践、推动工作，以及确保文化改革发展沿着正确道路前进中，要坚持社会主义先进文化前进方向，坚持为人民服务、为社会主义服务的"二为"方针，坚持百花齐放、百家争鸣"双百"方针；坚持继承和创新相统一，弘扬主旋律、提倡多样化，在全社会形成积极向上的精神追求和健康文明的生活方式；坚持以人为本，使文化实现"三贴近"即贴近实际、贴近生活、贴近群众，充分发挥人民在文化建设中的主体作用，培育"四有"社会主义公民；坚持把社会效益放在首位，坚持社会效益和经济效益有机统一；加强文化法制建设，一手抓繁荣、一手抓管理，推动文化事业和文化产业全面协调可持续发展；坚持改革开放，着力推进文化体制机制创新，以改革促发展、促繁荣，不断解放和发展文化生产力，提高文化开放水平，推动中华文化走向世界，积极吸收各国优秀文明成果，切实维护国家文化安全等。

第五，科学发展观系统地回答了"实现什么样的文化奋斗目标"的问题。

党的十七届六中全会通过的《中共中央关于深化文化体制改革　推动社会主义大发展大繁荣若干重大问题的决定》指出，我国文化建设的奋斗目标就是要坚持中国特色社会主义文化发展道路，"高举中国特色社会主义伟大旗帜，以马克思列宁主义、毛泽东思想、邓小平理论和"三个代表"重要思想为指导，深入贯彻落实科学发展观，坚持社会主义先进文化前进方向，以科学发展为主题，以建设社会主义核心价值体系为根本任务，以满足人民精神文化需求为出发点和落脚点，以改革创新为动力，发展面向现代化、面向世界、面向未来的、民族的科学的大众的社会主义文化，培养高度的文化自觉和文化自信，提高全民族文明素质，增强国家文化软实力，弘扬中华文化，努力建设社会主义文化强国。"为了实现这个奋斗目标，就要继承和弘扬中华民族优秀传统文化，择善而从，积极吸收借鉴国外文化发展的有益成分；立足于丰富而生动的中国特色社会主义伟大实践，以文化创新为动力，积极发展健康向上、丰富多彩的、民族的、大众的、中国特色社会主义文化，不断丰富和提升人民的精神境界，增强人民建设中国特色社会主义的精神动力，为中国特色社会主义文化发展提供坚强的支撑和保障作用。为此，要着力推动社会主义先进文化深入人心，牢固树立中国社会主义共同理想，大力弘扬以爱国主义为核心的民族精神和以改革创新为核心的时代精神，大力倡导社会主义核心价值体系建设和践行社会主义荣辱观，巩固全党各族人民团结奋斗的思想基础，构建中华民族共有的精神家园，实施中华文化"走出去"战略，不断提升国家文化软实力，不断增强中华文化的国际竞争力和影响力，努力把我国建设成为社会主义文化强国。

第六，科学发展观系统地回答了文化"怎样建设、怎样发展"的问题。

党的十六大以后，以胡锦涛同志为总书记的党中央坚持科学发展观，统筹中国特色社会主义文化发展全局，对于如何发展文化、如何进行文化建设，提出了一系列具体而有针对性的重要对策和措施。择其要者，有以下几点：

其一，大力建设社会主义核心价值体系。

社会主义核心价值体系是我国社会主义意识形态的本质体现，是我国人民进行中国特色社会主义现代化建设的精、气、神的概括与反映。"社会主义核心价值体系是根源于民族优秀文化和社会主义先进文化并吸收人类文明成果发展起来，是我国社会主义文化的引领和主导。推动社会主义文化成果大发展大繁荣，必须紧紧抓住社会主义核心价值体系建设这个根本。"①党的十六届六中全会第一次明确提出"建设社会主义核心价值体系"这个重大命题，并从此成为一项十分重要的战略任务摆在我们面前。最初，我们对社会主义核心价值体系从四个方面概括，其基本内涵为：马克思主义指导思想是其灵魂，中国特色社会主义共同理想是其主题，以爱国主义为核心的民族精神和以改革创新为核心的时代精神是其精髓，社会主义荣辱观是其基础。2007 年 6 月，胡锦涛同志在中央党校省部级干部进修班讲话时指出，要大力建设社会主义核心价值体系，巩固全党全国各族人民团结奋斗的共同思想基础。后来召开的党的十七大对社会主义核心体系建设做了进一步系统的阐述：社会主义核心价值体系是社会主义意识形态的吸引力和凝聚力；要巩固马克思主义指导地位，坚持不懈地用马克思主义中国化的最新成果武装全党、教育人民，用中国特色社会主义共同理想凝聚力量，用以爱国主义为核心的民族精神和以改革创新为核心的时代精神鼓舞斗志，用社会主义荣辱观引领风尚，巩固全党各族人民团结奋斗的共同思想基础。2012 年，党的十八大对社会主义核心体系及其建设作出了新的表述与新的部署，从国家、社会和个人三个层面提出了社会主义核心价值观的内涵，即富强、民主、文明、和谐是第一层次；自由、平等、公正、法治是第二层次，爱国、敬业、诚信、友善是第三层次。这三大层次相互联系、相互贯通、三位一体，深刻而系统地提示了我国社会主义核心

---

① 《十七大以来重要文献选编》（下），中央文献出版社 2013 年版，第 590 页。

价值体系的基本结构，使全党各族人民进一步明确了凝聚人心、团结一致、同心同德、共同奋斗的精神动力以及发展社会主义文化的根本任务。

其二，倡导建设和谐文化、生态文化、网络文化。

建设和谐文化、生态文化、网络文化，是科学发展观指导思想在文化建设上的重要体现。社会主义和谐文化是社会主义和谐社会的重要特征，也是实现社会和谐的精神源泉。建设社会主义和谐文化，是构建社会主义和谐社会的一项重要任务；生态文明建设是我国社会主义发展的必然要求，社会主义生态文明建设需要大力倡导生态文化；网络文化是当代社会新兴技术与文化内容的产物，是中国特色社会主义文化的重要组成部分，为了保证我国网络文化的健康发展，必须大力发展网络文化，牢牢掌握网络意识形态领导权，筑牢我国社会主义思想文化的阵地。

其三，提出"八荣八耻"的社会主义荣辱观。

"八荣八耻"是"社会主义荣辱观"的简称。"八荣八耻"的具体内容是：以热爱祖国为荣，以危害祖国为耻；以服务人民为荣，以背离人民为耻；以崇尚科学为荣，以愚昧无知为耻；以辛勤劳动为荣，以好逸恶劳为耻；以团结互助为荣，以损人利己为耻；以诚实守信为荣，以见利忘义为耻；以遵纪守法为荣，以违法乱纪为耻；以艰苦奋斗为荣，以骄奢淫逸为耻。"八荣八耻"内容丰富，涵盖面广，具有很强的民族性、时代性、针对性和实践性等特征，显著地体现了中华民族优秀传统美德与时代精神的有机结合，体现了社会主义基本道德规范的本质要求，体现了社会主义价值观的鲜明导向，对推动良好的、积极向上社会风气的形成，对于构建社会主义和谐社会以及发展中国特色社会主义具有十分重要的意义。

其四，构建中华民族共有的精神家园。

中华民族共有的精神家园，是中华民族强大凝聚力和顽强生命力的根本所在；共有的精神家园是中华民族赖以生存和发展宝贵的精神财富，是中华民族万众一心、团结奋进的精神源泉。中华民族自古以来就是一个骨肉相连、互亲互爱的大家庭，具有共同的文化根基、共同的民族精神和共同的理想追求，在长期的历史发展中形成了热爱祖国、团结统一、爱好和平、勤劳勇敢、自强不息等优秀的民族品格和精神气质，为中华民族的团结发展提供了共有的文化根基和精神纽带。在当代，构建中华民族共有的精神家园是我国文化建设一项重要的战略任务。

其五，推动文化事业和文化产业全面协调可持续发展。

文化事业即公共文化服务事业，是指为保障公民基本权益，由政府主导、社会力量提供的与经济发展水平相适应的各种文化设施、文化产品、活动和服务。构建覆盖城乡、结构布局合理、功能健全、运营高效的公共服务体系，是使人民的文化权益得到切实尊重和保障的重要体现，也是实现人民群众基本文化权益的重要途径。公益性、基本性、均等性、便利性是公共文化服务体系的突出特征，其中均等是核心，基本是尺度、公益是保障，便利是前提。发展文化产业是我国社会主义发展的时代要求，具有一定的客观必然性。发展文化产业是产业结构战略调整的需要，是我国国民经济和社会发展到新的历史阶段的必然要求；发展文化产业是解放和发展我国文化生产力，应对综合国力挑战、增强我国文化竞争力的需要，同时也是培植新的经济增长点、转变我国经济增长方式的需要。

其六，深化文化体制改革，不断创新文化体制和文化机制。

文化建设中遇到的矛盾和问题要求不断深化文化体制改革，不断革除那些制约、障碍文化发展的体制性因素，不断解放和发展文化生产力，形成科学、有效的宏观文化管理体制，形成富有效率的文化生产、流通和服务的运行机制；要加强文化体制改革，积极推进国有经营性文化单位转企改制，尽快形成以公有制为主体、多种所有制共同发展的文化产业格局，形成统一、开放、竞争、有序的现代文化市场体系，尽快形成比较完善的文化创新体系。

其七，大力实施中华文化"走出去"战略。

在越来越频繁和密切的国际交流和交往中，为了让世界更好地增进对当代中国的了解和认识，讲好中国故事，把中华优秀文化的理念和精髓传播给国际社会，提升我国在国际文化领域的话语权，提高我国文化产品在世界市场上的所占份额，改变文化上长期以来"西强我弱"的被动局面，提升中国的国家形象和文化软实力，掌握文化交往主动权、话语权，建立民族文化自信，就要积极主动地实施文化"走出去"战略。

第七，科学发展观为中国特色社会主义文化建设赋予了更加深刻的内涵、提出了更高的要求。

其一，中国特色社会主义文化建设必须始终贯彻"以人为本"的发展理念。始终坚持以人民为中心、全心全意为人民服务是我党的根本宗旨。我们文化建设、文化发展的出发点和落脚点最终都是为了满足、实现和发展人民群众对于文化生活、文化品质及文化产品的要求，不断丰富人民的精神世界，鼓舞人民群众的精神力量，提高人民群众的精神境界。没有人民的广泛支持和参与，没有群众基础，文化建设是不可能的事情；脱离人民去进行文化建设，则就使得文化建设失去了广泛的群众基础。

其二，中国特色社会主义文化建设必须坚持科学性要求。文化建设是在实践的基础上人民群众对客观世界尤其是对精神世界的营造和建构，这种活动作为自觉能动的社会实践活动，当然不是盲目的活动，必须顺应世界发展的潮流，反映时代前进的趋势和要求，顺应人类文明进步发展的方向，实事求是，一切从实际出发，理论联系实际，弘扬科学精神，充分尊重科学，遵循人类社会发展的一般规律，遵循文化发展规律，按照客观规律办事，充分运用人类创造的一切自然科学和人文社会科学理论、技术和科学方法进行文化建设。

其三，中国特色社会主义文化建设必须坚持先进性要求。科学发展观观照下的中国特色社会主义文化建设，在世界观方法论上，要始终坚持马克思主义的世界观、社会历史观和文化观，坚持正确的文化发展方向；在文化价值观上，坚持以人为本；在文化战略上，要把文化放在与经济、政治等同等重要的位置上，大力发展先进文化，重视国家文化软实力建设；在文化方针上，坚持古为今用、洋为中用，百花齐放、百家争鸣，坚持文化的包容性和开放性；在发展方式上，坚持科技创新，坚持文化体制文化机制改革；在发展效应上，使我国的文化发展能够体现并呼应先进生产力发展要求，适应时代的要求，不断增强国家文化软实力与综合实力。

其四，中国特色社会主义文化建设必须坚持全面、协调、可持续发展的要求。中国特色社会主义文化建设要用系统思维、辩证思维、战略思维去谋划文化建设，要从整体、全局、长远看待文化发展，坚持统筹兼顾的原则，着力解决制约和影响我国城市与乡村、经济发达东部地区与广大中部西部地区文化发展存在的那些不协调、不平衡的突出问题；把发展现代文化与继承传统文化结合起来；把优秀民族文化的保护与开发结合起来；把文化的"引进来"和"走出去"结合起来；要坚持公平和效率的统一，把文化的社会效益与经济效益统一起来；坚持"两手抓"的原则，一手抓文化繁荣，一手抓文化管理；坚持使公益性文化事业和经营性文化产业齐头并进；把物质文化硬实力和文化软实力结合起来；加强文化体制机制的改革，不断优化、调整文化自身结构和布局，激发全社会文化创造活力，增强我国文化的可持续发展能力；要提高文化发展的体量与质量，不断满足人民群众对于美好文化生活的需要，保障好人民的文化权利，实现好人民的文化权益，使人民群众能够最大限度地分享改革发展的成果，在文化建设发展中有更多的获得感。

总之，科学发展观是关于发展的科学的理论体系，是马克思主义基本原理与中国具体实践相结合的产物，是中国特色社会主义理论发展的重大成果，反映了当代世界和中国发展变化变化对党和国家工作的新要求，是把中国特色社会主义宏伟事业继续推向前进的强大思想武器和理论武器。科学发展观视域中的文化建设理论，是对马克思主义文化思想理论的继承与发展，也是对中国特色社会主义文化思想理论的继承与发展，它紧密结合国际形势与中国特色社会主义实践的时代特征，赋予了中国特色社会主义鲜明的时代特征，赋予了中国特色社会主义文化发展理论与实践丰富的时代内涵，把中国特色社会主义文化发展认识提高到了新的水平，也使中国特色社会主义文化建设事业上升到了新的高度。

第四节　党的十六大以后中国特色社会主义 文化建设的理论与实践

一、党的十六大以后中国特色社会主义文化建设的理论

党的十六大以后，中国特色社会主义文化建设进入了新的历史发展阶段，开创了文化大发展大繁荣的崭新局面。进入新世纪以来，中国改革发展步入了攻坚克难的关键时期。随着利益格局的不断调整、不断整合，我国的经济社会呈现出前所未有的许多阶段性、结构性新的特征，社会生活出现了许多的新现象，加上国际形势日益趋向复杂化，世界各种思想文化相互激荡，人们的思想意识更加多样、多元和多变。在思想文化领域里出现的这些新情况、新特征的效应是双重的：一方面，为社会的发展带来了活力、带来了活跃的因素与气氛；但另一方面，一些错误、反动、消极、腐朽、颓废的思想意识也有所滋长和蔓延，马克思主义意识形态的领导地位遭到了不可轻视的削弱与挑战。另外，随着多年来我们坚持以经济建设为中心，大力发展社会生产力，综合国力显著增强，小康社会建设取得丰硕成果，人民群众生活水平不断提高，告别温饱以后，人民群众对文化的需求日益强烈，文化建设的必然性、紧迫性越来越突出。

面对我国社会文化生活的深刻变化、多样活跃的发展形势，党的十六大以后，中国共产党坚持从实际出发，科学而准确地把握时代潮流发展的新趋势，把握我国文化发展的新规律，以及广大人民群众对文化需求的新期待，以高度的文化自觉、文化自信提出了发展中国特色社会主义文化建设的战略思想，致力于文化大发展大繁荣，取得一系列重要的成就。

第一，把文化建设放在更加突出、更加重要的位置，提出了建设文化强国的战略任务，充分体现了党在文化理论上的成熟与文化自觉。

一是对文化、文化建设重要程度的认识与理解上升到前所未有的新的

高度、新的水平。党的十六大报告明确指出，"当今世界，文化与经济和政治相互交融，越来越成为综合国力竞争的重要因素"，"文化的力量，深深熔铸在民族的生命力，创造力和凝聚力之中，越来越成为民族凝聚力和创造力的重要源泉。"这些论点精辟透彻，言简意赅，深刻地提示了文化的本质地位和作用，阐明了文化对发展经济、增强综合国力、振奋民族精神、推动社会全面进步所具有的基础性、全局性和战略性重要作用，是在新的历史时期对马克思主义唯物史观和马克思主义文化理论的具体运用和实践发展。

二是对文化建设作出了一系列重大规划、重大部署。党的十六大提出了全面建设小康社会的奋斗目标，这个目标是包含中国特色社会主义经济、政治、文化等多位一体的目标，它把文化建设同经济建设、政治建设摆在同等重要的地位上看待，尤其突出了中国特色社会主义文化建设在其中的重要地位。此后，党的十六届三中全会又提出了深化文化体制改革的重要任务，提出逐步建立党委领导、政府管理、行业自律、企事业单位依法运营的文化管理体制，促进文化事业和文化产业协调发展，坚持把社会效益放在首位，实现社会效益和经济效益的统一；健全文化市场体系，建立富有活力的文化产品生产经营体制；完善文化产业政策，依法规范文化市场秩序，增强文化产业的整体实力和国际竞争力。党的十七大在十六大确立的全面建设小康社会目标的基础上又对文化建设和发展进一步提出了新的、更高的要求，例如：提高全民族文明素质，促进社会主义核心价值体系深入人心；基本建立覆盖全社会的公共文化服务体系，使文化产业在国民经济所占比重明显提高、国际竞争力显著增强；提供更加丰富的、适应人民需要的文化产品，等等。

三是制定和完善了关于文化建设的一系列具体对策和政策。文化建设重在落实，重在实践。为了推动我国文化事业的繁荣发展，提升国家文化软实力，国家在 2006 年 9 月 13 日发布《国家"十一五"时期文化发展纲要》，制定并实施了推动文化与经济、政治、社会相统一、相协调发展的总体布局、总体规划。纲要的出台，意味着文化建设与发展成为国民经济和社会发展的重要组成部分，文化建设从此步入了快速发展的轨道。2007年6月，中央政治局专题研究公共文化服务体系建设工作；同年8月，中共中央办公厅、国务院办公厅联合发布《关于加强公共文化服务体系建设的若干意见》，对公共文化服务体系建设的指导思想、发展目标、改革措施作出了全面部署。十六届四中全会明确把不断增强建设社会主义先进文化的能力作为加强党的执政能力建设的一项重要任务，提出实施马克思主义理论研究和建设工程，推动中华文化更好地走向世界；深化文化体制改革，解放和发展文化生产力；牢牢把握舆论导向，正确引导社会舆论，加强和改进思想政治工作，优先发展教育和科学事业，提高全民族的科学文化素质，加强文化设施建设。党的十六届五中全会通过了《关于推进社会主义新农村建设的若干意见》，强调要大力弘扬以爱国主义为核心的民族精神和以改革创新为核心的时代精神，激发广大农民群众发扬艰苦奋斗、自力更生的传统美德，加强思想政治工作，认真实施公民道德建设工程，引导农民崇尚科学，抵制迷信，移风易俗，破除陋习，树立先进的思想观念和良好的道德风尚，形成科学健康的生活方式，在农村形成文明向上的社会风貌。在《中共中央关于制定"十一五"规划的建议》里，强调要丰富人民群众精神文化生活，积极发展文化事业和文化产业，加大政府对文化事业的投入，逐步形成覆盖全社会的比较完备的公共文化服务体系，加强社会主义精神文明建设，在全社会倡导爱国守法、明礼诚信、团结友善、勤俭自强、敬业奉献的基本道德规范；进一步增强中华民族的凝聚力和创造力，使全体人民始终保持昂扬向上的精神状态，为全面建设小康社会提供强大的思想保证和精神动力。党的十六届六中全会通过了《中共中央关于构建社会主义和谐社会若干重大问题的决定》，提出要建设和谐文化，巩固社会和谐的思想道德基础；提出建设社会主义核心价值体系，形成全民族奋发向上的精神力量和团结和睦的精神纽带，树立社会主义荣辱观，培育文明道德风尚。党的十七大提出推动社会主义文化大发展、大繁荣的战略目标，强调要坚持社会主义先进文化前进方向，兴起社会主义文化建设新高潮，激发全民族文化创造力，提高国家文化软实力，使人民精神风貌更加昂扬向上。十七届三中全会通过了《中共中央关于推进农村改革发展若干重大问题的决定》，其中明确提出要繁荣发展农村文化，指出社会主义文化建设是社会主义新农村建设的重要内容和重要保证；提出要坚持用社会主义先进文化占领农村阵地，满足农民日益增长的精神文化需求，提高农民思想道德素质。党的十七届四中全会通过了《中共中央关于加强和改进新形势下党的建设若干重大问题的决定》，把理想信念教育作为全党学习践行社会主义核心价值体系的重中之重，号召广大党员、干部自觉践行社会主义荣辱观，培养高尚道德和健康生活情趣，保持昂扬奋发的精神状态。十七届六中全会审议通过了《中共中央关于深化文化体制改革 推动社会主义大发展大繁荣若干重大问题的决定》，这次全会更是具有里程碑式的重要意义，这是自中国共产党成立以来第一次由党的中央委员会全体会议研究审议的关于文化工作的会议。这次全会站在历史和时代的高度，着眼于中国特色社会主义事业的总体布局，提出了坚持中国特色社会主义文化发展道路，建设社会主义文化强国的战略任务，部署了深化文化体制改革；全会还全面总结了我党领导文化建设的成就和经验，深刻分析了当前我国文化改革发展面临的形势和任务，提出了新形势下文化改革发展的指导思想、重要方针、目标任务、政策措施，是指导我国文化改革发展的纲领性文件。

第二，从中国特色社会主义总体布局、提高国家综合国力的高度，深刻把握促进文化大发展大繁荣的重要意义。

没有文化的积极引领，没有人民精神世界的极大丰富，没有全民族精神力量的充分发挥，一个国家、一个民族不可能屹立于世界民族之林；没有社会主义文化的发展繁荣，就没有社会主义现代化；中华民族的伟大复兴，必然伴随中华文化的繁荣兴盛。当今世界正处于大发展、大变革、大调整的时期，各种思想文化交流交融，交锋更加频繁，许多国家纷纷制定本国的文化政策发展文化，文化在国力竞争中的地位和作用越来越突现出来；随着文化领域斗争的激烈化，维护文化安全的任务日益艰巨，做大做强文化体量，提高文化软实力，增强中华文化世界影响力的需求更加紧迫。随着我国进入全面建设小康社会的关键时期，进入深化改革的深水区，也进入转变经济发展方式的重要时期，文化已经越来越成为民族凝聚力、创造力的重要源泉，越来越成为综合国力竞争的重要因素，成为经济社会发展的重要支撑；人民群众对文化的繁荣发展充满热切的期望。总之，不失时机地推动我国社会主义文化大发展大繁荣，充分体现了我党对所肩负历史使命高度的文化自觉和文化自信，以及对社会主义建设规律的进一步把握。加强文化建设，关系实现全面建成小康社会的奋斗目标，关系到我国社会主义和谐社会的建设，关系到中华民族伟大复兴的美好愿景。在"西强我弱""西主动我被动"的世界基本文化格局中，在日益激烈的综合国力尤其是文化较量中，如何振兴中华文化、复兴中华文化气象，创造全民族新的文化成就，早日建成社会主义文化强国，成为一项亟待解决的重大战略课题。

第三，提出建设社会主义核心价值体系的重要任务。

2006 年 10 月，党的十六届六中全会提出要"建设社会主义核心价值体系"，引起了国内外的广泛关注。在新的历史时期，中国共产党提出这一战略任务，是在国内外各种思想文化相互交织、激烈交锋、各种社会思潮相互较量的复杂环境中，在我国社会格局深刻变动、利益格局深刻调整、思想观念深刻变化、国际文化竞争日益激烈的背景下作出的。价值观是主体在认识改造客体的实践活动中，对主客体价值关系所持立场的观点和态度，是人们评判事物有无价值及价值量大小的尺度和准则。价值体系则是由价值取向和价值性质相同或相近的价值观构成的体系或系统。在价值体系中，不同的价值观不仅内容有区别，而且其地位和作用也不尽相同，对人们行为起主导、支配地位和功能的价值观是核心价值观，而其他价值观就是非核心价值观；价值取向相同或相近的核心价值观在一起共同形成核心价值体系。建设社会主义核心价值体系，是巩固和坚持马克思主义意识形态领导权的需要，是大力弘扬民族精神和时代精神的需要，是巩固全党全国各族人民建设中国特色社会主义的共同思想基础的需要，既是振奋人民群众思想状态和精神状态的动力，也是凝聚前进力量、提升国家综合国力的迫切需要。后来，党的十七大对建设社会主义核心价值观提出了新的要求，强调要建设"社会主义核心价值体系、增强社会主义意识形态的吸引力和凝聚力"。过去，对于什么是社会主义社会的核心价值观，什么是中国特色社会主义核心价值观，一直缺少明确专门的阐释。因此，这一重要思想与战略任务的提出，在全社会树立起了团结奋进的精神旗帜，统一了全党的思想、凝聚了社会共识，是中国共产党理论创新的又一个重大成果，具有重要的理论意义和极强的现实针对性。

第四，建设社会主义和谐文化，夯实构建社会主义和谐社会的思想文化基础。

党的十六届六中全会审议通过了《中共中央关于构建社会主义和谐社会若干重大问题的决定》，提出建设和谐文化是构建社会主义和谐社会的重要任务。2006年11月，中国文学艺术联合会第八次全国代表大会、中国作家协会第七次全国代表大会召开，胡锦涛同志在会议上发表重要讲话。他指出，繁荣社会主义先进文化，建设和谐文化，为构建社会主义和谐社会作出贡献，是现阶段我国文化工作的主题。有什么样的核心价值体系，有什么样的核心价值观，就会有什么样的文化理想和文化选择。建设和谐文化与建设社会主义核心价值体系是内在一致的，社会主义核心价值体系是社会主义和谐文化的根本保障和重要基础，建设和谐文化必须大力弘扬社会主义核心价值体系。如果社会主义核心价值体系得到很好的培育和践行，融入人们的生产、生活和精神世界中去，融入精神文明建设各个环节之中，和谐文化建设就具有了良好的前提条件。社会主义核心价值观是社会主义文化的根本精神，是和谐文化的内在灵魂，两者具有高度的契合性、关联性。

建设社会主义和谐文化，是时代与我国实践发展的需要。和谐文化强调在对待与处理各种事物之间的关系与矛盾时，摈弃斗争思维，避免非此即彼的认识和方式，要转变传统观念，求同存异、树立共生共荣、和谐相处理念。和谐文化强调人与自然、人与社会、人与人建立和谐的关系，必须改变以往长期形成的对立思维、"斗争哲学"，树立和谐思维，建立"和谐哲学"。社会主义制度的确立，从根本上消除了以往私有制社会所造成的不平等、不公正、不合理的社会因素，所有社会成员人人平等，广大人民群众成为国家的主人，这是和谐文化最深刻的政治保障。进入改革开放新时期以来，党领导全体人民以经济建设为中心，实现了工作重心的转移，大力发展社会生产力，聚精会神搞建设，一心一意谋发展，综合国力不断提升，人民群众物质文化生活水平持续提高，我国社会整体上由过去的革命战争、政治运动时期转入和平建设与发展阶段，因此，和谐文化的提出也适应了我国时代发展变化的特征。我们建设的和谐文化是社会主义和谐文化，而不是别的什么主义、什么性质的和谐文化。和谐文化是社会主义文化的本质特征、本质属性，既是社会主义制度优势所在，也是全体人民团结进步重要的精神支撑和文化基础。

第五，促进社会主义文化事业与文化产业协调发展。

党的十六届三中全会通过的《中共中央关于完善社会主义市场经济体制若干问题的决定》，首次把深化文化体制改革的任务写入了完善社会主义市场经济改革的内容之中。要完善社会主义市场经济体制，就要大力发展文化产业，理顺文化产业与文化事业之间的关系。只有这样，才能解放和发展我国的文化生产力，增强文化发展的活力，从根本上解决制约文化发展的体制弊端，才能繁荣和发展文化，更好地保障与实现人民群众的文化权益，不断满足他们的文化需要。

大力发展文化产业，是推动社会主义文化全面协调可持续发展的需要。众所周知，我国现代化建设发展到如今，已实现由计划经济向社会主义市场经济体制的根本性转变，过去那种由国家统一计划、大包大揽式的管理方式和经营方式与社会主义市场经济相违背，不再适应现在的新形势、新变化。用计划的方式办文化，管得过多，统得过细、僵化教条，实践证明这种方式缺乏活力和竞争力。2002年，党的十六大将文化划分为公益性文化事业和经营性文化产业。2007年，党的十七大又进一步强调了文化产业的重要地位。2003年召开的文化体制试点工作会议，提出要"坚持两手抓，一手抓公益性文化事业，一手抓经营性文化产业"，强调

"既要保证公益性文化事业的发展，又要推动经营性文化产业的壮大。前者由政府主导，后者由市场主导，做到两手抓、两加强。"这是认识上的一大提高。过去，常常把经营性文化产业混同于公益性文化事业，两种不同类型、不同管理方式、不同投资经营方式的文化领域搅和在一起，严重影响了文化建设发展速度和发展质量。其主要问题是，本来应当由政府来主动投资建设的公益性文化事业长期发展滞后；本来应当由市场主导的经营性文化产业却依靠政府，结果是两方面都没有做好。公益性文化事业具有公共性、基本性、保障性等特征，一般需要大量、长期的资金投入，其效益回报不那么明显、快速，但却是社会发展所必不可少的。发展经营性文化产业离不开文化市场。文化市场是按照价值规律进行文化艺术产品和提供有偿服务活动的场所，它是文化生产与再生产消费的中介环节。文化产业不同于其他产业，在于其以文化创意为先导，以内容为核心，以市场为中介，以技术为载体，以效益为目标的产业类型，具有与其他产业关联度高、资源消耗小、低环境污染、可持续发展强、综合效益好等优势，是现代国民经济中具有战略性、支柱性的新兴产业。2009 年，国务院颁布《文化产业振兴规划》，这是我国出台的第一部关于文化产业发展的专门规划，意味着文化产业发展成为国家战略。2010 年 10 月，十七届五中全会提出要使文化产业成为国民经济支柱性产业。2011 年 10 月召开的十七届六中全会要求推动文化产业跨越式发展，使文化产业成为国民经济新的增长点、经济结构战略性调整的重要支点、成为转变经济发展方式的重要着力点。

第六，大力实施中华文化"走出去"战略，不断提高文化对外开放水平。

"加强对外文化交流，吸收各国优秀文明成果，增强中华文化国际影响力"，这是党的十七大报告提出的战略性任务。为了实现这一重要任务，就要切实以文化"走出去"战略为抓手，充分利用好国际国内"两个市场、两种资源"，积极参与国际合作和竞争，加强对外文化交流交往，发展国际文化贸易，缩小文化贸易逆差，形成以中华民族文化为主体、合理吸收外来优秀文化、推动中华文化走向世界的文化开放格局。

第七，共建中华民族共有的精神家园。

中华民族是由 56 个民族组成大家庭。我国民族文化异彩纷呈、多种多样，其地域性、民族性、历史性的特征都十分明显，共同的特征就是大家共同从属于中华文化。在这样一个多民族的文化背景中建设社会主义和谐社会、和谐文化，构建中华民族共有的精神家园，意义十分重大，但面临的任务也十分复杂而艰巨。

二、党的十六大以后中国特色社会主义文化建设的实践

党的十六大以后，我国社会主义文化建设主动适应社会主义市场经济的实践要求，加强文化体制机制改革创新，锐意进取，取得了一系列重要的成就，主要是：文化基础设施建设成就显著；一大批投资大、规模大、覆盖面广的文化基础设施建成并投入使用，产生了良好的社会效益；文化产品成本数量和质量均有快速提高和改善，生产出了一批又一批丰富多彩、种类齐全，科学科技含量较高，质量上乘的文化精品力作；人民群众文化生活需求旺盛，文化消费迅速增长且形式多样，文化生活条件有了较大的改善；国际文化交流、交往日益频繁。我国与世界上大多数国家和地区签订了双边政府文化协定，开展了多种形式的文化交流活动，中华文化独特的魅力被世界人民越来越认同，社会主义核心价值体系建设和思想道德建设工作扎实推进，舆论引导能力显著增强，文学艺术呈现出繁荣发展态势；文化事业投入不断加大，建设步伐明显加快，公益性文化事业日益得到重视，文化设施和文化服务体系日趋完善，公共文化服务水平逐年提升；文化产业迅速发展，形成了一些具有较大增长空间的生产门类，全国涌现出一批有较强竞争力的企业集团；以公有制为主体、多种所有制共同发展的文化产业格局初步形成；优秀传统文化、民族文化遗产的传承与现代继承为全社会所重视；文化创新能力和创造活力有较大提高，文化人才队伍有所扩大；中国文化元素在国际上的影响力、关注力正在逐步增强；

文化体制改革有序推进，文化与科技、经济融合发展格局初步确立；一大批文化民生重大项目和工程建设全力推进，取得了重要进展。据有关统计，"十一五"时期前四年，全国文化事业费总计超过 900 亿元，平均年增长 25.28%，"十二五"时期前三年的全国文化事业费已达到 1400 亿元，超出"十一五"时期五年的全国文化事业费（1220 亿元）。基本实现了"县有公共图书馆、文化馆，乡有综合文化站"的建设目标，初步建立了覆盖城乡的公共文化服务网络；一大批重大文化惠民工程如广播电视村村通工程、全国文化信息资源共享工程，农村数字电影放映工程、农家书屋、基层文化队伍培训项目等得到有效实施，等等。此外，马克思主义理论研究和建设工程成效明显，社会主义道德建设广泛开展，文化体制改革取得了新突破，文化事业和文化产业比翼齐飞，人民群众基本文化权利得到更好的保障，人民群众基本文化权益得到更好的主张和实现，社会主义核心价值体系建设扎实，和谐文化得以提倡，全社会文明程度进一步提高，中华文化"走出去"步伐加快推进，等等。

在看到文化建设和发展取得成绩的同时，但是我们要清醒地看到，我国文化建设在许多方面还存在着一些不适应、不协调的方面和矛盾，必须引起高度重视并采取措施加以解决。制约我国文化建设中的主要矛盾是人民群众对美好精神文化生活的需求和向往与文化发展不充分不均衡之间的矛盾。就现状来说，"我国发展呈现出一系列阶段性特征，其中一个值得高度关注的问题，就是随着经济社会持续快速的发展，特别是随着人民生活水平的不断提高，我们进入了文化消费的快速增长期，人们的精神文化需要更加旺盛，文化成为衡量社会文明程度的人们生活质量的显著标志。"[1]三十多年来，我们紧紧以经济建设为中心，大力发展生产力，物质生产的能力水平飞速发展，人民群众的生活水平和消费水平都跃上新的台阶，尤其一个重要的变化是在物质生活需求得到满足之后，广大人民群众

---

[1] 中共中央宣传部、中共中央文献研究室：《论文化建设——重要论述摘编》，学习出版社 2012 年版，第 12—13 页。

对精神文化生活的需求快速增长起来，且呈现日益旺盛、日益活跃的趋势，但是，当我们经济建设取得了举世瞩目的骄人成绩的时候，文化建设的现状却不尽如人意，存在着一强一弱，一大一小的明显差距。据有关统计，近年来，我国城乡居民人均文化消费增速分别快于人均消费支出 0.9 和 2.7 个百分点。以 2011 年为例，城乡人民文化消费就比 10 年前分别增长了 177.7% 和 253.8%，这个增速可以说是很高的。应当认识到，我们文化建设方面，总体上还存在着一些问题，比如文化产品供给数量相对不足，质量有待提高、人民文化消费能力偏低、公共文化设施不齐全等问题，老百姓对此不甚满意。据调查，有半数以上的人认为一些文化产品价格较高，消费不起。由于人们总体上收入水平不平衡，社会保障机制不健全，市场机制不健全等因素的制约，我国文化消费尚处于初级阶段，文化发展的空间有很大的拓展余地；另外，与西方欧美国家"高势能"文化相比，我国文化产品与服务出口比例小，存在国际文化贸易逆差，等等。总之，文化建设任务艰巨，需要解决的困难和问题不少，可以说是任重道远。

归结起来，存在以下几个方面的主要问题：

第一，文化上"西强我弱"的"落差"。如前所述，西方国家尤其是几个西方发达国家，在其经济实力、科技优势、发达的文化产业的强力支撑下，它们在国际文化交往、文化交流中处于文化"高势能"输出的一方，发展中国家的文化处于被动接受的弱势一方。在短时期内，文化的规模、体量、力量对比上"西强我弱""西大我小"的这种不平衡局面不会有大的改变。

第二，我国经济大国的国际地位和实力与不发达的文化水平的"反差"。改革开放以来，中国多年的努力奋斗，我国经济建设取得了巨大成功，成为经济总量世界第二的国家，综合国力显著增强，人民群众生活水平大幅度提高，我国的国际地位明显上升，得到了国际社会的广泛赞誉和认同；然而，在经济建设取得令人瞩目的同时，文化建设明显滞后，其短板劣势也越来越明显，对我国的可持续发展和经济社会的整体发展产生了消极的阻碍作用。经济上的"强"与文化上的"弱",经济上的"硬"与文化上的"软"不平衡的矛盾必须引起我们的重视。

第三,人民群众的生活水平已经基本实现由温饱到小康的转变,其不断增长的精神文化需求与滞后的、不充分、不均衡文化供给的"时差"。随着我国经济建设的成功,人民群众物质生活水平改善,恩格尔系数平均水平不断降低,相应地,其精神文化生活需求日渐旺盛,文化消费水平和消费能力不断提高、呈现出高层次、多形式、多样性的和趋势;另一方面,我们能够提供的文化产品及文化服务的数量和质量尚不能满足人民群众的要求,需要我们今后要在文化供给文化服务上下功夫,加大文化产品和文化服务的供给侧改革,做好相关的工作。

第四,我国长期形成的文化体制机制与社会主义市场经济体制不相适应。我国已基本上建立起社会主义市场经济体制模式,走出了计划经济的藩篱。作为"看不见的手"的市场在国民经济和社会事业的资源配置中发挥着重要的基础性作用,极大并有效地拓展了文化产品创作、生产、流通和消费的空间范围,给现有的文化建设带来了巨大的机遇和挑战,是未来我国文化发展的主要趋向。然而,长期以来,我们囿于计划经济模式,用行政指令性手段办文化、管文化,许多事情由政府部门大包大揽,把本应该由市场、企业或社会完成的事情统统由政府来办,缺乏竞争机制,缺乏活力和生机,负担和包袱沉重,可持续发展能力不足,甚至出现许多文化单位在现行的体制下难以为继的尴尬现象。

第五,文化发展与我国面临的国际文化形势和文化任务不相适应。改革开放以来,随着我们对外开放和国际文化交流日益频繁,文化市场开放水平不断提高,外来思想文化、价值观念、思维方式和行为方式涌入进来,对我们原有的认知和思想观念带来的很大的冲击。这种情形,一方面为我们学习、借鉴世界优秀文化创造了有利的条件;但另一方面,又使我们面临着西方资本、产品和价值观念的冲突、挑战带来了前所未有的压力。一方面,人民群众希望对世界优秀文化成果有所了解、学习和鉴赏;但另一方面,国外负面的"西化""分化"的文化不请自来。中外文化的交流和撞击不仅会发生在境外，而且会发生在国内；不仅会发生在意识形态领域，而且会大量发生在非意识形态的日常文化消费生活领域。

第六，落后的技术条件与世界高科技文化应用的矛盾。现今，在文化创新和传媒领域，数字技术和互联网得到了广泛的应用和普及，可以说是带来了一场技术上的革命，为文化建设提供了新的手段、创造了新的发展机遇。然而，我们在这方面整体还处于初级发展阶段，在运用技术新手段创造文化生产力方面还缺乏主动性和创造性，还不能和西方发达国家的技术、市场进行有效对接和综合。总之，我国文化建设的国内外形势既有优势，又有严峻的挑战。关键在于，我们如何能够继续发挥优势，使优势更优；同时不断克服劣势，直面存在的问题和挑战，加快文化改革建设的步伐。

当今，文化与政治、经济、社会发展之间的关系越来越紧密，它们之间相互交融、相互作用、相互促进的趋势越来越明显。从文化与经济的关系来说，经济是文化的基础，经济发展能够创造文化的成果；文化是经济的反映，同时它能够支撑经济并带动经济的持续发展。文化经济化与经济文化化已经成为现今文化领域和经济领域一道亮丽的风景线，也是今后世界不可阻挡的发展趋势。文化因经济而更加具有活力和持续性，获得更加坚实可靠的物质基础；经济因文化更富有人文色彩，获得更丰富的价值内涵。从文化与政治的关系上来说，政治引导并定向文化，是文化发展的制度前提，文化反映政治，为政治提供依托与支持。文化和政治共同服务经济，文化以其神奇的力量，深沉熔铸在民族的生命力、创新力和凝聚力之中。

文化是国家民族生存和进步的根本力量，缺少文化的发展和支撑，经济和政治的发展必然受到制约。胡锦涛同志指出，"从根本上说，经济发展决定政治发展和文化发展，但政治发展和文化发展也会反过来对经济发展产生作用，在一定条件下还可以产生决定性作用。""树立和落实科学发展观，十分重要的一环就是要正确处理增长的数量和质量，速度和效益的关系。增长是发展基础，没有经济的数量增长，没有物质财富的积累，就谈不上发展，但增长并不简单地等同于发展，如果单纯扩大数量，单纯追求速度，而不重视质量、和效益，不重视经济、政治和文化的协调发展，不重视人与自然的和谐，就会出现增长失调，从而最终制约发展的局面。"①科学发展观是一种追求又快又好的可持续发展观，是一种和谐的发展观。它既强调发展的数量，又强调发展的质量；既强调发展的速度，又强调发展的效益；既强调发展的经济效益，又强调发展的社会效益；既强调经济发展，又强调政治、经济、文化和社会的共同发展；它强调的是全面、整体协调的发展而非片面、单向度的、更非畸形的发展。

第五节　国内外学术界研究现状简评

梳理国内有关"科学发展观视域下的文化建设"研究成果，大致可以分成以下几个方面：其一，从文化建设类型的角度，初步论述了中国特色社会主义文化建设思想的基本内容。学者主要从和谐文化、创新文化、先进文化、廉政文化以及道德文化等进行论述；围绕和谐文化，理论界进行了大量深入的研究。其二，从文化战略地位的视角，初步论述了中国特色社会主义文化软实力思想。其三，从科学发展的视角，初步论述了中国特色社会主义文化建设路径与方法的基本思想。其四，从文化建设特定领域的视角，有的学者初步论述了胡锦涛文化建设某一方面的基本观点。如研究了胡锦涛的网络文化观、政治文化思想。此外，也有学者对胡锦涛文化思想的基本特征进行了概括。如论述了胡锦涛文化建设思想的主要特点；认为体现了理性、科学、民主、人文、创新等基本文化精神。

---

① 《十六大以来重要文献选编》上，中央文献出版社 2011 年版，第 483—484 页。

我们注意到，国外一些学者也十分关注党的十六大以后以胡锦涛同志为总书记的党中央关于中国特色社会主义文化建设和文化发展思想，并予以较高的评价。2006 年夏普公司出版的维尼·沃、蓝普·兰姆专著《中国政治的胡锦涛时代：新领导、新挑战》一书认为，中国在胡锦涛等人的领导下，在增长变得"更加持续"的同时，文化政策的制定也更加"科学"，这是胡锦涛相信"科学社会主义"本质的必然结果。在美国学者克耶尔德·E.布罗兹卡罗和郑永年主编的《改革中的中国共产党》（伦敦，2006）一书中，该书作者重点探讨了在改革进程中，中国共产党在其结构、性质及其作用等方面所展现的中国政治文化之特点；埃及著名汉学家阿卜杜拉高度评价胡锦涛提出的"和谐文化"思想，认为"和谐"体现了事物发展最为成熟、最为理想的境界，是与中国传统儒家思想一脉相承的；波兰华沙大学国际关系研究所教授扬·罗文斯基认为，胡锦涛强调建设社会主义文化强国，是中共把握时代和形势发展变化、积极回应各族人民精神文化需求作出的重大战略决策，表明中国正坚定不移地走中国特色社会主义文化发展道路。上述观点，反映了国外对胡锦涛文化思想的认识和评价，但其研究都比较零散且非常有限。

以上研究，为我们进一步深入研究科学发展观视域下的文化建设提供了有益的启发和学理的借鉴。但从总体上来看，它们由于尚处于起步阶段，对这一重大理论问题的研究存在三点明显的不足之处：

第一，不够系统。科学发展观视域下的文化建设是一个相对完备的理论体系，而现有成果都是从某一角度、某一方面单独进行研究，缺乏全面系统地把握。

第二，不够深入。科学发展观视域下的文化建设内涵丰富，已出的成果观点大多比较表面化，研究深度不够。

第三，对其重大理论价值认识不够。科学发展观视域下的文化建设思想具有深刻的历史转型意识和开拓创新性，具有重大的理论与现实意义，但已有成果对此认识不足。

以上研究存在的不足，说明本课题还存在较大的理论研究空间。系统深入研究科学发展观视域下的文化建设思想课题，坚持中国特色社会主义文化发展道路，不仅是一个重要的理论问题，更是迫切的现实问题；这不仅需要我们以马克思主义为基础"开本"，更需要以现实为指向加以"创新"。

第一章　文化本质论：文化是民族的血脉和人民的精神家园

　　文化的主体按照人存在的层次大体上可以划分为个体、集体、民族（国家）、人类几个层面。文化总是特定主体的文化，在其现实性上，最大的文化主体莫过于国家和民族。民族文化的多样性表征着民族特征的差异性、独特性。世界上存在许多民族国家，而使这些民族国家区别开来的最显著的精神标志就是其不同特色的文化。

　　文化作为民族的灵魂和血脉，是民族精神气质的重要内容。有形的物质形态表现于外，无形的文化品格深藏于内。无形的精神对于任何民族来说至关重要、不可或缺，它为该民族人民的生存和发展提供族群认同、价值认知、情感归属、精神召唤等，始终是民族生存和国家兴盛生生不息的精神支撑和力量之源。一个民族的文化，是该民族历史地凝结成的生存方式，蕴含着这个民族最深厚的精神特质和价值追求，提供了民族赖以存在的思维方式、行为方式和实践方式。文化兴则民族兴，文化强则国家强。拥有自己文化的民族，是有力量的、不应被忽视的民族；如果一个民族丧失了自己的文化，这个民族则就失去了希望，必然会成为失去了精神家园的流浪者。众所周知，中华文明作为四大文明传统中唯一未中断而延续下来的文明，正是在于五千年以来其文化根基的一脉相承，生生不息。源远流长、博大精深的中华文化为中华民族提供了无比强大的感召力与向心力，使得它自立于世界民族之林，成为世界民族一道独特而亮丽的风景。在世界历史发展到了 21 世纪的今天，中华民族要实现伟大复兴，必然把文化复兴、文化发展推到了历史的前台，文化建设成为当前刻不容缓的重大战略任务。

第一节　文化是民族的血脉

2011 年 10 月 15 日至 18 日，党的十七届六中全会审议并通过了《中共中央关于深化文化体制改革　推动社会主义文化大发展大繁荣若干重大问题的决定》，这是中国共产党成立以来第一次由党的中央委员会全体会议专门研究部署文化建设与发展的重要会议。全会站在历史和时代的制高点，全面总结了党领导人民进行文化建设取得的成就和经验，深入分析了我国文化改革发展面临的形势和任务，阐明了中国特色社会主义文化发展道路，提出了新形势下文化发展的指导思想、重要方针、目标任务、政策措施，全面部署了深化文化体制改革、推动社会主义文化大发展大繁荣的各项工作，发出了进一步兴起社会主义文化建设新高潮的总动员令。《决定》明确提出，"文化是民族的血脉，是人民的精神家园"；后来胡锦涛同志在党的十八大报告中再次提出这个论断，这一思想是对文化内涵和文化本质的深刻阐释与概括，主题重大，意义深远。

整个人类社会发展的历史，既是物质文明不断创造的历史，更是人类文化进步、文明薪火相传与刚健弘毅的精神文明发展之历史。任何一个国家和民族要想真正强大起来，不仅要有创新的科学技术以及强大的经济实力，而且要有强大的精神力量，对外有强大的吸引力、影响力和感召力。文化来源于实践，但这种实践不是抽象、一般的人类实践，而是特定地域内特定群体的感性实践活动，正是这种具体的实践生成了世界上各具特色、多姿多彩的民族文化。民族文化不仅起着维系民族的纽带作用，而且在其代代传承的过程中逐渐渗透内化到该民族的血液、气质与性格之中，成为特定民族的思维方式和赖以生存的精神家园。

当今世界形势正处于大发展大变革大调整的时期，政治多极化、全球经济一体化深入发展，科学技术日新月异，各种思想文化交流与碰撞日益频繁，文化在经济发展以及综合国力竞争中的地位和作用愈益凸显。胡锦涛同志指出，"一个没有文化底蕴的民族，一个不能不断进行文化创新的民族，是很难发展起来的，也是很难自立于世界民族之林的。要提高发展水平，增强发展后劲，提高群众生活质量，必须高度重视并全面推进文化建设。"[①]世界形势和时代发展对我国文化建设提出了新的要求。

2010年联合国教科文组织在报告《文化的力量：文化对发展的促进》一书中指出："文化是认同、革新和创造的源泉；是一个社会或社会群体与众不同的精神境界、物质、智力、情感特征的集合；是构建人们相互关系的意义、关系、信仰、价值等密切交织的复杂网络；是驱动所有社会不断发展的动态力量；是可更新的源泉。"该报告还指出，文化的很多方面和内容，如传统的生活方式、各具特色的文化形态，对道德标准、社会实践、知识的传播、安全观念的教育等都起着至关重要的作用。不仅如此，越来越多的学者关注文化对经济社会发展的表现出来的重要而独特的作用，并建立起一种学术研究的新范式——"一种内向的聚焦于文化价值观和态度的理论"[②]。运用此理论实践，美国学者萨缪尔·亨廷顿比较了加纳和韩国两国的发展状况，在20世纪60年代两国有着极为相似的经济水平和经济结构，然而过了三十年之后，韩国迅速发展起来成为亚洲令人瞩目的四小龙之一，而加纳却并没有发生什么太大变化，其人均国民生产总值仅为韩国的十四分之一，他认为其中一个重要的原因就在于韩国人具有的节俭、投资、勤奋、教育、组织和纪律等文化因素。此外，还有相当多的学者用"儒学"价值观去解释20世纪后期东亚经济奇迹发生的文化动因，认为"四小龙"飞速发展的文化根源在于这四个国家共有的特征就是强调面向未来，强调工作和成就，强调教育和美德及节俭，等等。大量的事实

---

① 《胡锦涛文选》第2卷，人民出版社2016年版，第44页。

② ［美］塞缪尔·亨廷顿、劳伦斯·哈里森主编：《文化的重要作用——价值观如何影响人类进步》，程克雄译，新华出版社2010年版，第356页。

表明，对文化的重新定义与功能发现，不仅提供了学术研究的新视角，而且使得文化在当代人类社会生活中的核心地位在世界范围受到了前所未有的重视。

马克思主义文化理论以辩证唯物主义、历史的唯物主义为思想基础，具有强烈的物质实践性。马克思认为，"人不仅仅是自然存在物，而且是人的自然存在物，也就是说，是为自身而存在着的存在物，因而是类存在物。他必须既在自己的存在中也在自己的知识中确证并表现自身。"①"通过实践创造对象世界，即改造无机界，证明了人是有意识的类存在物，也就是这样一种存在物，它把类看作自己的本质，或者说把自身看作类存在物。"②"整个所谓世界历史不外是人通过人的劳动而诞生的过程"，而"环境的改变和人的活动或自我改变的一致，只能被看作是并合理地理解为革命的实践"③。换言之，文化本质上就是人化、化人。恩格斯曾明确指出："文化上的每一个进步，都是迈向自由的一步。"文化乃是人的本质力量及其对象化，是人类生存和发展实践活动中创设出来的应对外部世界的"为我关系"，只有凭借这种关系，人才能实现自由意志，创造属于自己的生活。"自由就在于根据对自然界的必然性的认识来支配我们自己和外部自然界"④。文化是人实现自由的产物。人的自由，要么是意志与想象的自由，要么是行动上的自由。意志的自由包括认识的自由，即对自然规律、社会规律的掌握，行动上的自由即实践的自由，指能够运用物质运动的必然性认识，在实践活动中达到自己的目的。在此意义上去理解，所谓民族文化，就是在创造历史的实践中能够维系和团结该民族成员、凝聚其力量进行不懈奋斗的精神根基。人与文化互为一体，只要有人存在就有文化现象，人是怎么样的，其文化就会是怎么样的，因为文化是人内在本质的外部显现，是人及其社会发展水平的显著标志；通过一定的文化及其发展，

① 《马克思恩格斯全集》第 42 卷，人民出版社 1979 年版，第 169 页。
② 《马克思恩格斯全集》第 42 卷，人民出版社 1979 年版，第 96 页。
③ 《马克思恩格斯全集》第 3 卷，人民出版社 1960 年版，第 7 页。
④ 《马克思恩格斯选集》第 3 卷，人民出版社 1995 年版，第 456 页。

我们可以以此为镜，反观生活于其中人的状况和特征。

文化是民族的血脉。《吕氏春秋·达郁》说："血脉欲其通也，筋骨欲其固也。"把文化比喻为生命有机体的脉络，是一个非常生动而形象的判断。文化就是维持民族生生不息的血脉。一个民族要生存发展，自立于世界民族之林，必定要在文化上血脉相连，承上启下，息息相通。

第一，文化作为一个民族长期历史形成的实践方式与生存方式，是特定民族得以绵延不息的恒久根基和内在机理。民族共同体在长期的历史实践过程中，基于共同的自然环境、社会条件和文化传统，在同周围自然和社会打交道的过程中会逐渐形成共同的核心价值观念和共同的核心价值体系，从而形成这个民族有别于其他民族特有的文化精神与文化传统，慢慢地这个凝聚着该民族对周围世界、对自我的认知和体悟的共同的核心价值观念和共同的核心价值体系，实际上就成为深入到该民族共同体血液和骨髓之中的"文化基因"。"文化基因"是类似于生物基因而言的民族文化遗传信息或文化传承密码，是遗传和后天习得的、自觉与不自觉而置入文化系统内部的信息单元和信息链路，以一种内在、无形的方式影响并制约着特定民族人们的认知方式、实践方式。

第二，文化作为社会意识、内在力量的基本表征，是一个民族和国家全面进步、协调发展不可缺少的重要因素。在人类社会的发展进程中，物质文明固然是起根本推动作用的动力，但精神文明发展状况也至关重要；文化以物质力量为前提和基础，并能够反作用于前者。只有物质"硬实力"和文化"软实力"都发展起来的国家，才是综合国力真正强大的国家。经过新中国成立六十多年尤其是改革开放三十多年的不懈奋斗，我国经济快速腾飞，物质文明的巨大成就举世瞩目，综合国力显著提高，但文化疲软的问题仍未得以根本改变。正因如此，党的十七大报告正式提出"文化软实力"的概念，要求通过中国特色社会主义文化建设，以先进思想文化引领全民族奋斗精神、创造精神的充分发挥，极大地丰富我国人民群众的精神世界，不断增强人民群众的精神力量，筑牢中国特色社会主义的思想文化阵线，有力地抵御各种腐朽落后的思想观念对我们的渗透和侵蚀。

第三，文化是增强民族认同、增强人民归属感和凝聚力的重要依托。文化是国家民族安身立命之本，是社会有机体永恒的生长基因。民族文化是在人们长期的改造自然、改造社会、丰富自我人生的实践活动中积累起来的，深刻地制约并影响着特定民族的思维方式、实践方式和生活方式，它作为一种集体无意识，常常唤起人们团结一致、维护共同利益、集体行动的情感愿望。民族文化与特定民族的自我认同须臾不可分离，因为文化认同是民族认同的标识与核心，也是民族发展的重要动力和源泉。正是在这个意义上，坚守自己民族文化之根，继承其优秀成分，不仅是增强和振兴民族精神的内在要求，也成为当今许多国家坚持的一项基本国策。欧美、日本等发达国家在现代化的进程中，其所以能够强大起来，其中一个重要原因就在于它们在吸收世界各国文明成果的时候不忘本来，十分重视继承保存自己优秀的民族文化，使现代文化的新内涵与传统文化有机结合，从而使其民族凝聚力和创造活力得以充分地发挥出来。

第四，对于一个民族来说，文化是一种在世的状态与基本的生活态度。人是文化的主体，文化是人内在本质力量的确证，因而文化具有强烈的属人性，并从一定程度上表征着人的感性生存以及精神样态。人是怎样生活的，其文化就是怎样的；反之亦然。《意大利文艺复兴时期的文化》的作者、著名学家雅克面·布克哈特认为，中世纪时人们的眼光都被一层宗教信仰、无根据的幻想和成见的纱幕遮蔽住了，意大利人首先撕去了纱幕，从此他们不但发现了世界，还发现了自己；而像但丁这样的诗人在经院哲学笼罩下的文化环境中决不可能出现的。日本近代著名思想家福泽谕吉则认为，一个民族的崛起，主要取决于三个因素：人心、政治制度和经济，而其中最为关键的是"人心的改变"。在文化交往日益频繁的条件下，人们逐渐走出封闭保守的文化心态，以开放、包容的积极姿态勇于学习借鉴外来先进文化，并在此过程中，逐步培养并发展适应社会发展的具有现代素质的自主性文化人格。自20世纪70年代末80年代初我国实行改革开放基本国策以来，我们一方面始终以经济建设为中心，另一方面切实加强社会主义精神文明建设，广大人民群众精神的文化需求不断得到满足，精神世界日益丰富充实，精神境界不断提高，精神力量显著增强，人们的社会心态和精神面貌大为改观，这无疑为中国特色社会主义建设准备并创造了良好的文化环境与主体条件。

中华民族的发展进步，既有自己的血缘脉络，更有自己数千年来形成的独特的文化脉络。正是由于中华文化血脉的不断维系，我们这个民族才组成了同呼吸共命运、一脉相承、心心相印的大家庭；正是由于中华文化血脉的有力维系，全国人民和广大海外华人、侨胞才同为具有共同的民族认同、文化认同和血脉相连的中国人。

第二节　文化是人民的精神家园

胡锦涛同志在党的十七大报告中，明确提出了"弘扬中华文化，建设中华民族共有精神家园"的要求。

鲁迅曾深刻地指出："惟有民魂是值得宝贵的，惟有他发扬起来，中国人才有真进步。"人是需要有精神的。人的最可宝贵的地方不在于别的，而在于他的精神和智慧。人拥有一个无比丰富和无比宽广的心灵世界、精神世界，因此而区别于其他一般动物。人在很大意义上是一个肉身基础上的或由肉身承载的有意识、有激情的精神性存在。一般来说，精神家园就是指人和群体具有的精神支柱、情感寄托和心灵归宿，也是人除了可感、显性的物质家园之外的，人栖居于其中的另外的一个重要家园。人的精神，是人进行任何实践活动内在的主体性条件和必要根据。缺乏一定的精神因素和精神动力，人将什么事也做不了、做不好，那些宏伟的、持续性的、历史性的人类事业尤其如此。一个民族和国家，如果没有自己的精神殿堂，无异于失却了灵魂，就会丧失凝聚力和生命的根基。放眼世界，每个文明、每个国家民族都有属于自己别样独特的精神家园或精神世界，它是由该文明、该国家民族在漫长的历史进程中积累形成的原创性、经典性文化成果为基础的，是维持并促进这个文明和国家民族最为深沉、最为稳固、最为强劲的精神动力因素和不竭源泉。在当前中国人民进行的中国社会主义现代化建设、实现中华民族伟大复兴的宏伟目标伟大实践中，我们必须要有自信、积极、高昂的精神状态，要有充实、和谐、美好的精神家园。党的十七届六中全会指出："物质贫乏不是社会主义，精神空虚也不是社会主义。"这个重要论断，是对邓小平同志提出的"贫穷不是社会主义"论断的继承和发展，是我党在新的历史条件下对中国特色社会主义文化建设重要性、紧迫性深刻认识的体现。

　　一个国家或民族的精神世界或者精神家园是该国家民族精神的寓所，承载着其全体民众的精神信仰、基本追求和道德理想，是民族滋养心灵的根本所在。中华文化的发展进步，既有自己的血缘脉络，更有自己独特的文化脉络和文化世界。源远流长的中华文化是我们各个民族全体成员共同的文化母体，是我们世代薪火相传的文化基因，它镌刻着我们这个民族生命体独特的遗传信息、遗传密码，能够唤起天下炎黄子孙的家园归属感，能够强化民族成员对于这个族群的认同意识和使命担当。在漫长的历史中，中华民族尽管历经沧桑经过多次朝代的更迭、民族的冲突与融合，也遭遇过异族的入侵，但无论何时都有一致的中华文化认同。这种对中华文化的认同与共识，随着历史的积淀而不断加深强化，情感越来越深厚，构成了中华民族的血脉，同时也构成了中华文化的精神家园。民族的精神家园反映了特定民族经过长期的历史岁月所积淀下来的特有的传统习俗、精神气质、心理趋向、价值判断、情感依托等。中华文化蕴含的民族共同的价值判断与民族精神，既是形成中华民族强大凝聚力、向心力的内在纽带，也是推动中华民族积极进取、努力奋斗、克服各种艰难险阻不断发展的不竭动力，更是为实现中华民族的伟大复兴提供了强大的精神支撑和精神导引。例如，中华文化大道运行、天人合一的宇宙观，国泰民安、世界大同的社会理想，厚德载物、和而不同的哲学理念，自强不息、刚健有为的进取精神，忧国忧民、以天下为己任的爱国情怀，精诚团结、威武不屈的民族气节，济世救民、舍己为人的价值观，崇礼重德、重义轻利的伦理观，不尚空谈、崇尚实践的实践理性等，已经内化为中华民族的深层次的心理结构和精神追求。

我国是一个统一的多民族国家，每个民族都有其风格独特的文化传统，千百年来保持着文化的多样性。我们构建中华民族共有精神家园，并不是要消除各民族的文化多样性。而是尊重这种文化多样性的基础上，求文化之"大同"，舍文化之"小异"，使每种民族文化都能找到自己的位置与价值，在相互交往中求同存异，取长补短，强化文化融合，促进文化自觉。不论哪个少数民族，也不论其文化具有什么样的多样性和差异性，大家在文化认同上皆指认同为"中华民族"，同祖同宗。历史上，夏、商、周三朝开辟了中华民族及其文化整合会通的宏基伟业，到了汉代，经过文化交融，汉族正式成型，铸就"汉地郡县民"的庞大"属民共同体"，奠定了中国主体民族的基础；后又通过与周边民族的逐渐交融，逐步形成以华夏文明为源泉、中华文化为基础、统一的、多民族国家的局面。在唐朝，国力强盛，文化开放，四方来朝，民族交流、交往空前频繁，极大地促进了经济、文化之间的整合。1949 年中华人民共和国成立，我们成功地推翻了"三座大山"的压迫，结束了长期以来国家四分五裂的局面，中国人民从此真正站起来了，获得了国家的、民族的、个人的尊严和自信，与此同时，国内各民族的文化交流和融合也进入了一个新的历史阶段。坚持马克思主义、爱国主义、社会主义成为各族人民共同的精神信仰，成为各民族人民的共识。我们必须指出的是，中华民族共有精神家园的主体，是指整体的中华民族的所有的族群和成员，既包括祖国大陆、港澳台以及广大海外华侨华人的全体，也包括历史、现在和未来的中华民族成员；不仅包括现实的中华民族，而且包括文化意义上的中华民族，而不是仅指其中哪一个部分、阶层或时期的中国民族和成员。我国各民族及其文化的多样性共存发展、共有的精神家园，56 个民族一起构成了国家共同体、民族共同体的现实基础。

精神家园需要人们不断的劳作、浇灌、养护，方能生机盎然、长盛不衰。中华民族的精神家园是中华民族在漫长的共同生活与历史实践中不断经营、不断建造、持续探索的结果，凝聚着一代又一代中国人辛勤奋斗的智慧与心血。现在，我们又到了一个需要经营、重建自己精神家园的时代。

第三节　文化是衡量社会文明程度的标尺

在 2008 年召开的全国宣传思想工作会议上，胡锦涛同志发表了重要讲话，他指出："我国发展呈现出一系列阶段性特征，其中一个值得高度关注的问题，就是随着经济社会持续快速发展，特别是随着人民生活水平不断提高，我国进入了文化消费的快速增长期，人们精神文化需要更加旺盛，文化已成为衡量社会文明程度和人民生活质量的显著标志。"[①]

文化与文明是两个既联系又相区别的基本概念。首先，这两个概念内涵有极大的相似性，以致人们在相当多的时候对两者不去加严格区分而相互借用这两个概念。文化与文明都是人类改造自然、改造社会、改造自身实践活动的成果与产物。其次，两者内涵又有所区别、有差异性。一是虽然文化与文明在其作为人类实践活动产物这一点是相同的，但"文明"一词通常特指人类创造的文化中那些有价值的、精华的部分，不包含文化中的糟粕与消极的成分，这主要是从性质上的区分的，就是说文化是较为中性的概念，文明则是褒义概念；二是"文明"指称的是人类所创造成果的那些有形的、具象的部分，而文化侧重指称的是人类创造成果的内在的思想、精神这些抽象的部分；三是"文明"有时更侧重于指称人类改造世界的一切成果的整体或总体。因此，在使用"文化""文明"概念时要加以辨析，加以区分。

---

① 中共中央宣传部、中央文献研究室：《论文化建设——重要论述摘编》，学习出版社、中央文献出版社 2012 年版，第 13 页。

当我们说"文化是衡量社会文明程度的重要标尺"时，这里的文明涵义显然是就人类社会及其所创造的实践活动的整体性而言的，是指称使人类脱离野蛮、蒙昧状态的所有社会行为和自然行为构成的总体状态。

如何评估人类文明发展的性质、程度与水平？以什么作为标准加以考量与评估的尺度和标准？对此，人们提出了不同的看法和观点，最为常见有以下几种代表性看法。

第一，以妇女的社会地位与解放为标准。此观点认为，妇女解放程度及其社会地位的变化状况是衡量社会文明程度的标尺。空想社会主义思想家傅立叶曾经指出，在"任何社会中，妇女解放的程度是衡量普遍解放的天然尺度。"在人文学者看来，人类社会文明历史伴随着人自身的解放与自由，即人类凭借自己创造的各种工具和手段不断地从自然、社会的束缚制约中解脱出来，从必然王国走向自由王国。人的解放内涵十分丰富，主要包括人的经济解放、政治解放、思想解放、精神解放、阶级解放、妇女解放等多个方面。其中，妇女解放是指构成社会成员的男女两性关系权利地位的平等与和谐，是人类社会文明的重要构成因素。妇女解放是文明社会的社会理想，是人类作为真正意义社会历史主体的本质追求。妇女解放需要相应的条件，比如充裕的物质条件、民主开明的政治制度、和谐文明的性别首先等等。不难发现，人类历史越往前追溯，妇女的处境就越艰难，越处于被压迫的不平等状态，越难以解放；随着社会的发展其处境逐渐得以改善，社会地位不断得以提高。马克思曾经指出："每个了解一点历史的人也都知道，没有妇女的酵素就不可能有伟大的社会变革。社会的进步可以用女性的社会地位来精确地衡量。"①

第二，道德发展水平是衡量社会文明的标尺。道德是人类及其社会的特有现象。道德是指衡量人们行为善恶的观念标准，是指一定社会中调整人们之间以及个人和社会之间关系的行为规范的总和。特定道德往往标识着特定社会的价值取向，预示着特定社会倡导的高尚、崇高和社会的善。

---

① 《马克思恩格斯选集》第 4 卷，人民出版社 1995 年版，第 586 页。

道德水准是社会文明程度的一面镜子，社会成员的道德状况反映着社会的文明指数。有道德的人内心愿意在处理事务时把他人或者群体的利益放在首位去考虑，尤其在与他人的利益发生冲突时可以无怨言的放弃或牺牲自己的利益。道德不是从来就有的，它随着人类社会发展而不断发展，其具有属人性、历史性、民族性、发展性等特点。人的发展本质上是不断地摆脱蒙昧野蛮状态，走向文明、成熟、完善的历史过程，换言之，是不断从自然人走向社会人、道德人的过程，也就是从片面的人走向真正的、完整的人的过程。

第三，法治化水平是衡量文明的标尺。此观点认为，现代文明社会的突出特征之一就是法治化。健全的法律体系，有序的司法管理，国家与政府的法治化治理是保障经济发展政治昌明、社会稳定有序的基本条件。在一个高度法治化的国家里，法律是超越所有人所有政党所有阶级阶层的最高最权威的社会信条，法的权威高于一切，在法律面前人人平等。人们在处理一切事务的时候，能够严格依法办事，有法可依，执法必严，违法必究，形成了较为成熟的法治思维和行为习惯，高度而普遍化的法律意识是每个社会公民必然具备的素养与观念，弘扬法治精神，推动社会进步。现代文明社会不同于前现代社会，前现代社会里一切都依赖于由惯常的历史传统、人情关系、血缘关系、长官意志构成判断是非的标准。

第四，幸福指数是衡量社会文明的标尺。

追求幸福是人类的基本目标之一。"幸福指数是衡量人们对自身生存和发展状况的感受和体验，即人们的幸福感的一种指数。"根据经济学家的解释，幸福指数有大致可以通过六个相互关联的经济和社会因素来解释：人均国内生产总值、人均健康寿命期望、社会支持（遇到困难能找到依靠的机会）、信任（感觉政府和企业中无腐败）、做出不同生活选择的自由程度、慷慨（由慈善、捐赠来度量）。除此以外，幸福指数的高低还跟文化因素有一定的关系，比如拉美国家比预测值平均高了0.6分，有人分析大概与国民整体天性乐观、热衷过各种节日有关，而东亚人的主观幸福指数则比预测值要低，或者与东亚文化比较压抑、内敛有关。

以上几个标准应该说各自都有一定的合理性和可取之处，但比起文化标准来都有些偏颇之嫌有失全面与准确。文化与以上标准则有所不同，文化是一个总体性、涵盖性较强的概念；文化指称着人的发展程度尤其指称着人的价值理性、精神世界的成熟水平，表征着人与世界关系的总体关联方式和特征。在相当大的意义上，文化可以包含或说明以上几个标准。恩格斯曾经认为，文字的发明和铁器的使用标志着文明时代的开始，但在此前的几十万年中，人类已经拥有了文化，可见文化的概念要比文明具有更广泛的意义。文化是人的文化，人是文化的动物，人类社会也是在实践的基础上人创造的文化的结晶，是人的本质力量的对象化。广义上的文化，包括人所创造的一切实践成果（物质的、精神的），彰显了人认识和改造客观世界和改造主观世界的程度与水平。因此，在这个意义上，文化能够成为较为全面地衡量社会文明程度的标尺。

归根到底，任何社会都是由人组成的，历史不过是人的全部活动集合而已。社会文明其实是人的发展、人的文明，是人不断从自然的、片面的人走向社会的人、自由全面的人的历程。人及其社会的进步和发展过程，本质上是人不断地改造外部环境因而脱离蒙昧野蛮的原始状态、是从不成熟的人向真正意义上的人迈进、接近的过程，即是人的形成的过程；这个过程同时也是人类文明的发展过程。根据马斯洛著名的需求层次理论，当人们物质生活上的基本需求得到满足后，在此基础上人们会对精神文化生活、道德生活提出新的更高的要求。文化作为人生活于其中的精神世界，是人区别于一般动物特有的现象及其结果。人从根本上是文化的存在物，是能够建构意义世界的高级动物。对于人的自我认识，古希腊时代，亚里士多德提出了"人是政治的动物"的观点，这是因为当时人类社会还处于前资本主义时期，人的社会关系以"人的依赖关系"为特征，人只有在国家中才能完善自己的品德和显示自己的才能，依赖一定的社会关系获取自己的利益，并且获得幸福；而发展到了资本主义社会，人的社会关系从"人的依赖关系"为特征转化为以"物的依赖关系"占主导的人的独立性为特征的时期，亚当·斯密因而提出"人是经济的动物"的人性假设理论；

德国哲学家恩斯特·卡西尔则认为，人与一般动物不同的地方在于其不仅生活在一个物理世界之中，而且生活在一个由各种文化现象（语言、神话、宗教、艺术和科学等主要内容组成）的符号世界之中，这一符号系统是人类社会的特有的文化现象，人类的整个文化系统就是其符号功能活动的结果，符号既是意义的载体又具有作为精神外化呈现的可感的客观形式，因此人本质上是一种"符号的动物"。在他看来，决定人的本质、人的生存方式的重要方面，是作为文化基本内容的人的价值观、人生观。现实社会的客观物质条件尤其是社会文化条件等各种符号系统是形成个人的人生观、价值观不可或缺的客观基础。我们可以说，恩斯特·卡西尔把人定义为"符号的动物"，就是把人视为"文化的动物"，认识到了人特定的本质规定性。所以，只有把人视为"文化的动物"，人们才有可能揭示人的独特之处，也才能理解通向实现人的自由的新路——文化之路。由此，卡西尔修正和扩大了自古希腊以来关于人的古典定义。既如此，文化及其现象就成为衡量人及其社会发展程度的标尺；一个由无数人组成的社会的"文化"程度、发展水平也是这个社会整体发展程度、发展水平的反映。因此，以文化作为衡量社会文明程度的重要标尺，具有一定的科学性、合理性，具有深刻的意义。

进入改革开放的新时期以来，随着我国工作重心的转移，经过将近四十年迅速发展，我国的经济建设取得了很大的成就，人民物质生活水平、物质生活质量迅速提升，也激发了人们对文化更高层次的追求。另外，对外开放，国门打开，人民群众的文化视野得到了极大的拓展，人民群众文化消费和文化追求更加复杂多样，出现越来越旺盛的势头。在这样的情况下，对文化的消费，逐渐成为人民群众更加全面地发展，以及追求更高的生活质量的显著标志。

但是不容忽视的现实问题是，当下我国文化建设的速度远远落后于经济建设的步伐。广大人民群众对精神文化的需求旺盛，精神文化的生产和再生产不能满足他们的要求。根据 2007 年中国社会科学院与上海交通大学联合发布的《2007 年中国文化产业发展报告》显示，2006 年，我国城乡居民用于教育文化方面的消费总量约为 9370 亿元，如果扣除教育支出费用，文化消费总量则为 4685 亿元左右。有关专家认为，作为人均 GDP 达到 1700 美元以上、拥有十三亿人口的大国，这并不是一个合理的数字。国际发展经验表明，一个国家的 GDP 水平与恩格尔系数和文化消费均具有一定的内在相关性。2003 年出版的《文化产业蓝皮书》曾根据这一理论指出，假如人均 GDP 达到 1000 美元，恩格尔系数应该是 44%，文化消费应该在个人消费中占到 18% 左右，总量应该是 10900 亿元；而假如人均 GDP 达到 1600 美元的话，正常的恩格尔系数应为 33%，文化消费在个人消费中应占 20%，实际消费总量应为 20100 亿元。根据这一计算方法，2005 年的时候，我国人均 GDP 就已经超过 1700 美元，但是根据统计，全国的文化消费总量却不到 5000 亿元，这与同等发展水平国家平均文化消费量的差距至少在 15000 亿元以上。也就是说，当年我国居民的文化需求的满足程度还达不到四分之一。

因此，我们一定要抓住机遇，开拓创新，锐意进取，适应社会主义市场经济发展的要求，满足人民群众不断增长的物质文化生活的需要，创造更多更好精神文化产品为目标，为建设社会主义先进文化作出更大的贡献。

第四节　文化是综合国力重要的构成因素

国家富强、民族振兴、人民的幸福安康，既需要强大的物质基础和雄厚的经济力量，也需要强大的精神动力和文化力量。文化建设是我国经济社会发展到一定程度时必然的、更高的需要，既是经济发展的需要，也是我国社会主义现代化整体发展的需要，是综合国力竞争的需要。

当代国家之间的竞争异常激烈，明争暗斗，各显其能，但最本质的乃是综合国力的较量。所谓综合国力，就是一个独立的主权国家所拥有的、有形的、无形的各种赖以生存与发展的全部资源与能量的总和，是特定国家经济、政治、军事、国防、科技、教育、文化等各种能量的综合体，是一个主权国家在一定时期内所具有或所负荷的对本国的生存与发展产生影响的全部力量。

对于综合国力所包含的内容，人们一般认为其由军事力、资源力、科技力、经济力等所谓的"硬"性元素构成。例如，曾经提出"强国公式"的德国理论物理学教授威廉·富克斯，还有提出"国力方程"的美国学者R.S.克莱因等著名的早期国力研究学者大多持有这种观点。由世界经济论坛和瑞士国际管理与发展学院在其每年发表的《国际竞争力研究报告》中提出的，从国际竞争力和政府作用的层面将综合国力的构成要素划分为：经济实力、国际化程度、政府角色、金融环境、基础设施、管理水平、科技和人口素质等8大种类。后来，他们又补充认为，一个国家若要在全球和地区性的合作竞争中取得优势，就必须在综合运用其各种力量的同时，还要重点突出其经济力、科技力、军事力和文化力等四方面力量的巨大作用。值得注意的是，在这里，他们提到了"文化力"这一重要概念。

毛泽东在《新民主主义论》中提出："我们共产党人，多年以来，不但为中国的政治革命和经济革命而奋斗，而且为中国的文化革命而奋斗；一切这些的目的，在于建设一个中华民族的新社会和新国家。在这个新社会和新国家中，不但有新政治、新经济，而且有新文化。"[①]在这段话里，毛泽东把新中国建设的主要工作分解成了政治、经济、文化三大领域，紧接着，他又提出"新的政治力量，新的经济力量，新的文化力量，都是中国的革命力量，它们是反对旧政治旧经济旧文化的"[②]，这也从一个侧面表明，政治力、经济力、文化力是一个国家综合力量构成中不可缺少的主要因素。

综合国力的构成要素中，既包含自然的也包含社会的；既有当下的又

---

① 《毛泽东选集》第2卷，人民出版社1991年版，第663页。
② 《毛泽东选集》第2卷，人民出版社1991年版，第695页。

有历史的，既有实体的、物质的，又有虚拟的、精神的，既有外在的、显性的，又有内在的潜在的；既有政府的，又有民间大众的等。其中，文化是其民族国家得以生存发展的智力支持与精神支持，是一种重要的软实力，它对于一个国家核心价值的形成与维系，对于民族创造力的激发，对于国家主权的认同与民族精神的凝聚，对于国家素质的熏陶与培养，都起着举足轻重的作用。正如美国学者阿尔温·托夫勒在《第三次浪潮》中说："今天世界上……进步再也不能以技术和生活的物质标准来衡量了。如果在道德、美学、政治、环境等方面日趋堕落的社会，则不能认为是一个进步的社会，不论它多么富有和具有高超的技术。一句话，我们正在走向更加全面理解进步的时代。"①文化正在成为推进社会进步和发展的重要因素。文化软实力其实并不"软"，某种程度上它也是一种重要的硬实力。文化之称谓"软"，主要是指文化的存在形式与发挥其功能作用的方式而言的；文化之称谓"硬"，则是从其效应与效果方面而言的。著有《软实力》的美国学者约瑟夫·奈在书中写道："当一个国家的经济，军事等硬实力像中国那样迅速发展时，周边国家往往会出于防范而产生恐惧心理，进而彼此结成联盟作为对抗，但如果这个国家能在发展经济和军事实力的同时提高软实力，展现吸引力，那么它外在表现的威胁性就会减小，引起周边国家结盟的可能性也会降低。"②

　　具体而言，第一，文化所包含的思想、精神世界等，以特定的认识方法、思维定式、思维方式决定着人们的行为方式与实践方式，形塑着人的主体素质与主体认识与实践能力。任何个人、人群及其民族总是生活于一种文化环境中并得到文化的滋养，作为"有意识的存在"成为特定文化环境中培育的社会实践主体。

　　第二，文化作为一种软性的、渗透性因素，能够在实践中由一种潜在的、内在的、无形的形态外化、转化、渗透到具象、有形的物质实体中

---

① ［美］阿尔温·托夫勒：《第三次浪潮》，生活·读书·新知三联书店1983年版，第56页。

② ［美］约瑟夫·奈：《软实力》，中信出版社2013年版，中文版序第6页。

去，即完成由"精神"到"物质"的转化。在人的实践活动中，精神文化或者观念文化随着以人为主体的作用的发挥而不断地"固化"在其结果上得以对象化或者"非主体化"，形成主体的客体化。相对于综合国力的其他构成要素，一方面，文化力是一种"渗透作用力"，它对国家生存与发展的贡献力并非"直接的"而是"间接的"，它在综合国力中发挥作用是通过渗透到其他综合国力构成要素中，其影响力效果是相对缓慢的而往往不是速效的；另一方面，由于"一定的文化（当作观念形态的文化）是一定社会的政治和经济的反映"，因此，文化承担着记载历史知识信息、教育人民、接续社会遗产等功能，它使人类实践创造积累的各种知识、经验和智慧得以世代相传下去。

第三，文化能够与政治、经济、科技、教育等相互结合、相互作用、相互依赖，实现与上述因素的有机结合，极大地丰富与增强它们的内涵与外延。文化力作为国家综合国力是由文化所发出的作用力、影响力，通过提供精神动力和智力支持的形式作用于综合国力的其他构成要素，使这些要素发展、变化，产生出文化对综合国力的作用力，从而提高了综合国力。

第四，文化在当今民族国家之间、人与人之间的交往交流中愈来愈起着非常重要的桥梁、纽带作用，是加强人际、国际沟通重要的润滑剂与情感交流手段。在某些情境中，文化能够起到其他物质工具与物质手段所不可能具有、达到的重要功能与作用，起到"润物细无声""四两拨千斤"的神奇效果。约瑟夫·奈认为，胡锦涛在党的十七大报告中提出中国共产党必须"提高国家文化"，这是一个"巧妙的战略"；中国的文化增长蕴藏着极大的潜力，中国的软实力提升不仅有利于自身，而且有益于世界，并有助于降低国家外交冲突与摩擦。

文化是国家之钙，民族之魂。党的十六大以后，以胡锦涛同志为总书记的党中央，坚持一切从实际出发，实事求是，高瞻远瞩，针对我国文化建设相对滞后的短板，按照科学发展观的要求树立并落实了新的文化建设发展理念，提出要发展、壮大我们的文化力量，发展、繁荣中国特色社会主义文化；强调了文化建设是中国特色社会主义事业总体布局的重要组成部分，在新的条件下进一步探索中国特色社会主义文化发展道路。历史和实践证明，文化力量不仅是建设强国之路的必要举措，而且是实现强国之梦的必然要求。要建设一个具有中国特色社会主义的现代化强国，就要大力建设中国特色社会主义文化强国，就要大力发展、增强我们的文化力量，大力建设并丰富我国人民的精神世界。

第五节　文化成为衡量人民生活质量的显著标志

《中共中央关于深化文化体制改革推动社会主义文化大发展大繁荣若干重大问题的决定》指出，"我们要准确把握我国经济社会发展新要求，准确把握当今时代文化发展新趋势，准确把握各族人民精神文化生活新期待，增强责任感和紧迫感，解放思想，转变观念，抓住机遇，乘势而上，在全面建设小康社会进程中、在科学发展道路上奋力开创社会主义文化建设新局面。"文化的发展和繁荣，不仅关涉到国家民族的兴旺发达，而且关涉到人民是否能够过上幸福的生活，是衡量人民生活质量的显著标志。

人类复杂多样的需要显现"金字塔"式的结构，从低级到高级可分为生存需要、安全需要、爱的需要、尊重的需要，以及最高级的是自我实现的需要，其特征是从基本的物质需要上升到高级的精神需要层次，从一般生物生存性需要发展到超越性、永恒性的人类需要。在满足了低级的温饱以后，人就有了更多的条件与可能性从事更高层面的事务，利用和开发自我多方面的能量，追求自我价值，实现自己发展的理想和抱负。因此，从物质需求转向精神需要，从解决温饱问题到提升生活品质和生命质量是历史发展、人的全面发展的必然要求。

文化的进步和发展与人类社会、人的文明进步和发展根本上是相一致的。我们所要追求的现代化是经济、政治、文化、社会全面发展的现代化，我们所要全面建设的小康社会和社会主义现代化是一个社会生产力高度发达的，人均国民生产总值达到一定的标准，人民群众的物质生活殷实富足、生活水平不断提高，以及国家整体实力显著增强的社会发展阶段，也是人民群众拥有丰富健康的文化生活和精神生活的社会发展阶段。

文化是人的思想观念的反映，是人民安顿思想灵魂的精神家园。文化建设不但是充实和丰富人心、凝聚大众共识的精神纽带，而且是文化民生工程建设的一项重要标志。人们需要通过文化来获取新知、启蒙心智、认识世界、获得思想上的教益和滋养，也需要通过文化愉悦身心、陶冶性情、获得精神上的慰藉和依托。研究表明，人民群众幸福指数的高低，不仅取决于物质财富数量的多少、生活水平的高低与经济指标的高低，而且取决于精神状态、文明素养和个人的心理感受。如果一个社会即使经济发展水平很高、物质世界很繁荣，但如果没有精神文化上的充实和丰盈，那么生活在这样的社会里也不可能有真正意义上的幸福美好的生活。在追求衣食无忧、安居乐业的同时，不断追求道德的提升、精神的富足、社会的和谐，是中华文明遗留下来的优良传统。

人民精神生活的极大丰富，是中国特色社会主义的本质要求。始终坚持以人民为中心、时刻牢记全心全意为人民服务、创造条件不断满足人民群众的需求是党的根本宗旨。共产党人是最大公无私的，除了人民群众的根本利益其没有自己的私利和特殊利益。党的十七届六中全会更加明确提出："贫穷不是社会主义，精神空虚也不是社会主义。没有社会主义文化的繁荣发展，就没有社会主义现代化"这一重要论断。在此意义上，通过改革发展，坚持以人为本，不断满足人民精神文化需求、更好地实现人民群众基本文化权益，全面提高人民素质，激发人民群众的文化力量，创造人民平等发展、共建共享的社会环境，是由中国特色社会主义的本质属性所决定的重要的历史使命。

马克思主义认为，人类社会的发展是全面的发展，不仅表现为社会生产力和社会物质财富的不断增长，以及表现为人民物质生活水平的不断提高，还表现为人们思想文化、精神生活水平的不断提高，表现为人的精神境界的不断提高。中国共产党历来十分重视文化建设，致力于不断推进人的解放、人的幸福、人的全面发展。我们正在建设的中国特色社会主义是人及其社会全面发展的社会，是协调发展的社会。它同样不仅应该有发达的繁荣的物质生产，富有创造活力的经济，而且应当有繁荣丰富的文化及其生产；丰富繁荣的文化是人民群众的要求，也是衡量人民生活质量的显著标志。我国改革开放四十多年来，物质生产力极大发展，经济实力和综合国力显著增强，广大人民群众生活水平、消费水平飞速增长，与此同时，人民群众的精神文化需要与消费水平相应地日益增长。现在，上网、娱乐、健身、旅游、阅读、欣赏音乐、观赏电影、戏剧等精神文化活动，越来越多地走进寻常老百姓家中，成为人民群众现实生活的一部分。自进入我国以经济建设为中心改革开放的新时期以来，随着物质生产水平和生产能力的改善，人民在文化消费需求方面出现前所未有的快速增长，这就提出了推动文化产业的现实发展要求，让市场提供更多更好的能够满足人们文化消费需要的精神文化产品。可以预见，今后随着我们经济社会的发展，我国人民对文化生活的需求将会不断增加。

《中共中央关于深化文化体制改革推动社会主义文化大发展大繁荣若干重大问题的决定》指出："全面建成惠及十几亿人口的更高水平的小康社会，既要让人民过上殷实富足的物质生活，又要让人民享有健康丰富的文化生活。"一方面，我国人民群众的精神文化需要更加迫切。如今，人们的精神文化需求呈现迅速上升势头，越来越旺盛，全社会追求知识、追求理想、追求美好生活的愿望更加主动更加强烈；但是另一方面，相比之下，我国文化发展的总体水平还不高，文化生产力发展比较落后，与广大人民群众不断增长的对于美好精神文化生活的需求还相差较远，同全面建成小康社会的要求也不相适应。由于我国文化发展的整体水平还落后于经济发展水平，其质量与数量有待努力提高，文化总供给与文化总需求之间的矛盾相对比较尖锐，人民群众对美好生活的向往与文化发展的不充分不平衡之间的矛盾相对比较尖锐。因此，我们在为人民群众物质文化水平不断提高感到自豪的同时，也要清醒地认识到存在的差距与不足；在坚持以经济建设为中心的同时，自觉地把文化建设、文化发展落实到工作当中去，作为落实发展是硬道理的重要内容。这就迫切要求我们必须采取积极有力的措施，进一步加大文化建设的力度，不断提高国家的文化软实力，不断提高人民群众的生活质量。在全面建成小康社会的奋斗中，既要让人民过上富足的物质生活，又要让人民过上丰富多彩的文化生活，更好地满足人民的精神文化多方面的更高水平的需求，不断创造出高质量的文化产品，丰富人民群众的精神世界，增强人民群众的精神力量；通过文化建设，使得全民族的文化创造活动持续迸发，社会文化生活更加丰富多彩，人民基本文化权益得到更好的保障以及更好的维护，人民的思想道德素质和科学文化素质得以全面提高。

拉美国家遭遇的"中等收入陷阱"的教训已经表明，这个陷阱不仅仅是经济上、社会上的金融体系崩溃、贫富分化、腐败多发、过度城市化、社会公共服务短缺、就业困难、社会动荡等陷阱，而且有例如精神迷茫、思想空虚、信仰缺失等文化上的危机和陷阱。当前，我国正处于经济全球化背景下经济转轨、社会快速发展的历史转型时期，一些社会问题、新的矛盾不时出现而未能得以及时化解，导致一些人的思想困惑、心理冲突、精神焦虑有所增多，人文关怀、心理疏导、精神抚慰的任务更加繁重，文化建设的意义显得尤为重要。这更加要求我们必须高度重视文化对于增进人民幸福、激发人们的创造动力以及构建社会主义社会和谐的重要作用，充分满足人民群众的精神文化需求。

国家统计局发布的报告显示，随着人们生活水平的逐步提高，"十一五"期间，以教育、旅游、娱乐为代表的精神文化消费已经成为我国消费扩张最快的领域之一；"十二五"期间，2011—2014年，全国教育文化娱乐消费支出占10.6%。为了更好地满足人们文化消费需要，不断提高广大人民群众的生活品质，增加文化消费总量，提高文化消费水平，不断扩大人们的文化消费。国际经验表明，当人均国民生产总值达到3000美元左右时，文化消费将会进入快速增长时刻。据推算，我们在目前的发展水平与人口数量条件下，潜在的文化消费需要量约为四万亿元，而我国实际能提供的文化服务供给约为一万亿元，缺口达三万亿元。

当下，不断满足人民群众的精神文化生活的需要，不断提高人民群众的生活质量，要做的工作很多。

第一，创造良好健康的文化消费条件，优化文化生态环境，不断提高群众的文化消费能力。人们的文化消费能力不是一天形成的，也不是自发生成的。

第二，从文化产品的生产源头抓起，激发广大文化生产主体的积极性和能动性，不断为文化产品和文化服务注入新的活力、新的内容，生产和创造出既具有相当数量又具有一定质量的、人民群众喜闻乐见的文化产品，提供给文化消费市场。

第三，充分采取各种行之有效的方式、方法和手段，不断增强人们的文化素质和鉴赏水平，挖掘文化潜力和空间，扩大文化消费的领域和层次，使主旋律与多样化相统一，满足人们多层次、多方面日益增长的文化需求。

第四，加强文化体制机制的改革。众所周知，我国的文化体制机制是在长期的计划经济条件下形成的，已经越来越不适应社会主义市场经济发展的实际，限制并阻碍了文化的生机与活力。改革是按客观规律办事，实施正确的文化改革途径，有助于人们观念的转变，激发文化动力与活力，激发创新精神；通过体制机制创新，充分调动文化人的积极性和主动性，使人们在改革中发挥价值、创造成果、得到实惠；更重要的意义是，通过文化体制改革能够满足人民群众不断增长的精神文化需求，使人民群众通过改革真正受益。

第五，促进文化科学技术的创新和应用。如果说，文化体制机制改革的目的在于为原有的文化业态松绑和清除障碍、为新文化业态创造良好的发展环境，那么科学技术的创新和应用则在于提升传统文化业态并产生新的文化业态形式，解放和发展文化生产力。一个真正的文化强国所具有的文化力量，不仅体现为民族精神的凝聚力，而且体现为创造力；不仅体现为传承力，而且体现为感染力；不仅体现为包容力，而且体现为引导力；

不仅体现为自信力,而且体现为竞争力;不仅体现为务实力,而且体现为超越力;等等。

另外,还要依法进行文化治理,大力加强对文化市场的监管,切实保护文化知识产权,尤其要加强对网络文化建设和管理,坚持正确的思想导向,坚决清除各种反动的、违法的、淫秽色情和低俗内容,营造清朗健康向上的文化空间,维护文化消费者的合法权益。近年来,数字技术、网络技术迅猛发展,为文化的生产、传播和消费提供了重要的新载体,也催生了许多新的文化业态。借助现代化声光电技术和影视技术,可以在影视、舞台上呈现更加绚丽多彩的舞美效果。3D影视、球幕电影、交互电影等数码电影技术极大地丰富、增强了文化艺术的表现力,给人们带来从未有过的文化消费体验,也相应地产生了对人们的吸引力和感染力。

第二章 文化功能论：以文化屹立于世界先进民族之林

文化对于一个国家与社会来说，它不仅构成并表征着这个国家或社会的特定精神资源与思想实力，更为重要的是，它能够有力地促进社会其他领域的发展。

第一节 文化建设是提升民族凝聚力和创造力的重要途径

文化的核心归根到底是价值观。价值观是人的内在的尺度，它指价值主体对客观事物以及自己的行为结果的意义、作用、效果和重要性的总体评价，关系对什么是好坏、什么是应当与不应当、什么是善恶等问题的根本看法，是推动并指引一个人实践行动的基本原则，其决定着对那些重要事件与问题的态度。文化既是促进人类社会发展进步的重要因素，也是造成不同阶级、集团、族群、国家之间"理想冲突"的重要原因。自二十世纪五六十年代以来，世界各国对文化的重视与关注已成为一种共识，人们日益意识到，在经历了重商帝国主义的经济霸权时代和军国主义的政治霸权时代双重危机之后，文化将越来越变成影响人类未来的重要因素。

应当说，最先看到这一趋势特征的主要是西方学者。对文化在当代社会中的重要功能与作用，乃至现代社会、现代人类在文化上的困境、悖谬，以及文化发展的可能性方向予以较多关注和研究的也是他们。美国新保守主义代表人物丹尼尔·贝尔在其名著《资本主义文化矛盾》中指出，尽管以自我表现和自我满足为特征的现代文化因其本身的虚幻性导致了人们意义感的迷失，从而瓦解文化对整个社会的聚合力，但是由于文化已成为西方文化中最具活力的成分，而且这种力量已经获得一定的合法地位，因此，文化在当代西方已成为一种至高无上的存在。

西方社会学家帕斯尔用结构功能主义的方法研究社会，他把整个人类生活划分为几个行为体系，分别是：文化行动体系、社会行动体系、人格行动体系与行为有机体系。在他看来，文化对其他三个行为体系起着决定作用，是最高层次的部分；文化系统由规范、价值观、信仰及其他一些与行动相联系的观念构成。提出震动世界的"文化冲突论"的美国哈佛大学著名教授萨缪尔·亨廷顿明确指出，未来"新世界冲突的根源，将不再限于意识形态或经济，文化将是截阻分隔人类和引起冲突的主要根源。"许多人认为亨廷顿的论点可能过于耸人听闻、夸大其词，但不能否认其具有一定合理之处。他提示我们，在制约、影响人类社会的诸多变量中，对文化应当予以足够的关注和重视，文化不再是被视而不见、可有可无的一个方面。尤其在民族认同、民族团结、民族生存与发展过程中，文化起着十分重要的凝聚、向心力作用。文化凝聚力包括自然凝聚力（如亲缘因素、血缘因素、地缘因素）和社会凝聚力（如历史因素、政治因素、精神因素），文化对特定人群、社会发展发挥着团结人心、引领精神的统摄性作用。文化凝聚力促使文化共同体成员紧密地联结起来，自觉维护其文化群体的共同利益和诉求。没有文化引领、滋润的民族，是缺乏灵魂与活力的民族，是注定没有前途，没有力量的；这样的民族往往是一盘散沙，缺乏凝聚力，也不堪一击。文化认同是文化凝聚力的前提和基础，没有对特定文化的认同就无所谓文化的凝聚力。文化认同产生的重要基础是文化意义上的一定主体对文化"他者"观念上的明确区别。

文化之所以是民族凝聚力和创造力的重要源泉，是因为：

首先，文化能够对文化共同体内部文化个体成员的思想、意识或者行为方式产生一定的统摄、规范和吸引效益。文化体现和积淀着一个民族最本质、最深层的价值共识或价值认同，反映着一个共同体的精神和理想追求。

其次，文化能够使文化共同体内部文化个体成员自觉皈依和积极奉行遵守某种倡导的文化价值观，使其赞同该文化规范并在感情上产生依附、归从的心理。

再次，文化是提高民族素质的重要手段。一个国家一个民族的存在与发展，有赖于具有一定素质和能力的族群作为主体。但是能够承担这种历史使命的族群不是天生的，而是需要在一定的文化社会环境中得以孕育与造就的。蕴藏于人精神世界的文化力量一旦激发出来，就能够成为改造世界的动力。

当然，我们所要建设的文化不是一般意义上的、抽象的文化，而是具体的、现实的，这就是中国特色社会主义的文化。从其功能上，中国特色社会主义文化对于提升民族凝聚力和创造力具有非常重要的意义。

首先，马克思主义文化理论揭示了自然界、人类社会以及人自身一般的运动与发展规律，为我们提供了认识世界和改造世界的科学世界观和方法论。只有运用马克思主义的立场、观点、方法，才能正确认识无限多样世界、社会历史发展的大势，明辨社会思想意识中的正确与错误、主流与支流，在形形色色、错综复杂的社会现象中看清本质、分辨是非、明确方向。

其次，社会主义先进文化是马克思主义政党思想精神上的旗帜，是中华民族走向繁荣富强的基础。坚持什么样的文化发展方向，推动促进什么样的文化发展，是一个政党在思想上精神上的一面旗帜。中国共产党作为有着崇高精神追求的马克思主义政党，是最先进的政党，要走在时代前列，带领广大人民群众沿着中国特色社会主义道路前进，就必须始终坚持先进文化的前进方向，坚持社会主义先进文化理想，高扬文明进步的文化旗帜，始终把握先进文化发展的领导权、主动权，充分发挥先进文化引领方向、鼓舞人民、凝神聚力、推动发展的重要作用。

再次，社会主义核心价值观是当代中国精神的集中体现，它凝结着全体人民共同的价值追求和心理愿景。社会主义核心价值体系建设是一项强基固本的国家战略工程，说到底关涉人的思想建设与灵魂建设，要把加强社会主义核心价值体系建设放在文化建设的首位，使得社会主义核心价值观成为每个人的思想信念，贯彻融入社会生活的方方面面，使之贯穿到国民教育全过程，坚持用社会主义核心价值体系引领社会思潮，在全党全社会形成统一指导思想、共同理想信念、强大精神力量、基本道德规范，激励人们树立坚定的理想信念，进一步丰富人民的精神文化生活，全面提高中华民族文明素质，增强文化整体实力和国际竞争力，彰显文化软实力，不断增强文化自觉与文化自信。

最后，中华文化凝结着中华民族的精神品格。传承民族文化，弘扬民族精神，提升民族凝聚力。文化是民族的血脉，是人民的精神家园。中华文化是我们的民族之根，是我们的民族之魂。要实现中华民族的伟大复兴，就必须扎好这个"根"、守好这个"魂"。我国既是一个历史悠久、享誉世界的文明古国，也是一个拥有丰富文化资源的文化大国。在漫长的历史演进中，中华文化积累了比较明显的文化向心性、连续性和多样性。中华民族源远流长，历经艰难困苦，沧海桑田，形成了博大精深的优秀中华文化，为人类文明进步作出了不可磨灭的重大贡献。中国传统文化凝聚着我们中华民族对自身历史、对自然与社会的认识和体悟，是中华民族的思想、智慧和精神的源泉，它蕴含、滋养了中华民族共同的情感和价值、共同的追求和共同的精神世界，是中华民族共有的精神家园的写照。当前，我们要弘扬优秀中华民族文化，更好构筑中国精神、中国价值、中国力量，让中华文化展现出永久魅力，焕发出时代风采。

"人民有信仰，民族有希望，国家有力量。"理想、信念的缺失，精神空虚、信仰的缺失，是一件十分危险的事情。人民有没有信仰，直接关系到国家有没有力量和民族有没有希望。人类社会发展的历史已经证明，一个国家、一个民族，物质上不能贫困，理想信仰同样也不能贫困。只有物质和精神都同步发展、同步富有，才能成为一个有强大生命力和强大凝聚力的国家和民族。

第二节　文化建设提高综合国力竞争

随着人类社会的发展，文化日益成为综合国力的重要标志，成为国家竞争的重要因素。"当今时代，文化在综合国力竞争中的地位日益重要。谁占据了文化发展的制高点，谁就能够更好地在激烈的国际竞争中掌握主动权。人类文明进步的历史充分表明，没有先进文化的积极引领，没有人民精神世界的极大丰富，没有全民族创造精神的充分发挥，一个国家、一个民族不可能屹立于世界先进民族之林。"[①] 如前所述，综合国力作为一个主权国家自然资源和后天创造资源的总和，包含国家政治、经济、文化、科教、国际外交等因素。在当代，"综合国力竞争的一个显著特点，就是文化的地位和作用更加凸显，经济较量中的文化因素日益突出，越来越多的国家把提高文化软实力作为重要发展战略。"[②] 在某种意义上可以说，综合国力概念的提出，本身就意味着人们认识上的转变，即由过去过多地看重国家的外在的、显性的国力到内在的、潜在的国力，由物质经济、军事等硬性国力到思想、精神等软性国力，尤其要看一个国家所秉持的文化价值观是否具有正当性、长远性，是否具有影响力和感召力，以及由此所影响的、所制约的各种国家制度，运行机制所焕发出来的活力大小及强弱。人们关注文化"软实力"并视为综合国力，另外一个很重要的背景在于：单靠经济、军事等手段，越来越受到资源和环境等刚性条件的限制与制约，难以开拓更大的空间，而文化则较少受到限制，它具有几乎无可限量的广阔空间；文化的存在方式是弥漫性的、广泛而隐性的，它能够普遍地

---

① 《十六大以来重要文献选编》（下），中央文献出版社 2008 年版，第 752 页。
② 《论文化建设——重要论述摘编》，学习出版社、中央文献出版社 2012 年版，第 12 页。

渗透于人们实践活动的各个领域；文化打动的是人的心理和情感，与人的精神心灵产生交流、碰撞。

2007 年，党的十七大报告正式提出了"文化软实力"这个重要概念。"软实力"概念是由美国著名学者约瑟夫·奈 20 世纪 90 年代初首次使用的。约瑟夫·奈认为，一个国家的综合实力或综合国力由软实力和硬实力构成。"硬实力"是国家拥有的所谓"硬性命令或权力"，一般指军事实力、国防实力、经济实力、科学技术水平等；"软实力"则是国家拥有的"软性同化式权力"，主要指文化、意识形态和制度体系。"硬实力"的使用表现为凭借或者胁迫手段，迫使他人接受某种意志或者迫使他人改变其意志的行为；而"软实力"的作用则表现为自己的影响力、吸引力，让他人自觉自愿地接受、效仿，或者放弃其原有的意图的行为。约瑟夫·奈的这一套理论是在当时美国实力是否衰落的辩论过程中提出来的，尽管基于美国的地区范围具有一定的局限性，但它对综合国力的研究则具有重要的理念范式意义。

"文化软实力"所表达出来的意义其实是不难理解的，中国古人所说的"不战而屈人之兵"，就是"软实力"发挥出的作用效应，在竞争中这是一种真正的、最有力量的显示与证明。真正的文化作用是循序渐进、"润物细无声"，以柔克刚、春风化雨般的，相比那些硬性、显性的、有形的力量，文化的功能和作用具有"四两拨千斤"的神奇效果。

文化软实力作为一种特殊的"实力"，有几个重要的特征：

首先，观念——精神性。文化软实力的核心是其内在的价值观念，它是以认识、观念的方式影响人的思维，作用于人的头脑或精神世界，使人产生新的思想观念或者改变其原本的思想观念、精神状态，进而影响其行为方式。

其次，内在——隐含性。正是因为文化软实力是观念、精神性的，因而它不像"硬实力"那样直接外显，而是以某种有形、物质的东西为载体而隐含在其中的价值理念，以"无声的语言"或者"润物细无声"的方式向外传达出某种征服人、吸引人的信息与能量。正因如此，文化软实力是客观的力量,但又不易让人明确地察觉。

再次,渐次——持久性。无论是文化软实力的生成还是其产生效应,都要经历一个较长的过程,这个过程往往不是立竿见影的。一个国家文化的积累与建设绝非一日之功,人们对这种文化的认识、接受也需要时间;另外,一旦文化的功能与作用发挥出来,那么,由于文化的相对独立性,其对人精神世界的影响往往会维持较长的时期,短期内不会很快消失和改变。

最后,弥散——深入性。正由于文化软实力的观念精神性的存在形态,使得它发生作用方式是一种广泛、弥漫的特征,可以在更为广泛的空间范围体现出来,可以为许多人所感知;文化影响的是人的思想观念,直抵人的内心世界,触及人性结构中的最深层次。

在漫长的人类历史发展的长河中,文化现象是一道独特而亮丽的景观。文化彰显人性的光辉,承载历史,支撑当下也指引未来。生产力是人类社会发展的最终源泉。生产力决定生产关系,经济基础决定上层建筑。文化作为人类社会的“第二自然”,反作用于社会存在,文化对人类社会政治、经济也包括文化自身的精神成长彰显出非常强大的整体性影响。正因为这样,有人提出了“文化力”的概念,把它放在“物质力”同等地位上来看待;文化力是人特有的能力,是人由于文化而拥有的特殊能力。党的十六届四中全会首次在文件中使用了“文化生产力”的概念,阐明了深化文化体制改革、解放和发展文化生产力的问题。承认一般社会生产力对人类社会发展的巨大推动作用,同样就应该承认文化生产力是促进人类社会向前发展的动力。随着社会发展,科技进步,文化对社会的这种必将越来越显著,越来越大。

首先,文化作用于政治。政治与文化不可分割,某种程度上,政治自身就难以离开文化独立存在。政治和国家政权、政党的核心理念或价值观就是通过政治文化表现出来的。政治文化是文化整体构成的一部分文化,它一般指人们对特定政治思想的信仰、理念和情感等。按照孙中山的观点,所谓政治,乃为管众人之事。英国文化理论家雷蒙·威廉姆斯认为,文化是人类行为中包含的种种意义和价值，它间接地体现在诸如生活关系、政治生活之中。丹尼尔·埃通加·曼格尔则认为"文化是制度之母"。作为对人群行为的管理或治理，必然需要用特定的价值观念为指导，这种价值观念附着于其上的政治制度就是文化即政治文化。如此看来，任何国家的政党都有其特定的政治文化，此种政治文化形成了该政党治国理政的道义基础和精神特征，也形成了该政权政党执政的合法性源泉。美国学者劳伦斯·哈里森在研究世界上不同政治制度国家的发展成败时曾经指出，过去半个多世纪以来，人类争取繁荣和政治多元化的进步总是不能令人满意。究其原因，既不在于殖民主义和依附论，也不在于种族主义和种族歧视，更不在于自然环境因素，而在于文化。

其次，文化作用于经济。一个国家的经济固然需要政府、企业、经理人按照市场规则去推动，同时，也需要依靠文化的精神力量加以辅佐与促进。实践证明，缺乏文化蕴含或者文化根基的经济活动与经济行为，会因为丧失可持续动力而难以长久。在某种意义上，经济现象同时也是一种文化现象，经济活动中的文化现象就是经济文化。经济文化是指在经济发展中产生形成、并为经济活动主体所遵循据以引导其经济行为的价值观念和行为准则。经济活动的发生发展，其中有着文化的缘由与动因。众所周知，马克斯·韦伯在《资本主义与新教伦理》一书里，就成功地论证了西方资本主义发展过程中，基督教在其中所起到的重要作用。美国学者劳伦斯·哈里森在《泛美梦》一书中，以全球多元文化背景下各个国家在20世纪的发展为视野，从文化与经济的关系的角度，将文化分为"进步文化"和"停滞文化"，他还研究并分析了以上两种文化在促进经济社会发生作用的诸多差异，深刻地阐释了文化对人类社会尤其是对经济发展所产生的积极和消极的作用。阿根廷著名学者马里亚诺·格龙多纳在其《经济发展的文化条件》一书中指出，人的价值观可分为两类，一类是内在的文化观，一类是工具主义经济价值观。前者作为经济"持续发展所必需的内在价值观"，其功能是"充当短期愿望和长期愿望之间的桥梁，决定性地增强长远目标的力量"，它"不会随着经济成就而消失"。格龙多纳通过对南北美洲各国发展善的研究后认为，经济发展其实是一个文化过程，文化的力量要大于政治与经济；在现时代，文化对经济发展的提升与推动作用越来越显著，越来越重要。随着当代人类社会生产发展，人们更加深切地认识到文化与经济的相互依赖、相互促进、相互包含、相互转化，以至于文化与经济已经如影随形，难以区分。尤其在文化产业领域，可以更多地看到文化因素在产品创意、生产、流通、消费领域中巨大的创造价值增量的神奇力量。同样的产品，在融入文化创意前后，其价值甚至可以有天壤之别，原因正在于文化具有的奇特魅力。

再次，文化作用于道德。道德是人类所特有的处理人与人、人与社会、人与自然的行为规范的总和。道德包含道德意识、认识、情感、心理、行为等方面。道德作为文化现象，归根到底是社会意识，是社会存在的反映；社会存在决定社会意识，同样决定道德的产生和发展。文化知识、人类文明的进步，有利于道德的进步和发展，是提高社会道德水平的一个重要条件。马克思曾经指出："有产者的良心不同于无产者的良心。有思想的人的良心不同于无思想的人的良心。"①"良心是由人的全部知识和全部生活方式决定的。"马克思在这里把人的道德同文化知识素养联系起来，看到了文化知识对人的道德品行的影响。在人类历史上，私有制条件下剥削阶级的文化形成了剥削阶级的道德，劳动人民的文化实践形成了劳动人民的道德。社会主义道德是以社会主义公有制为主体的经济基础的反映，是以马克思主义为指导、适应社会主义共产主义思想文化、反映无产阶级和广大劳动人民愿望与要求的道德。

最后，文化作用于人。人是社会历史的主体，文化是由人生产、推动的，人生产了文化；反过来，文化也同样生产着人、形塑着人的样式，从而制约着社会文明的发展的深度和广度。在主体能力中，主体的知识、经验力是其基本的方面，是特定主体从事特定经济活动的内在保障，缺乏某种素质或素养，无法完成某种活动，而文化建设可以极大地提高劳动者的

---

① 《马克思恩格斯全集》第 6 卷，人民出版社 1961 年版，第 152 页。

主体能力从而促进社会经济的发展。文化对人的作用是以价值理念、道德规范、社会规范去改造人、提升人和发展人。每一种文化实际都是一种具有引导性、规范作用的思想和行为的规范体系。文化通过对人的熏陶、教化、激励，发挥其凝聚人心、理顺关系、整合力量等功能。文化的"化人"主要是改变人的思想观念和精神世界，通过改变人的思想观念和精神世界，进而影响人们改造世界的实践方式，只有改变观念才能改变行为。

在我国，提升国家文化软实力，提升国家综合国力，要求全党全社会必须坚持社会主义文化的前进方向，大力加强社会主义文化建设，加大文化体制改革力度，不断激发全民族文化创造活力，不断提高和发展我国文化生产力，使得人民基本文化权益得到更好的保障，人民群众文化生活需要不断得到满足，人民群众精神风貌与精神气质更加昂扬向上，社会生活更加丰富多彩；要促进社会主义核心价值观深入人心，大力发展文化事业和文化产业，加强文化人才队伍建设，实施文化"走出去"战略，等等。

第三节 文化建设是推动经济转型升级的关键因素

改革开放以来，我国创造了连续多年经济平均增速达到 9.8% 以上的经济奇迹，然而，随着支撑中国经济发展的要素条件发生变化，加之面临"中等收入陷阱"的考验，长期以来的简单粗放型经济增长模式已经难以持续下去，带来的主要问题例如资源能源消耗浪费严重、生态环境破坏、社会矛盾突显等，现实需要发展集约型经济增长模式。简单粗放型经济增长模式之所以难以为继，核心在于我国产业结构不平衡、不协调、不合理、不可持续，创新驱动发展动力不足。不少研究者认为，供给上实现创新驱动增长，需求上打开内部市场潜力，是实现经济转型的两大路径选择，要从要素驱动向创新驱动转变。培育新的经济增长点，根本出路在于创新，科技文化的进步有助于促进经济发展模式的转变。近年来，"互联网+"、大数据、云计算、创客等科技文化热词不断出现，在鼓励"大众创业、万众创新"的国家战略和互联网经济深入发展的背景下，文化科技创新已经进入纵深发展时期，正逐渐成为推动创新创业、促进经济结构、产业结构转型升级和社会全面可持续发展的强大驱动力。

我们所说的经济增长方式，狭义的一般指 GDP 增长方式，即把 GDP 增长作为经济增长的目标与指标的增长方式；广义的指社会财富的增加（包括量的增加与质的提高）方式，即价值（包括能够用货币来计算的与不能用货币来计算的社会财富，既包括社会财富的量，也包括社会财富的质）的增长方式。从世界范围来看，文化已经不再是经济增长的外在因素而成为重要的内生因素，现在人类社会的经济发展到了一个前所未有的新的历史阶段，即正在从传统的那种物质经济、能源经济、时间经济向所谓的非物质经济、信息经济、知识经济快速地转化。美国著名经济学家德鲁克认为，"当经济发展到一定水平，真正占主导地位的资源以及绝对具有决定意义的生产要素，既不是资本，也不是土地和劳动，而是文化"。换言之，文化并非经济的附属品和装饰品，它们两者实际上相互依托、相互渗透、相辅相成、相得益彰。在一定意义上可以说，现阶段我们面临的经济转型升级已经不仅仅是一个简单的经济问题，也是一个深层次的文化问题。文化发展状况对我国经济转型升级的强大的促进作用亟须得到认识与重视，加强文化建设是经济转型升级提出的现实的、必然的要求。

当今世界，许多国家都已经把"文化经济"看作其国民经济的一个重要部门。随着社会的发展，越来越多的人认识到"经济活动的起点和终点都是文化""经济发展在本质上是一个文化过程"的道理，经济的话题延伸、深入到一定程度就会触及价值观、触及文化。经济加文化或者文化与经济的结合既符合经济的人文性质，又有助于发挥文化对经济的促进作用。西方发达国家制定相关政策，非常重视发挥文化产业对国民经济增长、对外出口、劳动就业的强大的拉动作用，已经敏锐地看到了当今世界经济文化化与文化经济化的发展态势。

文化能够营造经济发展的人文氛围和文化环境，为经济持续高效发展打下必要的基础和条件。经济活动由人、财、物几个主要因素构成。人是经济活动的主体。主体的经济能力无疑是任何经济活动的重要保证。文化贵在创新，也难在创新。文化创新，才能不断加大经济中的价值含量，渗透到劳动产品中去，从一种隐性、无形的形态转变为现实、可感的物质形态，实现精神变物质的飞跃。一方面，先进的思想文化能够有效地引领经济的转型升级，成为经济转型升级的重要思想基础。实现经济转型升级必须首先树立科学、先进的发展理念，必须解放思想、更新观念、开阔视野，不仅认识到转型升级对于我国发展经济的重要性和紧迫性，更重要的是转换我们经济转型升级方法、途径的视角和理路，拿出如何切实实现经济转型升级科学合理的战略方案。另一方面，文化为经济转型升级提供必要的智力支持，是实现经济转型升级的重要条件。通过"以文化为引领的价值链的无限延伸和以创意为驱动的产业链的无限增值"实现国民经济转型升级，成为当前经济发展的重要课题。

数字化经济将成为未来全球经济的主要模式之一，尤其文化产业已经成为拉动全球互联网经济的引擎。自二十世纪八九十年代以来，世界上许多国家都纷纷制定了发展文化的国家战略，文化产业成为这些国家最富有活力并创造了巨大经济效益的产业。联合国教科文组织在 2015 年底和 2016 年初就文化创意产业和文化贸易发布的两份报告显示，在 2013 年，全球文化创意产业创收总额已远超通信业，达 2.25 万亿美元，同时创造了占世界就业总人口 1% 的就业岗位。例如英国，众所周知，它是世界上最早完成工业革命的国家，在工业制造逐渐衰落之后，文化产业已经取代传统制造业的地位，成为其重振经济的新兴产业。在英国，当前创意产业已成为英国经济领域中极为重要的组成部分。目前，英国文化产业每小时为英国贡献 800 万英镑的经济价值，年平均产值已接近 600 亿美元，占到了国民生产总值的 8% 左右，超过了任何一种传统制造业创造的产值，并且还在以年平均 11% 的速度快速增长。文化的发展为人们创造了广阔的就业机会，据统计，1997—2006 年，英国文化从业人群从 156.9 万人增加到了 190.6 万人，平均年增长 20%，2007 年进一步增加到 197.8 万人，

2010年下半年，这一群体总数近230万人①。为了推动发展，提高其国际文化影响力，英国还成立了"创意产业特别工作小组"。1998年以来，英国出台了《英国创意产业路径文件》等旨在促进文化产业发展的政策与法规，要求政府在文化创意产业方面加强对相关从业人员进行技能培训、财政支持、知识产权保护、扩大文化产品出口；大力支持文化产品的研发、生产、出口和销售，鼓励投资，设立风险基金，提供贷款以及地区财务论坛等比较完备的文化产业的财务保障系统，由于英国政府多年来对文化产业的不懈努力，使得它已经建立起目前国际产业架构最完整的文化产业政策，走在其他国家的前面，成为其他国家学习的楷模。美国作为世界综合实力最强的国家，其文化产业发展也相当强劲，其中重要的原因在于美国政府在法律、政策、制度和财政等方面对文化产业提供了有力的支持。尤其是二十世纪九十年代以来，以文化艺术、影视、图书、音乐、动漫等为主的文化产业为美国创造了可观的经济效益，也有效地向外传播了美国文化。据统计，美国全国共有1500多家专业的戏剧演出团体、1800多家交响乐团、120多家歌剧院和500多个作家协会。1998年，美国仅影视、音像出版的总收入就达到600多亿美元，首次超过农业和飞机制造业，并且2000年超过航空航天业，成为第一大出口产业。而在2009年美国文化产业共创造2784亿美元的产值，成为其最重要的支柱产业。②在澳大利亚，创意产业成为经济变革的先锋，文化经济化已经成为经济发展的新亮点，很多经济学家把这一现象称为"体验经济"的兴起。我们近邻的日本也毫不逊色，比较早地认识到了文化产业的重要性。1995年，日本确立了面向21世纪的文化立国战略，明确提出了2001年全力打造以知识产权立国、十年内建成世界第一知识产权强国的目标；2003年，日本提出了发展观光旅游战略，计划到2010年使入境游客达到1000万人。在具体的机制、措施方面，日本政府通过设立战略会议、恳谈会、幕僚会议、审议会等形式

---

① 熊澄宇：《英国创意产业发展的启示》，《求是》2012年第7期。
② 邓显超：《中国文化发展战略研究》，江西人民出版社2009年版，第33页。

强化相关政策的研讨、制度，同时日本还出台了相关法律、制度等，正是由于日本政府在发展文化事业方面的大力倡导与切实实践，使得日本文化产业显示出蓬勃向上的发展势头。

同样是我们近邻的韩国1998年就出台了《国民政府的新文化政策》，明确提出"文化立国"的方略，指出韩国振兴的动力在于发展文化创意产业，计划自2001年开始，用大约5年的时间，把韩国建设成为五大文化产业强国，成为21世纪的文化大国和知识经济强国。为了保证这一宏伟国家蓝图的实现，韩国相继制定了诸如《21世纪文化产业的设想》《文化韩国21世纪的设想》《文化产业发展五年计划》《文化产业发展推进计划》《国民政府的新文化政策》《文化产业振兴基本法》《文化产业促进法》等一大批相关法律法规。正是由于韩国政府在文化产业方面的积极有效的作为，近年来在全球文化竞争浪潮中，我们明显地能够感受到一股来势凶猛的"韩流"涌动。实际上，不只以上提到的几个国家，还有像德国、法国、加拿大、新西兰等发达国家都非常重视文化的发展，纷纷制定并实施各自的国家文化产业发展政策，有目的在其文化商品和文化行为中体现其政治经济意向，有意识地加强本国文化发展及参与全球综合国力竞争中的政府主导作用，而且都取得了非常显著的效果。

第四节　文化建设是建构国家话语权的重要方式

在党的十八大报告中，胡锦涛同志指出党的十七大以来的五年和十年以来所做的工作之一，就是"加强同世界各国交流合作，推动全球治理机制变革，积极促进世界和平与发展，在国际事务中的代表性和话语权进一步增强，为改革发展争取了有利国际环境"。

进入21世纪以来，中国大踏步走向世界，迅速发展取得的成果令世人瞩目，但是"树大招风"，各种正面的负面的、正确的错误的、理解的不理解的议论跟着也来了。"理论创新每前进一步，理论武装就跟进一步。"要建立中国话语权和重塑国际话语体系，需要我们进行理论创新，要有理论上的武装和理论上的准备。从理论上、道义上讲清楚中国的价值理念，澄清西方对我国各种错误议论与说法，才能真正掌握话语主动权。

从理论上来说，话语可以区分为私人话语、大众话语、媒体语言与社会意识形态等方面，包含话语主体、话语客体、文本、沟通、语境构成等因素，涉及人们说（叙述）什么，如何说（叙述），以及所说的话（叙述）带来的社会后果。法国哲学家、思想家米歇尔·福柯（Michel Foucault）将话语与权力勾连起来，指称与社会权力关系相互缠绕的具体言语方式，试图挖掘话语背后的权力关系，他说"话语所做的，不止使用这些符号以确指事物。……正是这个'不止'才是我们应该加以显示和描述的"①。在福柯看来，"话语"是一种渗透于社会实践主体之中的、难以被人们感知，却又无所不在的支配性"政治技术"，"话语"的制造和形塑是各种社会政治和文化力量相互角力的结果。尽管权力的使用过程中可能会产生一些失当之处，但是，不可否认，任何政权和制度都会试图在社会正义理论或者"真理话语"中寻求其合法化的权威性依据。

国家话语权是主权国家为了实现其政治利益、经济利益、文化权益乃至国家安全，通过一定的方式途径表达和彰显其执政理念、价值观念和执政诉求的正当权利。国家话语权的一个重要的组成部分是国家的文化话语权。文化话语权是国家主权之一，本质上是一个国家的文化主权，是一个国家能够独立自主地提出、表达、传播、交流文化话语、维护国家文化安全和文化权益的权利，它包括文化话语的主导权、生产权、文化话语的表达权、文化话语的传播权和文化发展的自主权等，文化话语权既是一种权利，又是一种权力。文化权利着重强调行动者作为主体所具有的文化话语自由；文化权力着重强调主体作为文化权威话语者对相

---

① ［法］米歇尔·福柯：《知识考古学》，谢强等译，生活·读书·新知三联书店 2003 年版，第 53 页。

关客体的多方面影响。

实践证明，谁掌握了文化话语权，谁就取得了话语上的优势，就能更有条件维护自身的文化安全和国家安全，就能有效增强国家的文化软实力，提升国家的综合实力和国际竞争力。相反，谁丧失了这种文化话语权，谁就在竞争中处于十分不利的位置，无形中会削弱自己的文化软实力，从而损害国家的综合实力和国际竞争力，甚至损害本国的国家安全和国家利益。因此，提升我国文化话语权，大力加强我国文化话语权建设，不断提高我国文化话语主导权，是一项重大而紧迫的战略任务。

如同政治、经济、资本等在全球性具有不平衡性一样，文化的生产、传播、发展等也同样带有不平衡性。发达国家以其多方面的优势，一方面从其中谋取了许多经济上的收益，使得全球贫富程度加剧；另一方面，又进一步加剧了这种事实上文化交流、交往的不平衡局面。尤其值得注意的是，受到冲击的发展中国家的民族文化被无情地挤压甚至被抹平，其结果是世界文化多样性受到严重威胁。联合国教科文组织编写的《世界文化报告2000：文化的多样性，冲突与多元共存》指出："文化的特征和表达受到了全球化多种进程的挑战，那些能积极参加全球文化交流的人，常常体验到文化是一个过程，而不是一种产品。他们个人的文化特征意识成为感受其他文化的一个出发点。但是，对他们缺乏交流手段和自我表现手段的人，或者对那些把全球化体验为一种无情和异己过程的人，就可能退却到文化特征的狭隘意识中，拒绝文化的多样性。当这种消极的反应被政治所利用，后者被其他因素所恶化，那么，文化很快就与冲突纠缠在一起……一个真正知识丰富的世界，一定是文化多样性的世界，如果我们打算共同生活，那么，这个世界也一定是个多元文化共存的世界。"[1]日新月异的信息化时代，科技手段的不断更新与发展，给文化带来了广阔的发展空间，但是全球化挑战下不同文化之间的交流、交锋也呈现出历史上从未有的规

---

[1]　联合国教科文组织编：《世界文化报告2000：文化的多样性，冲突与多元共存》，北京大学出版社2002年版，序言。

模、频率和深度，这种状况打破了以往人类彼此阻隔的封闭、保守局面，有助于不同国家与民族文化对话与交流，使他们有可能从对方汲取智慧与能量，这本来是有益于世界文化共同发展的大好机遇，但是由于全球文化在国家之间发展非均衡的事实存在，尤其是当今的全球文化交流交往过程中还交织着两种不同制度和不同意识形态的冲突、交锋，使得文化领域也成为一个没有硝烟的战场。某些西方大国的文化帝国主义与其他弱势争取文化话语权的对立与较量，在较长的时间内，仍然是难以消除的一对矛盾，两者的对立统一将是此消彼长的过程。

观察当今的世界文化图景，我们可以发现，无论是发达国家，还是总体上处于弱势的发展中国家，都不约而同地发现了文化话语权对国家所具有的重要意义，都视文化为重要资源与手段。所不同的是，西方发达国家凭借其政治科技乃至军事上的优势不遗余力地推行文化霸凌主义，大搞文化殖民，企图把西方的文化价值观与生活方式强行加于其他国家身上；西方国家这种文化打压的行径则激起了那些处于守势国家的反抗与反弹，后者则纷纷立起本民族文化的大旗，提出文化民族主义策略，强调捍卫自己国家文化话语权问题，强调自己民族文化的特殊性与多样性，号召国民保护自己本民族文化，努力从传统民族文化中发掘优秀的、可以用来继承并发扬光大的文化因子运用于民族的复兴与发展。例如，柬埔寨首相洪森发表讲话，要求各电视台减少对外国广告、电视的播映，要在黄金时间播放高棉文化艺术节目；越南政府则要求通过整顿文化市场消除西方文化的侵蚀，采取措施弘扬越南的传统民族文化；菲律宾前总统要求本国电影消除包含暴力色彩的内容；还有，像法国这样的西方发达国家也采取措施有意识地保护自己的文化，提出"文化例外"的口号，认为在对外贸易中不应当全面开放国内文化市场，明确提出反对好莱坞的入侵，捍卫法兰西民族文化的相对独立性。

当前，我们要充分利用电影电视、网络、图书、文化商品等各种现代化的传播媒介与传播手段方式，发展涵盖面广泛、内容丰富、层次多样、迅速高效的文化生产、文化传播体系，大力建设我国文化话语权，讲好

"中国故事";实施中华文化"走出去"战略,切实提高我国文化传播的实效性和有效性,树立中国国际良好的文化形象,使我国对外传播的文化价值观念得到最大程度的认知与接受,不断增强我国的文化软实力。

第五节　中国发展的文化表达

种种迹象表明,对于中国的快速发展,国外一些国家组织、一些人充满了疑惑和不安,感觉到他们不太了解的中国发生了一些巨大的变化,但却并没有完全明白究竟发生了什么和改变了什么,也很想知道中国的目的和意图。这种状况皆源于对中国缺少了解。要化解这种矛盾,我们必须思考在西方国家占据绝对话语权的当下如何把自己成功地表达给世界、介绍给世界,解决如何和世界进行沟通的问题。

近几年来,有关"中国模式"的话题不绝于耳,人们似乎都在关注一个问题:多年来中国始终坚持以经济建设为中心,专注于改革开放,取得了经济的飞速发展,社会物质财富急剧增长,成为经济增长最快的发展中国家,经济总量仅次于美国,迅速跃居世界第二位。那么,中国的发展是否有模式可循?如果有其模式,它的特点、要点是什么?这种模式是否可以复制?等等。

中国的奇迹有目共睹,这是大家都可以体验到的客观事实,谁也无法否认。至于把这种现象称为"中国模式"的提法是否适当,则有待于进一步探讨(有人认为"中国道路"比"中国模式"的提法更好一些)。既然人们承认中国创造了奇迹,那么这是一种什么样的奇迹呢?在肯定既有发展成绩的同时,不可否认,中国的发展还是不充分的、非均衡的,仍存在着一些问题。要看到这种发展更多是经济上的发展,而经济上的发展又集中于 GDP 总量的增长。质言之,这种发展在有的方面严格来说是欠"科学"的或不合理的,其中最大的问题是侧重于表象的、硬性指标方面,而缺失了以文化为向度的软性指标的考量，文化发展仍然比较滞后，这种经济片面的高速增长已经对中国的总体发展带来了一定的风险与挑战，使得经济社会的进一步发展缺乏持续推进的基础和动力。在毛泽东时代，适应于高度集中的计划经济模式，我们逐渐建立起了社会主义文化的管理制度与体系，文化领域主要服务于带有较强革命色彩的意识形态工作，带有较强的理想主义、浪漫主义色彩，还不是真正意义上的、全面的文化建设。"文革"结束后，我国揭开了改革开放的新篇章，人们从过去常态化的政治运动转向了经济建设的主战场，追求物质财富增长，追求国强民富，为文化的发展创造了有利的物质基础，但在某种程度上忽视了文化，尤其是道德精神领域的困惑与失落，导致了社会基本伦理精神的混乱和削弱，迅速滋长起来的物质主义、拜金主义、消费主义冲击了人们原有的诚信与信仰；长期以来人们坚守的理想、信念面临着严峻的挑战，在此情境下，遑论文化上的真正发展。物质世界的极大繁荣与文化世界、精神世界的相对贫乏的反差，告诉我们一个基本的道理：尽管对中国来说，经济发展具有极其重要的意义，但并非一切问题都能够通过经济方式得到解决的。尤其是对于我国这样一个具有悠久的道德传统的国家，旧的道德虽然许多不尽适用，但尚未退出历史舞台，新的道德正处于形成的阶段，现实中存在的道德冲突甚至道德迷乱的危害是巨大的，在这种背景下文化建设的任务和意义显得更加重要与艰巨。

近些年，随着中国成为世界第二大经济体，中国道路、中国模式开始逐渐从学术界的理论话题转化为一种带有普遍的社会心理和社会意识。在"大国崛起""民族复兴"等新一轮关于中国叙事的重述中，国际视野中的中国开始作为快速发展的民族国家出现在"现代主体"的位置上。在当前形势下，做好中国发展"文化表达"的工作可以从对内、对外两个角度进行考虑。对内来说，就是通过文化建设，通过社会主义核心价值观的教育与实践，旨在为全体社会成员提供一种赖以作为基本原则的价值向导与道德取向，造就当代中国人的新的形象；另一方面使人们的社会行为处在道德的约束之中。有道德感的、有文化感的人，一定是有反思能力的、有道德羞耻心、能够自我定向的人。文化建设有助于促进人的道德能力的提升，促进人的发展，倡导真善美，遏制市场经济条件下当前一部分人物欲横流、见利忘义、贪婪的恶行；对外来说，要树立中国新的国际形象，宣示中国核心价值观念，让外部世界了解中国经济发展起来以后是为了什么，从而消除对中国的各种误解和曲解。国际上，有一种所谓"中国威胁论"的说法，除了别有用心、有意制造混乱的因素之外，也与我们自己文化软实力不强、主动发声不够、没有很好地表达自己的原因有关。因此，我们需要用文化的方式向国际社会表明我们的想法与诉求，表达我国和平发展的立场，回击那些对中国进行诋毁的各种言论，展示我们的文化价值观。在一定意义上，经济全球化背景下作为经济的对外贸易活动其实也是国家价值观以及国际形象的外在展现，或者是国际影响力显现的一种形式，但这种展现毕竟不能代替文化自身。如果没有文化上的崛起，没有文化上大的发展和进步，单凭经济、军事上的崛起，这种经济、军事的现象和行为就极有可能变成一种令人担心、恐惧的力量。总之，在成为世界第二大经济体的时候，我们真的很需要以文化的方式树立国家的外在形象，使文化为经济成就锦上添花、相互观照、相互促进，真正发挥我国的世界影响力，这不仅是国内形势发展的要求，而且也是国际形势向我们提出的新要求。

我们在表达自己的时候，不但要向其他国家学习人家的优秀经验，而且要向历史上的自己学习，向自己的过去学习。现在一提到学习借鉴，我们大多都习惯于目光向外，盯着西方几个发达资本主义国家，这本身也没有错，但问题是却往往忽视了自己。事实上，在我国历史上曾经创造过极度辉煌的文化成就，中华古代文化曾经泽被四方，其影响力达及亚欧甚至更远的地方，汉唐盛世的文化气象至今令人津津乐道、回味无穷。在一定意义上可以说，我们现在所做的一切努力既是文化创造，又是一种文化复兴的工作，就是恢复曾经的文化辉煌与荣光；只不过这种复兴是在新的历史条件下一种超越性的复兴。无论过去还是将来，我们的文化都不是借助于武力或强制力而进行复兴的，即不是文化强权和文化压迫，不是把自己的文化价值强加于他国身上，而是依靠文化自身感召力而发挥其功能，这与我国提出的和平发展的理念是相一致的。我国和平发展的理念，符合世界历史发展潮流，也符合我国的长远利益。中国历史上从未称霸世界，今后也不会称霸。中国作为大国承担着更大的国际责任，是维护世界和平的重要力量。近年来，中国积极开展多方位外交，进行经济人文外交、睦邻友好等外交实践，举办国际重要会议、论坛并提出自己对于国家事务的观点和主张，向世界宣示我们的价值诉求，体现了中国的软实力，较好地展示了中国良好的国际形象，收到了较好的效果。

第三章 和谐文化论：社会和谐的精神动力

第一节 和谐文化提出的时代背景

和谐，是社会主义基本特征之一，社会主义社会需要建设与发展和谐文化。党的十六届六中全会通过了《中共中央关于构建社会主义和谐社会若干重大问题的决定》，首次明确提出"建设和谐文化，是构建社会主义和谐社会的重要任务"。和谐文化是以和顺、和谐的内涵为理论特质的文化形态，是发挥着和谐取向、和谐规范与和谐导向功能的先进思想文化，是构建和谐社会与创建和谐世界的前提条件。"和谐文化既是和谐社会的重要特征，也是实现社会和谐的精神动力。……繁荣社会主义先进文化，建设和谐文化，为构建社会主义和谐社会作出贡献，是现阶段我国文化工作的主题。"[①]

自从我国社会主义制度建立起来以后，由于推翻了三座大山的压迫，消灭了剥削制度，阶级斗争退隐到了历史的后台，广大人民成为国家的主人，人民之间不存在根本性利益冲突与对立，以往严酷的阶级斗争、敌我矛盾被大量的人民内部矛盾所取代，因此，社会主义社会具备了和谐的内在条件。当然，所谓和谐不是从根本上消除了客观矛盾，而是指事物的矛

---

① 《胡锦涛文选》第2卷，人民出版社2016年版，第539—540页。

盾能够保持在相对稳定、非激烈形式的限度内，从而有益于事物的存在和发展。改革开放以来对全社会利益格局的重新调整，社会生活、人们的思想观念等均发生了深刻的、巨大的变化，一些社会问题和社会矛盾社会冲突等也开始显露出来，出现了一些不和谐、不协调的因素和现象，这些问题与矛盾如果不能得到及时解决与化解，就可能积少成多、由小变大，造成大的危害和后果，影响我国社会主义事业发展的大局。倡导与建设社会主义和谐文化，有助于社会主义社会的稳定、健康、有序地向前发展，是社会主义社会发展的需要。胡锦涛指出，"和谐文化既是和谐社会的重要特征，也是实现社会和谐的精神动力。建设和谐文化，是构建社会主义和谐社会的重要任务，也是构建社会主义和谐社会的重要条件。"①建设与发展社会主义和谐文化，成为中国特色社会主义事业发展的必然要求。时代的发展以及人民对美好幸福生活的热切期盼，是社会主义和谐文化产生的社会历史条件与基本前提。

从以革命文化为主题到以和谐文化为主题，是我国文化建设中的重大转化。以毛泽东同志为核心的中国共产党带领人民完成了中国新民主主义的伟大任务，在中国共产党领导下，革命人民在反对封建主义、民族资本主义、帝国主义的艰苦斗争中，形成了富有生机活力的无产阶级革命文化；依靠它，党领导人民战胜了国内外强大的敌人，推翻了"三座大山"的压迫，成立了新中国，实现了民族的独立与人民的解放，成功地实现了中国历史上最深刻、最伟大的社会变革，为当代中国社会一切发展进步打下了根本的前提和基础。

革命文化，指的是革命人民群众在先进阶级、先进政党的带领下，在从事旨在推翻旧的社会统治和改变旧的社会秩序的正义行动中所创造的文化。中国共产党领导的新民主主义革命、社会主义革命、反对外来侵略的抗日战争等，体现了不畏强暴、不畏强权、为了自由和解放甘愿抛头颅、洒热血，以及具有坚定的信念、坚强不屈、勇于奋斗的无产阶级革命

---

① 《胡锦涛文选》第 2 卷，人民出版社 2016 年版，第 539 页。

文化和革命精神。在这种激励人心、鼓舞斗志、催人奋进的革命文化的感召下，中国人民前赴后继，勇往直前，一次又一次地进行探索、努力与抗争，同落后、反动、腐朽、保守的统治势力和现象进行坚持不懈的斗争，极大地推动了历史的进程，促进了社会进步和人的全面发展，谱写了中国人民追求自由、平等、解放，实现人的幸福可歌可泣的壮丽篇章。人民发起的革命运动，每一次都对旧的秩序及其统治集团产生了沉重的打击，震撼了旧阶级的统治基础，推动了社会进步，为新生事物、新的社会形态诞生奠定了必要的前提。新中国成立以后，毛泽东曾明确指出："随着经济建设的高潮的到来，不可避免地将要出现一个文化建设的高潮。中国人被人认为不文明的时代已经过去了，我们将以一个具有高度文化的民族出现于世界。"① 针对当时的苏维埃俄国的形势与任务，列宁也说，"从前我们是把重心放在而且也应该放在政治斗争、革命、夺取政权等等方面，而现在重心改变了，转到和平的'文化组织'工作上去了"②。

进入改革开放新时期以后，邓小平根据国际国内形势的变化，在深刻总结我国社会主义建设实践正反两方面经验教训的基础上，作出了"和平发展是当代世界的两大主题"的科学判断。从此，党和国家工作思路和工作中心开始转移到经济建设上来，开启了新时期波澜壮阔的改革开放的伟大历程；与此相适应，我国社会主义国家的文化也从以前的革命文化或斗争哲学，逐渐转移到和平年代的和谐文化与和谐哲学上来，开始了中国特色社会主义和谐文化发展的历程。三十多年来，我们坚持"一个中心，两个基本点"基本路线，经济快速发展，取得了很大的成绩，有目共睹，然而也付出了发展的代价，例如，资源浪费、生态环境遭到破坏，加之深刻的利益调整也引起了各种社会矛盾，产生了一些不和谐现象，对社会稳定带来了不利的影响。2004 年 9 月，党的十六届四中全会召开，会议提出了构建社会主义和谐社会的重要思想，社会和谐是中国特色社会主义本质

---

① 《毛泽东文集》第 5 卷，人民出版社 1996 年版，第 345 页。
② 《列宁选集》第 4 卷，人民出版社 1995 年版，第 773 页。

属性，也是发展中国特色社会主义的内在要求。构建和谐社会，就是追求人与人、人与自然、人与社会多维关系相适应、相融洽的和谐统一的关系，努力实现我国社会主义在经济、政治、文化、社会、生态等方面的协调发展。只有构建社会主义和谐社会，建设社会主义和谐文化，才能积极有效地解决我国面临的主要问题、主要矛盾，理顺各种关系，消除各种不和谐因素，在科学发展中实现社会和谐，形成民主法治、公平正义、诚信友爱、充满活力、安定有序、人与自然和谐相处的社会局面，并为中国特色社会主义健康发展提供良好的社会秩序和社会环境。

第二节　和谐文化的意义旨归

和谐文化或和谐思想是中国传统文化重要的命题与精神内涵，构成了中国传统文化的重要特色。纵观历史，以儒、道、墨、释为代表的主要思想流派，对和谐思想都进行了比较深入的阐发。

建设与发展社会主义和谐文化，具有重要而深远的现实意义。

第一，和谐文化体现了尊重自然、亲和自然的态度。人类及其社会繁衍生息一刻也不能离开自然环境，人类与外部自然既对立又统一，人对自然资源的依赖性，决定了人必须保持与自然的和谐关系，才能维持自身的存在与发展。然而，自工业革命以降，由于人改造自然能力不断提高，一方面，科技进步使得人类创造的物质财富越来越庞大，另一方面却对自然环境造成了严重的破坏，产生了环境污染、资源浪费、水土流失等生态问题，形成了日益严重的"反主体性效应"。这些问题已经成为我国经济社会发展的制约因素。实践的教训促使我们必须转变思想观念，改变以往违背自然规律、生态规律的做法，不能一味地向自然索取，必须纠正、克服人与自然的尖锐对立，不断增强生态观念与生态意识，建设人与自然的和谐关系，探求与自然的和谐一致，走出一条经济发展、生态良好的可持续发展道路。

第二，和谐文化体现了建立友好、和睦、健康的人际关系的道德诉求。和谐文化的一个重要方面是人们社会关系的和谐，追求人与人、人与社会的和谐。如果缺乏社会生活中人与人的和谐，势必会产生许多不和谐的因素，各种冲突、社会矛盾、甚至社会内乱都会频繁发生，带来不稳定社会隐患。改革开放以来，我国社会环境发生巨大的转变，尤其是社会经济基础变化更甚，对人们的思想观念冲击很大。人民群众基本生活需要满足了，生活水平与生活方式都较前迅速提高，但新的社会问题、新的矛盾又不断出现。城乡差异、地区间经济与社会发展的差异、贫富差距有所拉大、社会腐败现象、行业间分配不公等现象的存在，导致一些人心理与情绪上产生不满，容易产生过激的行为。这些新的矛盾，大多数是属于人民内部矛盾而非敌我矛盾。这是因为，在我国社会主义社会条件下，消灭了私有制，建立了公有制，国家的主人不再是少数的剥削阶级，而是广大人民群众，广大人民群众的矛盾本质上没有根本的对立与冲突，这就为建立诚实友善、团结互助、理性文明的新型人际关系奠定了社会制度的保障。

第三，和谐文化夯实了全体人民同心协力、共同奋斗的思想基础。进入新时期改革开放的宏阔实践以来，我党始终以经济建设为中心，牢牢把握发展的基本方向，制定了各领域的发展目标，取得了很大的成绩，极大地振奋了人们的精神面貌和振兴中华民族的自信心。发展是硬道理，而发展必须在稳定、和谐的环境中才能进行。我们必须珍惜大好的和平环境，提倡和谐文化，摈弃斗争哲学，把人们的思想注意力统一到已经制定的路线方针政策上来，形成思想与精神上的合力。在当前经济全球化、政治多极化、文化多元化、各种竞争与挑战日趋复杂多变的条件下，营造全体人民团结一致、同心同德的和谐局面，把我们正在做的事情做好。

第四，和谐文化表征了现代公民理性、成熟、文明的精神气度。人是物质属性与精神属性的有机统一体。在很大程度上，精神生活对人来说显得尤为重要；文化是人作为人的本质，是人区别于一般动物、区别于自然人或者生物人的显著标志。历史上，人类自身走着一条自我完善、自我发展的辩证历程，人以理性和智慧表征其万物之灵的主体地位。在现代社会里，由于社会的急剧转型、科技发展使得周围世界日新月异，眼花缭乱，人们的生活节奏加快，无论是工作压力还是生活压力都骤然加大，如此紧张的生存现状，使得现代人的心理、精神极易产生紧张、焦虑、郁闷、失落、冷漠等消极的情绪体验，甚至发生各种心理、精神上的疾病与不适感。和谐文化以其平和、包容、理性、文明的精神品格，无疑是治愈现代人以上疾患的一剂良药，有助于人们积极、健康心理和思想素质的养成，有助于营造和谐、祥和的人际交往与社会环境，在物质精神生活条件不断改善的和平年代里，有效地化解社会矛盾和压力，添加社会发展的润滑剂，使人们心情舒畅地工作生活，实现生存的艺术化、审美化。

第三节　和谐文化的基本内涵

和谐文化是与社会主义和谐社会相适应的先进性的、时代性文化。和谐文化是社会主义的本质特征。和谐文化既是社会和谐发展的理想文化目标，也是一种基本的价值追求，还是一种行为主体的思维方式和文化理念。

那么，如何理解和谐文化的科学内涵呢？我们认为，所谓和谐文化，这里指社会主义性质的和谐文化而不是一般意义上的和谐文化；它是社会主义先进文化重要的组成部分。社会主义和谐文化，其融"和谐"之思想观念、思维方式、行为方式、社会风尚为一炉，表征着人们对自然、社会、人生、自我和谐理想模式的观点与价值追求，是一种以社会主义核心价值体系为基本内容的、以崇尚和谐、圆融的人生趣味与生活态度为特征的思想文化。

和谐文化是社会主义先进文化的体现，是后者重要的组成部分。"和谐文化既是和谐社会的重要特征，也是实现社会和谐的精神动力。建设和谐文化，是构建社会主义和谐社会的重要任务，也是构建社会主义和谐社会的重要条件。"①社会主义先进文化是引领中国特色社会事业向前发展的精神旗帜，它既是和谐文化的重要组成内容，也是和谐文化的重要保证。和谐文化符合中国发展的需求，符合我国社会和人民群众的根本利益，契合时代进步的潮流。发展社会主义先进文化，就要发展社会主义和谐文化，要把和谐文化作为文化建设的一项重要的内容来抓紧抓好。另外，建设和谐文化也就是建设社会主义的先进文化，就是把发展社会主义先进文化落实到实践中。

空想社会主义是马克思主义的思想来源，也是和谐文化的思想来源。在清算空想社会主义思想家学说的时候，马克思、恩格斯就对其中关于"和谐"的思想予以关注与赞赏。基于对不合理的资本主义私有制的深入批判，空想社会主义思想家不约而同地构想出了他们心目中的理想社会模型，那是一个消除剥削、不平等的社会，构建一个人人平等的和谐社会。傅立叶写出了《全世界和谐》、魏特林提出了《和谐与自由的保证》，欧文甚至还出巨资购买大片土地，亲身从事和谐共产主义试验，企图在资本主义汪洋大海之中建立一个自由、浪漫的世外桃源，但是"和谐大厦"的共产主义试验归于失败。由于空想社会主义者们唯心史观的局限性，对社会主义的认识注定带有空想的性质。在他们看来，消除资本主义一切弊病是理性的任务，只要在头脑中构想出新的"和谐"社会理想方案，就能够在现实中把它创造出来，无须到现实社会中去寻找。因此，空想社会主义思想家未能找到实现社会主义的社会力量和正确道路。尽管如此，马克思对此给予高度肯定，认为提出"提倡社会和谐"是空想社会主义者"关于未来社会的积极的主张"②。

① 《胡锦涛文选》第 2 卷，人民出版社 2016 年版，第 539 页。
② 《马克思恩格斯选集》第 1 卷，人民出版社 1995 年版，第 304 页。

马克思恩格斯吸收了空想社会主义关于未来社会的某些天才构想，并用了大量精力对资本主义私有制造成的整个资本主义社会结构性不和谐进行了深刻的分析与批判，并由此提出了共产主义理论。当然，他们并不是像以往的思想家那样仅仅做的是一种抽象化、程式化的理论研究工作，也不是一般的形而上学、道义上的批判，而是从当时社会生活现象入手，直接把思维的视角切入到真实的社会事物本身，并因此而展开了其具有重要影响的历史唯物主义的理论探索。

在马克思看来，现代资本主义生产方式是导致资本主义社会种种不和谐、不人道现象的罪恶渊薮。马克思主要从两个方面进行他的批判工作：一是对异化劳动的批判；二是对资本逻辑的批判。在著名的《1844年经济学哲学手稿》中，马克思揭露了资本主义生产方式中诸种对立与否定关系：劳动产品归劳动者所有与劳动者只能维持自身的再生产相对立；劳动构成交换的手段与劳动者只有出卖自己才能生存相对立；劳动是人的本质与不劳者能够支配他人的劳动相对立；社会产品增值与工人贫困化相对立，等等。造成以上对立与不和谐的根源在于"在国民经济学假定的状况中，劳动的这种现实化表现为工人的非现实化，对象化表现为对象的丧失和被对象奴役，占有表现为异化、外化。"[1] 马克思指出："劳动本身，不仅在目前的条件下，而且就其一般目的仅仅在于增加财富而言，在我看来是有害的、招致灾难的，这是从国民经济学家的阐发中得出的，尽管他并不知道这一点。"[2] 以往的国民经济学，由于对劳动抽象的、片面的理解，以此为前提，资本主义的异化劳动就被当作真实的劳动。马克思鞭辟入里，层层深入地剖析了异化劳动的四个方面的基本规定，即物的异化、自我异化、类本质的异化以及人与人的相异化。在资本主义社会，工人作为人在劳动中"耗费的力量越多，他亲手创造出来反对自身的、异己的对象世界的力量就越强大，他自身、他的内部世界就越贫乏，归他所有的东西就越

---

① 《马克思恩格斯全集》第3卷，人民出版社2002年版，第268页。
② 《马克思恩格斯全集》第3卷，人民出版社2002年版，第231页。

少"①。更为重要的是，"异化劳动，由于（1）使自然界，（2）使人本身，使他自己的活动机能，使他的生命活动同人相异化，也就使类同人相异化；对人来说，它把类生活变成维持个人生活的手段。第一，它使类生活和个人生活异化；第二，把抽象形式的个人生活变成同样是抽象形式和异化形式的类生活的目的"②。这就说明，资本主义社会处处充满了异化的矛盾，要使异化的人及其关系回归其本位，要扬弃这些不和谐的异化现象，就不能止步于思维观念的简单否定，而且要克服黑格尔式的思辨怪圈，走出费尔巴哈式的感性直观，在"实践的唯物主义"原则指导下，以真正的哲学批判精神直面现实社会矛盾，诉诸物质的武器与力量，去改变现实，只有如此，才有可能克服异化，实现社会的真正和谐。

如果说，马克思早期的思想中还透露出一种抽象的、人道主义理论色彩的和谐观的话，那么，在以后的研究中，他更多的是采取了现实的策略与姿态。在《资本论》中，马克思从现实的人、现实的经济事实出发，深入地研究了资本主义生产的本质、过程等重要问题，提出了剩余价值论，令人信服地回答了无产阶级贫困化、奴役化的根源，以及资本家发财致富的秘密所在，揭示了无产者与有产者、劳动与资本、穷人与富人之间对立的深层次根源，从而成功地完成了对资本逻辑负面性的深刻批判。因而，在一定意义上可以说，马克思主义的共产主义学说实质上是他们消除由资本主义私人占有制所带来的各种矛盾与对立，消灭不公正、不平等、不人道的社会现象而创设的社会和谐理想。这说明，对资本主义生产方式的否定，不是理性、道德关系运动的结果，而是人类自身发展的现实逻辑，人类社会走着一条自我构成的道路，是一条由不和谐走向和谐的道路。正是循此理路，马克思恩格斯论证了现实的自然界和人类社会的产生、形成与发展过程，阐明了感性自然与人类历史的内在统一性，并确立了他们创立的历史唯物主义的理论体系结构。

---

① 《马克思恩格斯全集》第 3 卷，人民出版社 2002 年版，第 268 页。
② 《马克思恩格斯全集》第 3 卷，人民出版社 2002 年版，第 272—273 页。

第四节 和谐文化的重要功能

建设和谐文化，有利于增强全社会的向心力、凝聚力，改善和融洽人们之间的社会关系，进一步明确和坚持共同的理想；有利于丰富人们的精神世界，培育和谐的思维方式和行为方式；有助于为中国特色社会主义事业发展准备良好的思想观念、道德支持以及和谐友好的人际关系与社会环境。

第一，促进社会安定团结，创新社会管理，需要和谐文化。经过四十年的改革开放，我国已经发生了翻天覆地的巨变，社会结构和社会生活出现了深刻调整和变动，各种利益关系、社会矛盾和社会问题出现复杂多变的局面，各种思想文化相互激荡，人们的思想观念、思想状况也相应发生了一系列深刻的变化。传统计划体制下形成的人们对政治权威和集体规制的依附性大为减弱；相反地，其思想行为的自主性、差异性、多元性等显著增强。另外，不可否认，随着社会环境的剧烈变化，社会上还存在着一定程度的思想混乱、理想信念缺失、价值观迷失、伦理道德滑坡等消极文化现象，这些现象如果不加以纠正、引导和消除，就容易发酵、积聚，导致人心涣散，使整个社会失去同心同德、团结奋斗的思想基础。当前，我国社会转型时期出现的各种社会矛盾，很多时候需要运用非对抗性矛盾的解决方式来认识、化解，否则就会使矛盾激化，加剧社会冲突，导致社会混乱、失序。在此背景下，建设和谐文化，有利于营造良性、稳定的社会环境，可以有效地调节社会关系，化解各种矛盾和不和谐，形成和睦的社会环境和社会秩序。

第二，全球交往格局中多元文化相互交流、融合与发展，需要和谐文化。全球化时代，与经济一体化、同质化、国际化有所不同的是，各国家民族文化在相互交往中，在产生文化融合的同时，还存在着文化异质化、多元化的复杂趋势。这既是一个令人困惑的现象，但又是一个客观存在的现实。由西方发达国家主导的全球化运动，除了负荷着显性的经济、政治的内容外，还裹挟着隐性的思想文化与价值观的诉求。不同国家、不同民族的地域性文化在同一时空相遇，其中成分复杂多样，有本土文化与外来文化、传统文化与现代文化、先进文化与落后文化、主流文化与非主流文化、精英文化与大众文化等等，它们之间有吸收有排异，有融合有冲突，有渗透有抵制，呈现出相互交织、相互激荡的对立统一局面。建设社会主义和谐文化，就是旨在倡导以和谐为思想内核的价值取向，使人们在和谐文化思维与和谐文化理念的引导下，求同存异，尽量增加交往中的和谐因素，消除各种不和谐的因素，自觉追求和谐社会目标，创造出和谐的政治、和谐的经济、和谐的文化及和谐的生态。对内积极地构建社会主义和谐社会，对外倡导建立和谐相处、睦邻友好、共存共荣的和平世界政治秩序。

第三，舒缓现代人紧张、高效、快节奏的生活方式，呼唤和谐文化。我国正处于由传统社会迈向现代社会的快速转变时期，工业化、城市化成为时代的主题词，现代生活方式日益发展，社会变化节奏较之过去明显加快了；现代人生存竞争日趋激烈，生活压力加大；加之现代消费社会对物质财富无止境的追求与鼓噪，许多人急功近利，唯利是图，他们内心充满着不断增长的财富欲望以及这种欲望不能达到预期的矛盾与痛苦，因而许多人普遍感觉到精神与心理上的重荷与疲惫。和谐文化，以其对人们精神、心灵的滋养与温润，有助于疏导缓解现代社会人们紧张急迫的精神压力，潜移默化地消解人们的负面情绪体验，涵养、圆融人们的日常生活，调节并丰富人们的心理，开阔人们的视界，培养其理性平和、达观自信的精神气度，从而获得精神上的丰富与归依。

进入改革开放新时期以来，我国以经济建设为中心，大力发展社会主义生产力，国民生产总量、社会财富增长迅速。然而，与物质财富、经济飞速发展不相协调的是一些人精神世界、意义世界的迷茫、空虚，其幸福指数有待提高。幸福指数是衡量一个国家公民对其生存质量、生活品质、当下状况满意程度的判断标准，也是评判一个社会稳定、和谐程度的数量指标。如人们财富收入水平、人们之间社会交往关系的紧张程度、个体自我认知性质等。提高人们幸福指数低水准的途径与手段，一般可以从两个方面予以着手：一是加强社会建设。人们对社会某些不尽如人意、失序失范等现象产生不满感，导致失望、沮丧情绪，说明社会领域某些地方出现了问题，需要加以改革、调适，以改变导致社会运行不正常的那些结构性因素，促进社会和谐；二是加强文化建设，倡导和谐文化。如前所述，和谐文化是以和谐为思想内涵的文化，秉承的是以和为本、求同存异、和睦相处、团结友爱、祥和融洽的基本精神，建设和谐文化有助于改善人们的精神状态，平和心理，提升人们的幸福感。

以前，我们思想认识上存在一个误区，认为人的幸福感取决于其物质的富裕程度，或者说主要受制于拥有物质财富的多少。认为越富裕、掌握的物质财富越多的人越容易得到幸福。多年来，许多地方、许多人把发展简单地理解为追求 GDP 至上。结果 GDP 上去了，但一些人的幸福感则有所下降。甚至在许多时候，GDP 高的地方，人们幸福感、内心宁静感却越处于低位。因此而引起的问题促使我们不得不重新反思以往不正确、不合理的发展观，尤其是社会发展中"唯 GDP"思维所带来的危害，同时越来越多的人开始思考应当确立一种什么样的生活方式，应当培养什么样的世界观、人生观与价值观诸如此类的问题。

还有的人认为，马克思主义总的来说是一种斗争的、革命的学说，似乎没有包含多少和谐思想，这其实是一个很大的误解。我们承认，马克思主义里面讲阶级斗争、社会革命与人的政治解放，但马克思主义的确也包含有社会和谐的思想；只不过这部分思想资源尚未得到足够的注意和研究。如果说，斗争哲学是一种鼓动、侧重社会革命的"动的文化"的话，那么，和谐哲学就是一种引导人们舒缓生活、享受人生的"静的文化"。马克思主义旨在帮助广大劳动人民通过实践从奴役人的自然状态与社会状态中解放出来，过上自由、幸福而又富有尊严的生活。争取人的自由与解放，需要发挥人的历史主体性作用，通过无产阶级反对资产阶级的斗争实践，推翻资本主义私有制，才能建立理想的、符合人性、符合人类社会发展规律的社会主义与共产主义社会；而社会主义社会制度建立起来后，由于实践主题的转换，社会生活就从"革命叙事"转入"和平叙事"，建设与发展和谐文化就上升为重要的任务。换言之，马克思主义包含阶级斗争学说但不能归结为阶级斗争。随着社会历史的发展，人类实践主题的转换，一种适应和平时代、安逸生活、享受幸福人生的和谐文化逐渐成为人类文化的主题。

党的十六届六中全会明确提出，建设和谐文化是构建社会主义和谐社会的重要任务，社会主义核心价值体系是建设和谐文化的根本所在。胡锦涛同志在党的十七大报告中进一步强调要"建设和谐文化，培育文明风尚"，指出"和谐文化是全体人民团结进步的重要精神支撑"。这些重要论述，为我们建设和发展社会主义和谐文化指出了正确方向，使得中国特色社会主义文化建设与发展有了更为具体、更加明确的目标和要求。

第五节　和谐文化观对马克思主义文化理论的发展

社会主义和谐文化观是我党继承和发展马克思主义文化理论的创造性成果，也是马克思主义文化观逻辑、历史发展的必然结果。和谐文化的提出，不仅反映了当代国际形势、当代中国实践的新变化、新要求，而且是我党高瞻远瞩、审时度势对我国文化未来发展前景的科学判断与合理规划，进一步丰富了马克思主义的文化理论。

从马克思主义创始人的著作来看，虽然他们没有提出"和谐文化"这样的概念，但是不难发现，在他们宏大的理论体系和深邃的思想资源中显然内含着对社会和谐、文化和谐的理想追求和热切向往。基于对资本主义私有制不公正性、不合理性的批判，马克思恩格斯对资本主义文化以及一切落后、反动的旧文化也进行了激烈的批判。正如马克思主义创始人对既往社会形态的批判，旨在建立一个消灭了剥削和压迫的和谐社会，他们对既往文化的批判也是为了构建一种以人民大众为主体的和谐文化。

第一，和谐文化观是对马克思主义文化理论的时代续写。社会生活在本质上是实践的。全部人类生活具有客观的物质性，尽管文化对社会存在具有能动的反作用，但从根本上，文化首先受社会存在的决定与制约。社会存在决定社会意识，有什么样的社会存在，就会有什么样的社会意识。马克思主义学说既是关于人类解放、社会革命、阶级斗争的学说，也是关于人类及其社会发展、人类幸福和谐的学说。如前所述，追求人类的幸福和谐是马克思主义的价值目的，是其全部理论的要旨所系。打碎旧世界，目的在于建设新世界。新中国成立前，由于深受"三座大山"的压迫，中国人民为了争取民族独立、人民解放，在中国共产党领导下，前赴后继，英勇奋斗，先后完成了土地革命、抗日战争、解放战争等重大革命实践活动，在同国内外反动势力的斗争中，谱写了可歌可泣、激情澎湃的革命文化或红色文化的壮丽篇章，表现出中华儿女的英雄气概，为中华民族历史及其文化增添了丰富的内容。社会主义制度建立以后，尤其是我国社会主义改造任务完成之后，政治革命、阶级斗争已经不再是我国社会的主要工作，相应的，以往的诸如"打倒地富反坏右""将革命进行到底""以阶级斗争为纲"这样的口号理应逐渐退出历史的舞台，代之以发展社会生产力、以经济建设为中心的"建设文化""和谐文化"，这是由时代形势和社会存在决定的。

在以邓小平同志为核心的党的第二代中央领导集体领导下，我们以巨大的政治气魄结束了十年"文革"，开启了改革开放的伟大时代。从此，我国社会总体上从以前的动荡不安、人心惶惶的斗争状态进入韬光养晦、一心一意谋发展、聚精会神搞建设的时代，进入建设和谐社会、建设和谐文化的新时代。

第二，和谐文化观体现了对优秀和谐文化理论遗产的继承性。社会主义和谐文化的和谐不仅体现了马克思主义文化与中国优秀传统文化之和谐，而且体现了马克思主义文化与世界先进文化的和谐，是对中国传统文化和世界文化中包含的优秀和谐文化的继承和创新。

马克思主义对待思想文化的态度是辩证的，既不是肯定一切也不是否定一切。它一方面否定和抛弃一切腐朽的东西，另一方面对一切有价值和生命力的优秀文化进行继承和创新。正如列宁所说："马克思主义这一革命无产阶级的思想体系赢得了世界历史性的意义，是因为它并没有抛弃资产阶级时代最宝贵的成就，相反却吸收和改造了两千多年来人类思想和文化发展中一切有价值的东西。只有在这个基础上，按照这个方向，在无产阶级专政（这是无产阶级反对一切剥削的最后的斗争）的实际经验的鼓舞下继续进行工作，才能认为是发展真正的无产阶级文化。"① 毛泽东也强调："今天的中国是历史的中国的一个发展；我们是马克思主义的历史主义者，我们不应当割断历史。从孔夫子到孙中山，我们应当给以总结，承继这一份珍贵的遗产。"② 胡锦涛也强调："我们要牢牢把握社会主义先进文化的前进方向，建设社会主义核心价值体系，弘扬民族优秀文化传统，发掘民族和谐文化资源，借鉴人类有益文明成果，倡导和谐理念，培育和谐精神，营造和谐氛围，进一步形成全社会共同的理想信念和道德规范，打牢全党全国各族人民团结奋斗的思想道德基础。"③ 不难发现，社会主义和谐文化蕴涵着中国传统思想文化的和谐价值理念，是民族文化核心精神的当代阐释和弘扬。同时，社会主义和谐文化也是对人类和谐文明成果的借鉴与吸收。强大起来的中国作为国际事务中负责任的大国，应当顺应时代潮流，倡导并弘扬和谐文化，对建设和谐世界、对于世界和平发展事业要有所作为，要发挥应有的作用，作出自己的贡献。

第三，和谐文化观具有强烈的实践性与广泛的人民性。

倡导和谐文化，显著地表征了当代社会主义文化的立足点和基本点，具有实践性特征。人类历史的主体是人民群众。和谐文化的根基在于当代人类实践，而且适应广大人民的意愿和要求。马克思在确立自己新的理论体系时，就旗帜鲜明强调理论不仅在于"解释世界"，更重要在于"改变

---

① 《列宁选集》第4卷，人民出版社1995年版，第299页。
② 《毛泽东选集》第2卷，人民出版社1991年版，第534页。
③ 《胡锦涛文选》第2卷，人民出版社2016年版，第539—540页。

世界"，即实际地改变现实世界中不平等、不符合人性、不符合社会发展规律的社会关系。马克思主义把"从现实的人出发"作为自己理论的立足点，逐步确立起了研究社会历史问题和人的发展问题的历史尺度与价值尺度。和谐文化观就是从关注现实的人和现实社会实践出发的科学理论，就是为了解决人们所在的现实社会生活中存在的不和谐现象和不和谐问题，是从客观的实践中产生并为了解决和消除现实的种种不和谐因素的、"改变世界"的学说。

发展和谐文化、促进社会和谐，是人民群众的需要和愿望，是中国最广大人民的根本利益所在，有利于进一步解决好人民群众最关心、最直接、最现实的问题，有利于实现好、维护好、发展好最广大人民的根本利益。任何社会，只有在稳定、和谐的氛围和社会环境中，才能够真正把精力放在发展社会生产力、提高民生福利、改善人民生活条件等方面。反之，社会的不稳定、频繁地动荡不仅分散人们进行经济建设的注意力，而且对社会发展的动力带来严重的抵消和损耗。因此，发展和谐文化，既是对我国社会主义建设规律认识的进一步深化，也是对以人为本理念的坚持与具体实践。

第四章 社会主义核心价值体系论：社会主义意识形态的本质体现

第一节 文化与价值观

美国学者丹尼尔·贝尔在《资本主义文化矛盾》中指出："对一个社会、一个群体或一个人来说，文化是借助内聚力来维持自身认同的连续力量。这种内聚力，是靠延续的美学观点，有关自我的道德概念和展示了这些观念的生活风格——在装扮家居和自我的物品中，在表达了这些观念的品位中——而获得的。文化因此是感性领域，是情感和道德风尚的领域，是想要规范这些情感思想的领域。"① 这段话不仅表明了文化的本质内涵，而且指出了文化的呈现方式及其与价值观的内在关系。

当我们在谈论文化时，通常认为文化就是指认一种价值观，文化的最高的、最精髓的表现就是价值观。然而仔细区分起来，"文化"和"价值观"这两个概念还是有所区别的，主要表现为：

第一，不是文化的所有方面都可以指称为价值观，而是说文化的核心是价值观。每一种文化总是包含着它所期望、所宣扬的、自认为是合乎真

---

① ［美］丹尼尔·贝尔：《资本主义文化矛盾》，严蓓雯译，江苏人民出版社 2012 年版，第 36 页。

理、合乎道义的价值标准与尺度。只不过有的是显性的，而有的则是隐性的。

第二，文化是人们特定价值观产生、形成的前提和基础。每个人都是生活在一定的由社会所营造的文化环境或文化场景之中，这些文化环境作为既定的、客观的社会存在制约着人们价值观的产生与变化，即有什么样的文化环境就会有什么样的价值认识与价值观念。

第三，文化受着价值观的制约和引导。如前所述，价值观构成了文化的核心内容，价值观作为主体思想与行为的内在尺度，告诉人们什么是善与美，什么是恶与丑，什么是应当的，什么是非正当的，从而无形地规定着文化的发展方向，尤其是主流价值观或核心价值观对文化发展具有重要的引导、制约作用。

第四，文化的变迁比价值观变迁一般要缓慢一些。文化和价值观都是社会意识，属于精神的范畴，它们随着社会存在、社会环境的变化而变化；但是价值观的变化与文化的变化往往是不同步的，前者的演变速度要快些；另外，价值观能够以更为明显、直接的方式影响并规范人们的言行。

总之，文化的核心是价值观，价值观是表征和衡量特定文化性质和水平的尺度和标准，是体现文化的实质性内容的方面。

现实中的每个人都有"三观"，即世界观、人生观和价值观。其中，世界观是基础，人生观是关键，价值观则是核心。价值观是人们在实践中认知事物和现象、判断是非曲直的一种思维方式，是人对其生存状态的反映与对其生存经验的凝结，对人的精神世界起着重要的支配和引导性作用。价值观作为一种主体的人对于什么是真善美，什么是假丑恶，以及人们应当追求什么、应当远离和舍弃什么的评判的尺度与标准，其本质上是一定的社会发展阶段与特定生产力和经济状况相关联的生产方式的反映。除了个人的价值观外，阶级、集团、政党等都有其特定的价值理念，并以此作为规范该群体思想和行为的标尺与向导。在现实生活中，价值观通常会通过道德理想、审美标准等表现出来，实际地为人们的生活实践提供着自觉的理想"范式"或实践依据。正是有了一定的价值观,人们的世俗生活和精神生活才有了"主心骨"和"指南针",才会在纷繁复杂的大千世界中不至于迷失自我而变得无所适从或举步维艰。

尽管价值观本质上是社会意识的范畴,是社会存在的反映,但是也要看到,价值观也会受到历史传统与历史文化的深刻影响,这是社会意识相对独立的表现。价值观的产生和变化发展是一个比较复杂的过程。从历时态看,其一是未来理想型的价值观。即价值观可以超前于特定的社会时代,以一种理想的形式给生活在当代的人们勾画出一幅未来社会值得向往与憧憬的美好前程;其二是历史滞后型的价值观。即价值观可能会滞后于特定的时代,以一种过时的、僵化的观念束缚人们的思想,对人或社会的发展产生阻碍、限制的作用;其三是现实型的价值观。这种价值观与当下社会存在相适应,能够客观反映现实社会人们的实际需要,并且在一定的程度上把未来理想型价值观和历史型价值观的合理性因素进行了结合、吸收。从共时态看,无论什么时候,社会上都会存在着各种各样、形形色色的价值观。从这些多种多样的价值观来看,既有主流的价值观又有非主流的价值观,既有传统的价值观又有现代价值观,既有正确的又有错误的,既有本国的又有外国的,既有社会的又有个体的,等等。另外,价值观可以根据其对象、层次的不同,分为多种类型,例如有政治价值观、经济价值观、生态价值观、文化价值观、道德价值观、婚恋价值观、幸福价值观等。

第二节　核心价值观与社会主义核心价值体系

如前所述,任何社会的价值系统都不是单一的,而是由不同的价值观组成的。在不同的价值观念系统之中,每个价值观的性质、地位与功能也是不相同的，有的处于主要的地位起决定性作用，有的处于较次要的从属地位不起决定性作用；有的起着根本性、全局性作用，有的则适用于局部性领域与范围。从其地位和作用上，我们可以把价值观划分为两大类，即核心价值观与非核心价值观。所谓核心价值观，是指该价值观在整个价值体系中居于核心或中心的地位，其表征着价值体系的基本价值指向与特征，并对其他价值观起着根本的统摄与支配作用，是整个价值体系的灵魂与精髓。因此，有意识地有目的地确定并推行特定的核心价值观，使之深入社会生活的各个层面、各个角落，使其成为占主导地位的主流价值观，既是一个政党执政合法性、正当性的需要，是社会成员形成共识达成交往合理性的需要，也是保障社会机体能够稳定运行的基本条件。在我国古代封建社会，"仁义礼智信"就是维系社会系统正常运转的核心价值观，所谓"礼义廉耻，国之四维"，并逐渐形成以"三纲五常"为其核心的价值体系，成为中国封建社会长达数千年的超稳定型社会结构的重要文化因素；而"自由、平等、博爱"等价值观念则形成了西方以个人主义、自由主义为特征的资本主义社会的核心价值观，客观上对建立和巩固资本主义制度发挥了重要作用。

概括起来，核心价值观有以下几个方面的主要特征：

第一，核心价值观的统摄性。核心价值观在整个价值体系中对其他非核心价值观起着主导的决定性作用。核心价值观表达着统治阶级的阶级意志，体现着其政治理想和诉求，指出了该社会的奋斗目标和未来愿景，因而具有强烈的指向性、前瞻性与感召力；它能够把其他价值观整合、统摄起来，对非核心价值观起着协调、整合和引领作用，产生"纲举目张"或"牵一发而动全局"的效应。

第二，核心价值观的共识性。即核心价值观是全体社会成员的普遍认同，是最大的公约数。它反映着社会成员对国家、社会和个人前途命运的理性思考与价值评价，是得到全社会大多数成员的认知、赞同并认可的价值目标，是在长期的实践基础上积淀下来并被人们作为判定大是大非问题的价值标准。

第三，核心价值观的高远性。有两方面的含义：一是核心价值观的作用影响的长久性与宏观性；二是核心价值观指向的理想性与未来性。核心价值观是管总的，它居于价值体系的高层次，是一种高瞻远瞩的价值观，而不像人生价值观、职业价值观等非核心价值观带有明显的非整体性、非宏观性、特殊性；核心价值观既立足于现实，又超越现实而指向未来世界，成为引导人们进行价值创造和价值实践的价值理想与价值追求。

第四，核心价值观的引领性。核心价值观是一个社会前进发展的总理想、总目标，对全社会起着带动、定向和指引作用，激发着人们从事实践活动的活力、动力，对汇聚全体社会成员精神力量具有重要的感召功能。

第五，核心价值观的实践性。核心价值观的形成、来源均以实践为基础，是对当下现实社会生活的观念反映，它对人们的价值选择、价值追求起着重要的制约作用；此外，核心价值观不仅以一种无形的精神、观念的方式影响着人们的思想，而且以一种精神的力量指导着人的实践，能够把人们远大的理想与现实中改造世界的实践活动结合起来，激励人们沿着正确的道路前进，是理论与实践的统一。因此，当核心价值观通过宣教、阐释、展示等不同方式为人们掌握，成为全体社会成员自觉共同遵守的价值规范和准则的时候，就能够成为人们从事实践活动的"定盘星"和"指南针"，由内化而外化，由观念而实践。

2006 年 10 月，党的十六届六中全会通过的《中共中央关于构建社会主义和谐社会若干重大问题的决定》，第一次明确提出了"建设社会主义核心价值体系"这个重大命题和战略任务。2007 年 6 月 25 日，胡锦涛在中央党校省部级干部进修班发表重要讲话，强调要大力建设社会主义核心价值体系，巩固全党全国人民团结奋斗的共同思想基础。

"社会主义核心价值体系是我国指导思想、共同理想、民族精神、道德观念的集中体现，是社会主义精神文明建设的基本内容。建设社会主义核心价值体系，形成全民族奋发向上的精神力量、团结和睦的精神纽带，是增强民族凝聚力和国家软实力的客观需要。"① 在当前，建设社会主义核心价值观体系，弘扬社会主义核心价值观具有十分重要的意义。"要把十三亿人民团结起来，万众一心推进中国特色社会主义事业，就必须大力推进社会主义核心价值体系建设，在全社会形成共同理想信念、强大精神力量、良好道德风尚，更好地凝魂聚气、强基固本。我们要紧紧抓住树立理想信念这个根本，坚持不懈地用中国特色社会主义理论体系武装全党、教育人民，推动当代中国马克思主义大众化，不断巩固马克思主义在意识形态领域的指导地位，不断巩固中国特色社会主义共同理想，不断巩固全党全国各族人民团结奋斗的共同思想基础。"② 社会主义核心价值体系是兴国之魂，是社会主义先进文化的精髓，决定着中国特色社会主义的发展方向，是中国特色社会主义文化重要的组成部分。

建设社会主义核心价值体系，不仅是中国共产党在思想道德建设上的实践创新，而且是党的建设、中国特色社会主义建设上的一大理论创新，是一项具有极强的现实针对性和实践意义的重大战略任务。一个人，如果缺乏正确的核心的价值观，他的思想和行为必然会因为缺少正确的引领而举步维艰或者误入歧途；同样地，一个国家一个社会如果没有核心价值体系，没有团结广大人民群众的共同思想基础，就无法实现社会的稳定、和谐与发展，无法实现长治久安。因此，"要大力学习实践中国特色社会主义理论体系，深入开展社会主义核心价值体系宣传教育，弘扬社会主义先进文化，增强各族人民对伟大祖国的认同、对中华民族的认同、对中华文化的认同、对中国特色社会主义道路的认同，打牢民族团结的思想基础"③。建设社会主义核心价值体系，既要尊重差异、包容多样，又要在多元多样中确立主导与主流，在交流交融中谋求共识，谋求一致；要牢固树立马克思主义的指导地位，坚定共同奋斗的理想信念，用共同的价值理念带领全体人民开拓前进，凝心聚力，团结一致，使广大人民始终保持昂扬

---

① 胡锦涛：《在纪念中国科协成立 50 周年大会上的讲话》，《人民日报》2008 年 12 月 16 日。

② 胡锦涛：《在中共十七届三中全会第二次全体会议上的讲话》，2008 年 10 月 12 日。

③ 《十七大以来重要文献选编》（中），中央文献出版社 2011 年版，第 691 页。

向上的精神状态和精神风貌。

建设社会主义核心价值观，体现了我们党对中国特色社会发展规律认识的深化与发展。党对中国特色社会主义的探索与认识是一个在实践基础上不断深化的过程。从过去的"两手抓""两手都要硬"到"四位一体"，到"五位一体"，再到和谐社会、和谐文化建设，再到社会主义核心价值体系建设，这个认识随着我国社会主义实践的持续深入发展，对执政党建设规律、社会主义建设规律、人类社会发展规律的认识越来越全面、越来越走向科学化与系统化。

第三节　建设社会主义核心价值体系的根本任务

一、坚持马克思主义对于社会主义先进文化的引领

马克思主义指导思想既是社会主义核心价值体系的根本原则，也是社会主义和谐文化的根本原则。只有坚持马克思主义，才能保证社会主义文化建设始终能够沿着正确的道路不断发展前进，只有坚持马克思主义、才能在和谐文化建设中坚定信仰，才能在大是大非面前保持清醒头脑，有效引领和整合社会思潮，才能保证社会主义和谐文化建设不变质、不偏离正确的方向。

以马克思主义理论为指导的、在无产阶级政党领导下发展起来的社会主义先进文化是人类历史上崭新的文化形态，是人类文明的一大进步和发展。它最大的特征是以人民为主体，是体现了共产主义基本特征的、既继承了以往历史文化成果又超越了以往历史阶段的文化，因而具有突出的进步性和先进性。社会主义文化之前的旧文化以维护特定的利益集团即少数人的利益为目的，是以牺牲多数人的利益，造成多数人的片面、畸形、单向度的发展为代价的。文化的本质就是人化、化人，文化的主体与最终目

的应当是人，文化是人安身立命的根本，文化把人与一般的动物区别开来。文化发展人、提升人，反过来，人通过文化解放自己，实现自由、全面的发展，成为真正意义上的人。

社会主义先进文化，就是以马克思列宁主义、毛泽东思想、中国特色社会主义理论体系为根本指导，继承中华民族优秀传统文化，紧密结合当代中国实践的，弘扬以爱国主义为核心的民族精神和以改革创新为核心的时代精神、面向现代化、面向世界、面向未来的民族的科学的大众的社会主义文化。以社会主义核心价值体系建设为抓手，建设和发展社会主义先进文化，为中国特色社会主义提供强大的精神支柱和思想动力，是一项十分重要而紧迫的任务。

马克思主义具有深刻的文化意蕴。共产主义学说是马克思恩格斯在批判和无情地剖析资本主义社会对人的压迫与剥夺的基础上提出来的，是"通过批判旧世界发现新世界"。在未来共产主义社会，由于消灭了私有制，社会占有了生产资料，产品对生产者的统治被消除，"于是，人在一定意义上才最终地脱离了动物界，从动物的生存条件进入真正人的生存条件"[1]。同时，"在共产主义社会高级阶段，在迫使个人奴隶般地服从分工的情形已经消失，从而脑力劳动和体力劳动的对立也随之消失之后；在劳动已经不仅仅是谋生的手段，而且本身成了生活的第一需要之后"[2]。人的劳动——这种作为人的本质力量的对象化的基本实践活动，第一次显露出了真正的人性光辉，确证了人作为人的内在根据与无上的尊严。在共产主义社会，"劳动会成为吸引人的劳动，成为个人的自我实现"[3]。"人们周围的、至今统治着人们的生活条件，现在受人们的支配和控制，人们第一次成为自然界的自觉的和真正的主人，因为他们已经成为自身的社会结合的主人了。人们自己的社会行动的规律，这些一直作为异己的、支配着人们的自然规律而同人们相对立的规律，那时就将被人们熟

---

[1] 《马克思恩格斯选集》第3卷，人民出版社2012年版，第671页。
[2] 《马克思恩格斯选集》第3卷，人民出版社2012年版，第364—365页。
[3] 《马克思恩格斯文集》第8卷，人民出版社2009年版，第174页。

练地运用，因而将听从人们的支配。人们自身的社会结合一直是作为自然界和历史强加于他们的东西而同他们相对立的，现在则变成他们自己的自由行动了。至今一直统治着历史的客观的异己的力量，现在处于人们自己的控制之下了。只是从这时起，人们才完全自觉地自己创造自己的历史；只是从这时起，由人们使之起作用的社会原因才大部分并且越来越多地达到他们所预期的结果。这是人类从必然王国进入自由王国的飞跃。"①在共产主义社会，消灭了私有制，消除了不平等和剥削现象，消灭了异化以及产生异化的社会阶级根源，劳动成为人生活的第一需要，社会物质财富极大丰富，人们精神境界极大提高，人真正成为自己命运的主人，成为自己社会关系的主人。

二、大力构建社会主义核心价值体系

社会主义核心价值体系是社会主义思想精神文化的灵魂和精华，体现了马克思主义共产主义文化科学性、先进性的要求。党的十七大提出了"社会主义核心价值体系是社会主义意识形态的本质体现"的重要观点；中共中央第十七届六中全会通过的《中共中央关于深化文化体制改革推动社会主义文化大发展大繁荣若干重大问题的决定》进一步指出："社会主义核心价值体系是兴国之魂，是社会主义先进文化的精髓，决定着中国特色社会主义发展方向。"深入落实和实践社会主义核心价值体系，对于发展社会主义先进文化，对于建设和发展中国特色社会主义具有十分深远的意义。胡锦涛强调了建设社会主义核心价值体系的极其重要性，他指出："面对意识形态领域的复杂形势，如果我们不敏感、不研究，不能采取切实可行的应对措施，不能有效引导社会思潮和社会舆论，就会削弱党执政的思想基础，甚至会危及党的执政地位。"②

---

① 《马克思恩格斯选集》第 3 卷，人民出版社 2012 年版，第 815 页。
② 《十六大以来重要文献选编》（下），中央文献出版社 2008 年版，第 684 页。

首先，社会主义核心价值体系是社会主义意识形态的本质体现。社会主义社会是人类历史上最具科学性、先进性的社会形态，它理应具有比资本主义更多的优势和可能性，因为它不仅在制度上优越于资本主义，而且在思想文化上也实现了对资本主义的历史超越，具有文化上的先进性与科学性。加强社会主义意识形态话语主导权与加强社会主义核心价值体系建设是内在一致、不可分割的。其中，社会主义核心价值体系是社会主义精神文明建设的关键，是社会主义意识形态的本质体现。社会主义核心价值体系体现了马克思主义基本原理的要求，是中国共产党领导的中国特色社会主义伟大事业的道德理想和价值追求，反映了以爱国主义为核心的民族精神和以改革创新为核心的时代精神内涵。

其次，社会主义核心价值体系是社会主义精神文明的重要内容。对于建设社会主义，邓小平同志曾经指出："不加强精神文明的建设，物质文明的建设也要受破坏，走弯路。光靠物质条件，我们的革命和建设都不可能胜利"①。社会主义核心价值体系本质是社会主义精神文明的基本内容，是社会主义精神文明内容与要求的最新表述，也是对以往精神文明建设实践经验的理论升华与具体化。正因如此，我们要高度重视社会主义核心价值体系，在文化建设中抓住社会主义精神文明建设中这一关键环节，不可掉以轻心。社会主义要战胜资本主义，不仅要有高度发达的物质文明，而且要有高度发达的精神文明。因此，在我国，建设社会主义先进文化，与建设社会主义精神文明、建设社会主义核心价值体系是密切联系在一起的。

再次，社会主义核心价值体系指引着中国特色社会主义文化发展的前进方向。文化的核心是价值观，价值观是主体的人据此从事实践活动的行事尺度与标准，是主体选择的内在规范。一句话，它是人们判断真善美的法则。社会主义核心价值体系从根本上回答并规定了我国社会主义事业以及中国特色社会主义文化发展的重大原则性问题，这些问题绝非枝节性、

---

① 《邓小平文选》第3卷，人民出版社1993年版，第144页。

细小的而是带有根本性、全局性的重大理论问题。比如建设与发展中国特色社会主义过程中，我们应当坚持什么，信仰什么，应当具有什么样的精神风貌，应当坚守什么样的道德标准。明确与弄清了这些问题，就解决了举什么旗、走什么路的问题；就使我们今后无论遇到什么样的大风大浪，总能够保持清醒的头脑和敏锐的判断，保持良好的精神状态，以积极有为的姿态主动迎接各种竞争和挑战，有效调动一切有利的、积极力量和因素汇聚到建设中国特色社会主义的实践中来，从而为推进中国特色社会主义准备强大的精神动力和智力支持。

第一，建设社会主义核心价值体系，必须坚持马克思主义指导思想。

我国社会主义的社会性质决定了必须坚持马克思主义，以马克思主义为指导思想。马克思主义是科学的理论学说，是无产阶级性质的科学的世界观和方法论，是认识历史、观察社会、改造世界的思想工具和精神武器。没有科学的理论，便没有科学的实践。马克思主义是我们制定正确的路线、方针和政策的思想法宝，是社会主义事业立于不败之地的思想基础和理论基础，代表着社会主义先进文化的前进方向，也是我国建设社会主义精神文明的重要着力点。只有坚持马克思主义，才能保证我们的各项工作行进在正确的轨道上，才能使我们在大是大非问题上保持清醒头脑、科学地进行判断而不迷失方向。

第二，建设社会主义核心价值体系，必须坚持中国特色社会主义共同理想。

中国特色社会主义理想是社会主义精神文明的重要内容。无论是个人还是民族、群体，都会有自己的理想与信仰，都有自己的价值判断和价值标准，它是任何主体行为的信念或精神支柱。建设有中国特色的社会主义，把我国建设成为富强、民主、文明、和谐、美丽的社会主义现代化国家，这就是现阶段我国各族人民的共同理想。坚持中国特色社会主义共同理想，是中国特色社会主义文化建设的根本任务，是凝聚我们各族人民的价值认知，形成思想共识，同心同德，激励与鼓舞全国人民为建设富强民主文明和谐的社会主义现代化强国而努力奋斗的精神保障。

中国特色社会主义共同理想，不仅是历史的选择，时代的选择，而且也是人民的选择。

第三，建设社会主义核心价值体系，必须大力高扬以爱国主义为核心的民族精神和以改革创新为核心的时代精神。

中国特色社会主义是人民的选择，也是历史的必然选择。中国特色社会主义不仅具有当代性，而且是中国特色的民族性，是适合于中国具体国情的。"爱国主义是民族精神的核心。高扬爱国主义精神，是最大限度地凝聚和动员全民族的力量为振兴中华而奋斗的必然要求。在当代中国，爱国主义同社会主义是紧密结合的。要在爱国主义、社会主义旗帜下，倡导一切有利于民族团结、祖国统一、人心凝聚的思想和精神，倡导一切有利于国家富强、社会进步、人民幸福的思想和精神，倡导一切用诚实劳动创造美好生活的思想和精神，把包括知识分子在内的工人阶级、广大农民以及社会各阶层人们的智慧和力量，都凝聚到全面建设小康社会的实践中来，不断增强中华民族的凝聚力。"以爱国主义为特征的民族精神和以改革创新为特征的时代精神，是我们当代中国人的精神风貌、精神气度的写照。爱国主义在我国有悠久的历史，是我国各族人民世代永恒的民族优良传统，具有广泛而深厚的民族性和群众性。作为中国人，就要爱这个国家，要有国家民族的自尊心与自信心，始终把个人价值与国家民族价值联结在一起。改革和创新是我们所处这个时代的重要特征。建设和发展中国特色社会主义，不改革，没有出路；不创新，也没有出路。没有改革创新的精神，就势必思想僵化、因循守旧，就会抱残守缺、故步自封，各项事业的发展就会成为一句空话。改革与创新为中国特色社会主义发展带来了无限的生机与活力；近四十年中国的发展与进步有目共睹，得到了人民群众与国际社会的承认和认同，也为和谐文化的建设提供了有力而广泛的精神支撑和文化基础。

第四，建设社会主义核心价值体系，必须树立社会主义荣辱观。

社会主义荣辱观是社会主义先进文化、社会主义精神文明的基础，是我国社会主义国家中广大人民群众应当遵循的道德伦理规范，应当成为每个公民日常生活、工作中始终坚守的道德准则。"要教育广大干部群众特别是广大青少年树立社会主义荣辱观，坚持以热爱祖国为荣、以危害祖国为耻，以服务人民为荣、以背离人民为耻，以崇尚科学为荣、以愚昧无知为耻，以辛勤劳动为荣、以好逸恶劳为耻，以团结互助为荣、以损人利己为耻，以诚实守信为荣、以见利忘义为耻，以遵纪守法为荣、以违法乱纪为耻，以艰苦奋斗为荣、以骄奢淫逸为耻。"[①] 以"八荣八耻"为基本内容的社会主义荣辱观明确地指出社会主义公民应当具有什么样的道德规范，应当以什么为荣耀，以什么为耻辱，告诉人们什么是应当提倡和坚持的，什么是应当反对和抵制的，给人们提供了最基本的价值取向和行为准则，提供了最基本的道德评判尺度和标准。人类社会的发展，既是生产力发展、社会物质财富的发展，也是人类精神成长、思想道德文化的发展。只有物质世界的发展，而没有道德精神、道德理想的同步发展，人类社会的发展都是不平衡的，甚至是不可能的。只有物质文明与精神文明相互促进、相互统一，才能推动人类社会的整体进步。只有坚持"八荣八耻"的社会主义荣辱观，才能有利于形成社会主义新风尚，人们的道德意识和道德水平才会不断提高，社会文明程度才会不断提高，才会形成物质文明与精神文明协调发展，经济社会健康、有序和谐的发展。然而，由于受实用主义、功利主义思想观念的消极影响，有些人常常贪图物质财富的占有和物质生活的享受，耽于物欲的诱惑，轻视精神生活的提升与发展，深陷卑陋狭隘的感性生活难以自拔，导致精神世界的荒芜与道德空虚，从而引起许多个人和社会的矛盾与问题。弘扬社会主义荣辱观，有助于提高人们社会主义的道德认识，强化主体道德意志、净化道德环境，提高道德水平，促进社会主义精神文明的发展；在全社会形成知荣辱、讲正气、促和谐、树新风的良好氛围，筑牢和夯实社会主义价值体系的坚实基础。

---

① 《胡锦涛文选》第2卷，人民出版社2016年版，第430页。

第四节　社会主义核心价值体系与和谐文化建设

建设和谐文化是构建社会主义和谐社会的基础工程，而社会主义核心价值体系则是建设与发展和谐文化的根本，也是后者工作的重要方面。无论是建设和谐文化，还是建设社会主义先进文化，都要始终坚持建设社会主义核心价值体系。社会主义核心价值体系在社会主义和谐文化建设中具有重要的功能和作用。

社会主义核心价值体系与和谐文化具有内在的同构性、一致性，两者是相互促进、相互影响、相互渗透、相互包含的关系。

首先，社会主义核心价值体系反映了和谐文化的本质要求。社会主义核心价值体系是建设社会主义和谐文化的关键所在。我们要建设和发展的和谐文化是社会主义性质的和谐文化，而社会主义核心价值体系则是和谐文化的灵魂。社会主义核心价值体系的思想内容反映了和谐文化的实质与社会主义和谐社会的必然要求。因此，建设社会主义和谐文化就必须紧紧地把握住社会主义核心价值体系的要义与精髓。在当代经济全球化、发展社会主义市场经济的过程中，人们思想观念的独立性、选择性、多样性、差异性明显增强，在价值认知和价值追求上越来越呈现出复杂化、多样化的特征，这种情况必然会在意识形态上引起不同价值观念、文化观念的冲突。通过建设社会主义核心价值体系，有助于使个体成员和群体多样化的价值认知、价值选择逐渐与提倡的社会主义的核心价值观念相一致、相协调，这个价值观的协调、整合过程也就是和谐文化的形成、发挥作用的过程。

其次，建设社会主义核心价值体系，为和谐文化建设夯实了文化价值观的根基。在建设和谐文化中，我们必须始终坚持社会主义的前进方向，以社会主义核心价值体系的根本要求统领社会主义和谐文化建设全过程。这是因为，社会主义核心价值体系是社会主义的内在灵魂，是社会主义意识形态的基本内容和重要的组成部分，是社会主义文化建设的核心和精髓。没有社会主义核心价值体系的引领和主导，建设和谐文化就会迷失方向。只有构建社会主义核心价值体系，用以引导和规范复杂多样的价值观念和形形色色的社会思潮，才能形成全体社会成员坚定的理想信念和共同的社会道德规范，形成万众一心奋发向上的精神状态和积极进取的精神力量，从而筑牢全党全国各族人民同心同德、团结奋斗的思想基础。

总之，建设社会主义核心价值体系指明了和谐文化建设的根本所在。"人们在认识和改造世界、创造和实现价值的过程中，必然要形成一定的价值观念。一个国家、一个民族、一个社会在长期共同的认识和实践活动中，必然要形成一定的价值观念体系，在这个体系中居核心地位、起主导和统领作用的就是核心价值体系。任何社会都有自己的核心价值体系，这是一定社会系统得以运转、一定社会秩序得以维护的基本精神依托。"[1] 社会主义核心价值体系从指导思想、共同理想、民族精神、时代精神和荣辱观几个方面为和谐文化建设指明了方向与理想目标。按照社会主义核心价值体系的要求去抓文化工作，就能突出重点、抓住根本，为和谐文化建设提供最根本、最持久的价值观指引，使社会主义核心价值观内化于心，外化于行，在全社会形成崇德向善、积极健康的和谐社会气氛。

第五节　社会主义核心价值观体系与提升国家文化软实力

一、用马克思主义中国化的最新成果武装全党和教育人民

社会主义核心价值体系在思想追求上以马克思主义思想作为指导，马克思主义是中国特色社会主义事业的指导思想。马克思主义深刻提示了自

---

① 秋石：《论社会主义核心价值体系》，《求是》2006 年第 24 期。

然、人类社会发展的客观规律，把社会历史的形成、发展的根源归结于社会生产方式，创立了唯物史观，改变了人们看待世界、看待历史的方式和视角，结束了唯心史观的统治地位，为人们指出了资本主义灭亡和社会主义共产主义胜利的必然性，为人们认识世界、改造社会提供了科学的世界观和方法论。马克思主义科学性和真理性不是自封的，而是经过实践证明了的，并且是在实践基础上不断丰富完善不断发展的科学。一百多年来世界历史的发展，特别是我国革命、建设和改革的宏伟实践反复证明了马克思主义具有鲜明的科学性和真理性，是我们认识世界、改造世界的强大思想武器。只有坚持以发展着的马克思主义为指导，中国特色社会主义事业才能沿着正确方向胜利前进。因此，我们要毫不动摇地坚持马克思主义，用发展的马克思主义指导新的实践。把马克思主义与中国特色社会主义宏伟实践相结合的工作将是一个长期的、持续不断的过程。

马克思主义中国化伴随着中国特色社会主义实践的始终，永不停顿，永远需要不断地向前推进，永远在路上。中国共产党的历史就是不断推进和发展马克思主义的历史、使马克思主义中国化的历史。我们已经实现了马克思主义中国化两次成功的实践，其理论成果分别是毛泽东思想和中国特色社会主义理论体系。在毛泽东思想的指引下，中国共产党带领全国各族人民，经过长期艰苦卓绝的努力奋斗，推翻了帝国主义、封建主义、官僚资本主义，取得了新民主主义革命的胜利，成立了新中国，确立了社会主义基本制度，发展了社会主义的经济、政治与文化等。党的十一届三中全会以后，在改革开放的伟大实践中，在总结国际共产主义运动、国内外社会主义实践的历史经验，尤其是我国社会主义实践新鲜经验的基础上，以邓小平同志为核心的中国共产党第二代中央领导集体，以高超的理论智慧和非凡的政治胆略，初步回答了什么是社会主义，怎样建设、巩固和发展社会主义等基本问题，形成了邓小平理论，开辟了中国特色社会主义发展的正确道路，创造性地推进了马克思主义中国化；党的十三届四中全会以后，以江泽民同志为核心的党的第三代中央领导集体，依据国际国内局势和党的历史方位的新情况新变化，进一步回答了建设什么样的党、怎样建设党的重要问题，形成了"三个代表"重要思想，实现了党的指导思想的又一次与时俱进，推进了马克思主义的中国化；党的十六大以后，以胡锦涛为总书记的党中央在新的历史时期，立足社会主义初级阶段的中国国情，适应新的发展要求提出了科学发展观这一重大战略思想，进一步回答了什么是发展，实现什么样的发展、怎么发展等关涉到中国未来前途和命运的重大命题，为深化"三大规律"即共产党执政规律、社会主义建设规律、人类社会发展规律的认识作出了重要的历史性贡献，极大地推进了马克思主义中国化的发展进程。

中国特色社会主义理论体系是马克思主义中国化的最新成果。"我们说要建设社会主义核心价值体系，马克思主义指导地位是最根本的。要坚持不懈地用马克思主义中国化的最新成果武装全党、教育人民，使之真正深入头脑、扎根人心，转化为广大干部群众的自觉行动。"[①] 中国特色社会主义理论体系，坚持并发展了马克思列宁主义、毛泽东思想，这个理论成果虽然形成于不同的历史时期，对应着不同的历史任务，也具有不同的具体内容和各有特色的理论特征，但它们的基本精神、理论实质都是内在一致、一脉相承的。

第一，只有坚持中国特色社会主义理论体系，才能真正做到坚持马克思主义，不断地牢固树立马克思主义的思想基础。这是因为中国特色社会主义理论体系本身就是马克思主义在中国新的实践特征相结合的结晶与产物。马克思主义世界观的核心要求就是一切从实际出发，实事求是，具体问题具体分析；它反对脱离实际静止、孤立、片面地看问题、下结论。作为马克思主义中国化最新成果的中国特色社会主义立足于中国社会主义现代化的最新实践，具有鲜明的时代性；它以我们正在做的事情为中心，总结了实践中的新鲜经验，来自实践又回到实践。我们只有坚持中国特色社会主义理论体系，才能真正认清马克思的理论特质，才能够真正地研究新情况、解决新问题，不断获得对中国社会发展的规律性认识，不断发展马

---

① 《十六大以来重要文献选编》（下），中央文献出版社 2008 年版，第 684—685 页。

克思主义，不断发展中国特色社会主义理论体系，不断证明马克思主义的科学性和真理性。在当前，坚持中国特色社会主义理论体系就是坚持马克思主义；坚持马克思主义，就必须坚持作为马克思主义中国化最新成果的中国特色社会主义理论体系。

第二，只有坚持中国特色的社会主义理论体系，才能做到一切从中国特殊、具体的国情出发，避免犯"左"的或右的错误。我们无论做什么事情，都不应该凭主观臆断，而必须联系实际，坚持一切从实际出发，始终使我们的思想认识符合事物存在发展的客观状况，这是马克思主义辩证唯物主义与历史唯物主义基本原则和要求。当前及至今后相当长的历史时期内，最大的实际就是我国现在正处于并将长时期处于社会主义初级阶段，我国的发展还不平衡、不充分，我国仍然是世界上最大的发展中国家。这个基本国情，是中国特色社会主义理论体系的基础，是我们制定各项路线、方针、政策的基础，是制定各种社会实践行动方案的基本前提，是党中央对我国改革开放和现代化建设的远景规划作出全面部署的客观依据。从历史上看，我党曾经出现过的"左"的或者右的错误，归根到底都是违背了辩证唯物主义而走上了唯心主义的道路。其思想倾向要么落后于客观实际，要么超前于现实事物的发展，总之都是脱离了实际，犯了盲目性、片面性或者绝对化的错误。坚持从中国基本国情出发、实事求是，知易行难。就拿中国的实际来说，且不说大国的复杂多样，各地情况差异很大，单就时间向度来看，就存在着历史的实际、当前的实际、未来可能的实际等多种情况，而最重要的当然是要把握当前的实际。这是因为当前的实际最重要、最关键，它反映了事物的当下性状，也决定着事物未来的走向。

第三，只有坚持中国特色社会主义的理论体系，才能为全党和全国各族人民提供强大的精神支柱和精神力量。中国特色社会主义理念体系具有多种意涵，它不仅是一种中国社会主义现代化建设的实施性实践方案，而且是凝聚共识、团结人民实现中华民族伟大复兴的共同理想，是激励鼓舞人民前进的一面旗帜。

旗帜就是航向，旗帜就是方向。中国特色社会主义理论体系是党的十一届三中全会以来，中国共产党人在坚持马克思主义指导下的伟大创造。实践证明了中国特色社会主义理论体系的科学性和正确性。正是在它的指引下，我国在近三十多年的实践中，社会主义经济、政治、文化、科技、国防、外交等各个领域都取得了令世人瞩目的伟大成就，社会生产力得到极大发展，综合国力明显增强，人民群众物质文化生活水平飞速提高。我们国家发生日新月异的巨变，广大人民群众耳闻目睹，感同身受，从中受益受惠，从心底赞同并拥护党的路线、方针和政策，对中国特色社会主义事业充满信心与自豪感。因此，只有坚持中国特色社会主义理论体系，才是凝聚人民共识的最大的公约数，才能是凝聚人民智慧和力量的关键；只有中国特色社会主义，才能解决中国面临的各种困难与挑战，才能带领全体人民实现民族复兴的宏伟愿景，才能解决当代中国的前途命运。总之，中国特色社会主义理论体系，既是马克思主义中国化理论与实践发展的逻辑，是历史的造就，也是人民的选择。

第四，只有坚持中国特色社会主义的理论体系，才能增强解决当前与今后遇到新问题新矛盾的理论自信。中国特色社会主义是崭新的课题，前无古人经验可资借鉴，一切都要靠我们自己去实践去探索。现阶段，我国社会主义改革开放已经进入了深水区，进入多种矛盾问题层出不穷、错综复杂的改革攻坚期和发展的关键期。经过三十多年的摸索实践，我们已经取得了历史性的伟大成就，成功地开创了中国特色社会主义发展道路，但是不难想象，随着国内外形势的复杂变化，随着发展战略向前推进，新情况、新问题、新矛盾将会越来越多，越来越复杂，在我们面前还存在着许多有待认识或者尚未完全认识清楚的领域和规律；我们在许多方面尚处于必然王国之中，远未达到自由王国之境。对于我国经济社会中遇到的实际问题，马克思经典作家本本上找不到现成的答案，别国的经验也不能照搬照抄，只有坚持马克思主义、坚持中国特色社会主义理论体系，才能正确解决我国发展过程中遇到的各种问题和挑战。

二、用中国特色社会主义共同理想凝聚力量

对于全体中国人民来说，使中华民族摆脱自近代以来的落后被动的局面，以富强、民主、文明、和谐的新的国际形象出现在世界面前，实现中华民族的伟大复兴、人民生活的富裕幸福，是最广大人民群众的共同愿望。中国特色社会主义的奋斗目标与人民的根本利益是高度一致的。

20世纪初期，面对国家民族的深重危机，在形形色色的思想学说、理论和思潮的相互竞争和激烈碰撞中，加上俄国十月革命的深刻影响，中国人民经过深入的思考与选择，接受了马克思主义，从而也树立了社会主义、共产主义的社会理想。社会主义、共产主义所包含的公正、平等、和谐、文明、民主，以及充满活力和生机的价值理想令人向往，催人奋进。它对不平等不合理的旧制度、旧世界、旧势力的否定与摧毁，对人与社会的解放，极大地契合了处于内忧外患之中的中国人民的现实心理需要，引起了他们强烈的共鸣与期盼。所以，马克思主义、社会主义、共产主义的理想价值信念并不是某种神秘的绝对精神赋予中国人的，也不是被外部强加的，而是社会历史发展的客观规律性与社会历史主体选择性相统一、相作用的结果，是中国国情、主体需要和主体认同还有外部因素等共同作用的结果。

没有对马克思主义的坚定信念，没有对社会主义、共产主义远大理想的信仰，就不会有无数共产党人甘愿抛头颅、洒热血，为了国家解放、人民幸福生活英雄顽强、克服千难万险而在所不辞，无怨无悔。正如邓小平所说，我们选择社会主义，并不是因为它有什么好看，而是只有走社会主义道路，才能真正解决中国的问题。只有社会主义才能救中国，只有社会主义才能发展中国，这是历史和实践反复证明的颠扑不破的真理。

十一届三中全会以后，以邓小平为核心的党的第二代中央领导集体拨乱反正，解放思想，破除了思想迷信，重新反思了社会主义的发展道路问题，抛弃了关于社会主义的空想、错误、片面的认识观念，极大地推进了

科学社会主义理论实践的发展，开创了中国特色社会主义道路。经过四十年改革开放，我国社会生产力得到了空前解放和发展，我国社会主义综合国力大大增强，广大人民群众有了显著的提高；在党的坚强领导下，战胜了国内外无数困难，尤其是在20世纪90年代末，在苏欧剧变、国际共产主义运动转入低潮的情况下，抵御了西方国家反华势力的猛烈进攻，成功地将社会主义中国带入了21世纪。社会主义显示了强大的凝聚力和感召力。因此，中国特色社会主义道路既是实现社会主义现代化、实现中华民族伟大复兴的必由之路，也是创造人民美好幸福生活的必由之路。中国特色社会主义是实现国家强盛、人民幸福的社会主义，它不是抽象、空洞的政治或理论，而是实实在在的、包含着具体而丰富的内容，与中国人民、中华民族前途命运休戚与共、息息相关。

首先，中国特色社会主义共同理想体现了广大人民群众的共同利益和根本要求。举什么样的旗，坚持什么样的主义，走什么样的道路，对一个国家来说至关重要。对于我国这样一个人口多、底子薄，地区之间经济、政治、文化水平差异较大的东方大国来说，要在西方国家主导的全球化格局中实现现代化，的确任重道远，困难重重。只有走适合自己国情、符合时代要求、人民拥护的道路才能凝聚人们的精神力量，带领人民通向理想的彼岸。党领导全国人民千辛万苦在实践中开辟的中国特色社会主义道路就是这样一条正确的道路。

坚持中国特色社会主义共同理想，就要旗帜鲜明地反对"民主社会主义"政治思潮。尽管"民主社会主义"也自称是"社会主义"，但它不以马克思主义为指导，而是主张思想多元化；它否定工人阶级领导权，欣赏资本主义多党制；它否定社会主义，主张不以改变资本主义私有制为目标。有人认为，我国改革开放以来所实行的一些政策，如提倡多种所有制经济共同发展、坚持以人为本，还有我们提出把民生工程、发展社会福利当作重点来抓等等，这同"民主社会主义"的主张有共同之处，说什么中国也可以实行"民主社会主义"，这种观点是极其错误的。"民主社会主义"其本质上是"改良"的资本主义，并未超出资本主义制度的范畴。"民主社会主义"本质上与社会主义、与中国特色社会主义格格不入。中国特色社会主义以马克思主义为指导，坚持公有制为主体，多种经济成分并存、坚持人民代表大会制度、多党合作的政治协商制度，等等。总之，中国特色社会主义与"民主社会主义"是两种截然不同的理论体系和发展道路。改革开放以来，我们以中国特色社会主义共同理想凝聚改革共识、汇聚各方智慧、激发创新力量，在以经济建设为中心的同时，大力加强社会主义民主和法制建设，不断巩固和发展民主团结、生动活泼、安定和谐的政治局面，为社会稳定和谐提供了可靠的保证，有力地促进了经济建设的健康、有序发展。

其次，坚持中国特色社会主义共同理想，有利于为构建社会主义和谐社会、和谐文化营造良好的思想文化条件。对和谐社会的追求，不仅是人类自古以来就向往的社会理想，也是中国特色社会主义的追求。党的十六大以后，我国社会主义发展进入了新的历史阶段，也面临着新的形势和任务，我党继承并发展了科学社会主义，提出构建社会主义和谐社会的重大战略思想，进一步深化了对"什么是社会主义、怎样建设社会主义"这一基本问题的认识，丰富并发展了中国特色社会主义理论。从总的方面来看，我国社会总体上是比较和谐的。但是，客观地看，一些不利于社会和谐与稳定的因素仍然不同程度地存在，有的矛盾和问题甚至还比较严重，对建设和谐社会产生了较大的阻碍，需要我们创造条件，下大力气去解决，变不利因素为有利因素，消除、减少不和谐因素，把不和谐因素转变为和谐因素。另外，我们也要看到构建社会主义和谐社会、发展和谐文化，存在着许多有利的条件；其中最大的优势在于我们拥有中国特色社会主义这个共同理想，有马克思主义理论的指导，中国共产党的领导和社会主义制度，有广大人民群众的积极拥护和有力支持，等等，这些为构建和谐社会提供了根本的保证。社会主义的本质就是解放生产力、发展生产力，消灭剥削，消除两极分化，达到共同富裕。经济发展上去了，综合国力增强了，人民群众物质文化生活水平得以提高，人们的社会幸福感和满意度就会上升，这是社会和谐的关键。

再次，只有坚持中国特色社会主义共同理想，才能固本培元，不断增强党和人民的创造力、凝聚力、战斗力，不断增强人们的精神力量。

十七届六中全会通过的《中共中央关于深化文化体制改革、推动社会主义文化大发展大繁荣若干重大问题的决定》指出："没有文化的积极引领，没有人民精神世界的极大丰富，没有全民族精神力量的充分发挥，一个国家，一个民族不可能屹立于世界民族之林。物质贫乏不是社会主义，精神空虚也不是社会主义。没有社会主义文化繁荣，就没有社会主义现代化。"这既是对"什么是社会主义"问题的进一步发展，也是对"如何建设社会主义"问题的进一步解答，指出了人的全面发展、文化发展对中国特色社会主义的重要意义。中国共产党向来注重人的全面发展、注重加强思想政治教育工作。在革命战争年代，我们党十分重视对军队和人民群众进行思想建设与精神世界的建设，在当时物质生活条件非常艰苦的状况下，大力加强思想政治教育工作，注重用马克思主义武装人们的头脑，改造主观世界。精神的力量、信仰的力量是中国共产党及其革命人民在武器装备、物质资料十分落后、简陋的条件下能够战胜国内外强大敌人的一个重要因素。

建设中国特色社会主义，我们党一方面致力于发展生产力，发展经济，不断致力于改善和提高人们的物质生活条件；另一方面，把满足人民群众文化生活的需求纳入社会发展目标中，提出要"解放生产力，不断满足人民群众日益增长的物质文化生活需要"。邓小平同志指出，社会主义物质文明和社会主义精神文明同等重要，"两个文明"相互统一，互为条件，相互促进，二者都是中国特色社会主义的内在本质规定，不可偏废。江泽民同志曾经指出，物质贫乏不是社会主义，精神空虚也不是社会主义。我们建设有中国特色的社会主义，不但要有高度的物质文明，而且要有高度的精神文明。胡锦涛同志也强调："中国特色社会主义是全面发展、全面进步的事业，是物质文明和精神文明相辅相成、协调发展的事业。物质贫乏不是社会主义，精神空虚也不是社会主义。人的素质是历史的产物，又给历史以巨大影响。任何时候都不能以牺牲精神文明为代价换取经济的一时发展。"①无论是物质贫乏还是精神贫乏，无论是对社会还是对人来说，都是不合理、不协调，不长久的。

这些年来，全体人民的物质生活、物质条件有了突飞猛进的发展和提高，但是人的精神生活的质量水平方面没有得到相应地提升，成为发展中的短板。社会上有一些人，物欲膨胀，只顾埋头赚钱发财，以拥有更多的物质财富为人生最大的追求，把物质财富的多少作为衡量个人价值大小的唯一尺度，许多人成为物质、金钱的奴隶，理想和精神世界迅速现实化、物役化。加之，我国社会由传统社会向现代市场经济社会急剧转型，商品意识、交换意识渗透于社会生活，物质主义、消费主义、拜金主义盛行一时，一些人的生活中许多地方被经济理性控制，传统道德体系被无情瓦解，而新的现代性道德体系、现代法治保障体系尚未完全建立起来；再加上周围日常生活中不断出现的诚信危机、商业欺骗、假冒伪劣产品事件，使一些人的道德观、价值观、人生观处于迷乱、错位、无序状态，痛苦、困惑、郁闷、失落、彷徨失措等消极情绪成为一些人精神世界挥之不去的阴霾。中国青年报社会调查中心曾经在一项民间调查显示，在6744人中间，有82.4%的被调查人感觉当前人与人之间的互信度低；有53.8%的人感觉互信度非常低。而此项目调查的同比数据在2009年分别为66.2%和52%。这些数据表面上反映的是社会个体之间的诚信度，但深层次表明了人的危机，人的发展出了一些问题，暴露了人精神世界存在的失衡现象。因此，没有同社会发展相适应的道德建设、法治建设，没有人的精神文明水平的极大提高，没有良好的精神风貌，没有人的全面发展，也就没有物质文明的健康发展，也不可能建设好中国特色社会主义。

总之，中国特色社会主义的共同理想，反映了我国人民对美好社会制度和美好生活前景的期盼，是当代我国政治经济在思想观念上的体现，是团结我国人民强大的精神纽带，是现阶段我国各族人民的共同理想，通过

---

① 《胡锦涛文选》第3卷，人民出版社2016年版，第163—164页。

这个共同理想的维系，我们才能团结一致，同心同德、众志成城，战胜前进道路上遇到的任何困难，不断推动我国社会主义现代化建设取得新的发展和新的进步，弘扬和强化这个理想是今后社会主义文化建设的一项重要任务。

三、用以爱国主义为核心的民族精神和以改革创新为核心的时代精神鼓舞斗志

"人是要有点精神的"，个人是这样，国家民族也是如此。一个国家、一个民族，如果没有精神寄托，没有精神支柱，这个民族就没有了希望，没有了未来；民族精神是特定的民族精、气、神，是这个民族赖以生存的精神支柱、精神动力。民族精神是特定民族成员在长期的社会实践活动过程中形成的、具有自己民族特点、体现该民族精神气质的、能够促进民族进步发展的价值理想和道德原则；民族精神是特定民族区别于其他民族独特的精神标识，也体现了特定民族的自我意识与自我认同，是民族文化的灵魂和精华。

党的十六大报告把中华民族精神的内涵概括为："以爱国主义为核心的团结统一、爱好和平、勤劳勇敢、自强不息的伟大民族精神。我们党领导人民在长期实践中不断结合时代和社会的发展要求，丰富着这个民族精神。"中华民族精神的基本内涵可以概括为：爱国主义、团结统一、爱好和平、勤劳勇敢、自强不息。在 2003 年 12 月，召开了全国宣传思想工作会议，在这次会议上，胡锦涛要求把弘扬和培育民族精神作为宣传思想战线一项重要任务，指出要在爱国主义、社会主义旗帜下，倡导一切有利于民族团结、祖国统一、人心凝聚的思想和精神，倡导一切有利于国家富强、社会进步、人民幸福的思想和精神，倡导一切用诚实劳动创造美好生活的思想和精神，不断增强中华民族的凝聚力。他指出既要继承中华民族优良传统，又要体现时代进步的要求，不断丰富和发展民族精神的内涵。

在我国，爱国主义（patriotism）是中华民族民族精神最深厚的文化基因。在十六届六中全会上，以爱国主义为核心的民族精神被确立为社会主义核心价值体系之一。热爱自己的国家，维护国家和民族的尊严，为了国家的荣誉和利益而在所不惜、甘愿奉献应该成为广大中华儿女的道德标准。经过中国历史几千年来的洗礼，尤其是经过中国自近代以来反对外来侵略外来压迫的不屈斗争，爱国主义已经成为中华民族民族精神的核心内容，也成为实现中华民族伟大复兴的精神支柱。

要坚持以改革创新为动力。"改革创新精神是改革开放培育造就的伟大精神，也是推进改革开放须臾不可缺少的奋斗精神。只有锐意改革、不懈创新，才能不断开拓事业发展的广阔前景，才能使我们的国家、我们的民族、我们的党不断增添发展进步的蓬勃活力。"① 改革是社会主义自我完善与自我发展，改革要贯穿于社会主义事业始终，贯穿于社会主义各个领域各个方面。只有改革，才能消除阻碍社会主义事业健康发展中的各种问题与困难，才能理顺各种关系，调整好内部结构，解放生产力，发展生产力。改革是民族进步与发展的灵魂，是国家兴旺发达的不竭动力。实践中的创新是事业发展的重要条件与根本保证。党的十七大报告指出，提高我国自主创新能力，建设创新型国家，是国家战略的核心，是提高综合国力的关键；走中国特色自主创新道路，就要把增强自主创新能力贯彻到现代化建设的各个方面中去。党的十一届六中全会进一步强调了改革创新对于文化建设的重要意义，明确提出文化引领时代风气之先，是最需要改革创新的领域。建设社会主义文化强国，关键是增强全民族文化创造活力；要深化文化体制改革，解放和发展文化生产力，发扬学术民主，艺术民主，为人民提供广阔的文化舞台，让一切文化创造源泉充分涌流，开创全民族文化创造活力持续迸发、社会生活更加丰富多彩、人民基本文化权益得到更好保障、人民思想道德素质和科学文化素质全面提高、中华文化国际影响力不断增强的新局面。

---

① 胡锦涛：《在庆祝神舟七号载人航天飞行圆满成功大会上的讲话》，2008 年 11 月 7 日。

四、以社会主义荣辱观引领社会风尚

《中共中央关于深化文化体制改革、推动社会主义文化大发展大繁荣若干重大问题的决定》指出："社会主义荣辱观体现了社会主义道德的根本要求。"社会主义道路是社会主义国家的政治制度、经济制度、文化制度等社会制度在伦理上的体现，是社会主义国家人与人、人与社会关系的行为准则。以"八荣八耻"为核心内容的社会主义荣辱观，是中国社会主义道德意识、道德观念、道德情感、道德实践的重要内容，它以广大人民群众的道德水平和共同的愿望和要求为基础，具有最广泛的群众性、实践性。"八荣八耻"相互联系、相互统一的八个方面，集中反映了我们长期以来所提倡的爱国主义、集体主义和社会主义、共产主义的道德规范，是对社会主义道德原则的最新概括与阐释，体现了社会主义道德风尚的根本要求，具有丰富的思想内涵和鲜明的时代特征。

第一，社会主义荣辱观体现了国家、集体、个人荣辱三者的辩证统一。在社会主义国家，国家、集体与个人之间不是相互对立、分离的而是相互统一的，它们是密切联系的有机整体，三者利益与共、休戚相关。中国传统道德观念认为，"荣必为天下荣，耻必为天下耻。"即是说，所谓荣与辱，并非以一己一时之得失为判断标准。"天下"即"大我"，就是个人所在其中的国家、民族。个人的荣辱依托于国家、民族，如果局限于个人范围的荣辱，仅仅是小悲小我。只有把国家、民族的兴衰荣辱置于个人荣辱之上，最终才能真正实现每个人的道德追求；只有把个人荣辱与国家、民族以及社会主义事业的兴衰成败紧紧联系在一起考量，才能实现人的价值观、人生观、荣辱观、苦乐观、幸福观等，人生意义才能得以升华与体现。集体主义是社会主义荣辱观的基本原则。集体是由个人组成的，无个人则无集体。社会主义荣辱观一方面尊重个人正当的利益诉求，但另一方面明确反对个人主义，提倡个人要服从集体，反对个人利益损害集体利益。从个人依存于集体、集体是每个社会个人生存与发展的条件这个意义上说，集体的荣辱关涉到其中的每一个人，所谓"一荣俱荣，一损俱损"。

社会主义荣辱观把爱国主义、集体主义、社会主义有机统一起来，要求以热爱祖国为荣，以危害祖国为耻；以服务人民为荣，以背离人民为耻。因此，无论何时何地，要始终把国家、民族、人民放在核心的、重要的位置。

第二，社会主义荣辱观把社会主义道德规范与社会风尚统一起来，实现了道德较高要求与较低要求的有机结合。文明礼貌、助人为乐、爱护公物、遵纪守法是每个社会公民应该具备的基本公共道德。"八荣八耻"体现了爱国守法、明礼诚信、友爱、敬业奉献的社会主义基本道德规范，明确提出了辨别是非、美丑、善恶的荣辱标准，指出了做人做事的基本行为准则。作为社会主义国家的公民，要把讲道德、知荣辱、树新风放在首位，要把做人做事的基本规范挺在前面，下大力气推进"八荣八耻"工作，形成践行社会主义荣辱观的合力效应，使其成为社会公德、职业道德、家庭美德的内容，融入我国社会生活之中，通过各种实践活动贴近百姓的生活实际，用人民群众喜闻乐见的语言和看得见的事例诠释社会主义荣辱观的内涵，改善整个社会的道德状况，真正地提高全体社会成员的思想道德水平，充分发挥道德舆论的先进示范与引领作用，筑牢共同奋斗的思想基础。

第三，社会主义荣辱观体现了传统道德文化规范与时代精神的有机统一。不难看出，一方面，社会主义荣辱观具有浓厚的中国传统文化的基础。中国是个礼仪之邦，古人给我们留下了极为丰富的道德文化思想资源，成为我们弘扬社会主义荣辱观宝贵的财富；另一方面，同时社会主义荣辱观又体现了时代精神，打上鲜明的时代印记。社会在发展，时代在进步，这就是自然地产生了具有时代特征的道德观。随着科技进步，市场经济的发展，人们道德意识水平也在不断地提升，科学精神、法治精神、民主精神，以及公平、诚实等也成为社会主义道德的基本要求。除此之外，中国共产党带领人民在革命、建设和改革中也形成了许多优良、先进的道德规范，都为社会主义精神文明建设、社会主义道德文化建设增添了新的内容。

五、创新社会主义核心价值体系建设方式

探索社会主义核心价值体系引领社会思潮这项工作，要做的事情很多，应该着重抓好以下几个方面。

第一，针对不同的主体对象，采取有区别的、具体的宣教方式和方法。广大文化工作者和文化单位是我国文化建设的重要主体力量，广大党员干部、人民群众都是社会主义核心价值体系的实践主体，然而这个主体内部又存在着极其诸多差异与不同，例如社会职业、阶级、阶层、领域、部门、社会地位、教育程度与水平、思想观念、愿望与要求等多种多样，都不是整齐划一的。主体对象的复杂性、多样性，要求在社会主义核心价值体系的宣教目标、方式方法上不能一视同仁、不能一刀切，而应当加以区别，采取有差异的方法和措施，加强分类指导，只有这样，才能使社会主义核心价值观真正为不同的社会成员所理解、认同并接受，化为其情感认同、思想认识和行为习惯。

第二，充分利用现代传媒渠道和手段向大众广泛宣传社会主义核心价值体系的基本精神。相比过去，如今我们的社会传播交流的条件和手段发生了很大的变化。电脑、互联网、手机、微信、公众号自媒体等时尚的现代新手段为宣传社会主义核心价值体系提供了广阔的发展条件和发展空间。现代传媒技术和手段最主要的优势在于其传播内容的广泛性、多样性、传播速度的及时性和快捷性、传播信息的可复制性，可转换性，以及受众的广泛性、私人性等。当然，有了有利的传媒条件和手段，还要求在传播内容上下功夫，想方设法使其成为主旋律，顶住文化市场片面化、庸俗化的压力和诱惑，拒绝文化市场一味地娱乐化、平庸化、低俗化的不良倾向，通过向公众提供、制作更丰富、更多更有价值有意义的文化产品和文化服务，增强人民群众对社会主义核心价值的熟知与认同感。

第三，各级各类教育部门、机构尤其是学校要把社会主义核心价值体系的教育作为重要工作抓紧抓好抓实，发挥传播社会主流价值的主渠道作用。教育永恒的对象是人，其根本目标是育人、为了人的全面发展。而社

会主义核心价值体系的教育，对人正确的政治思想和价值观念的形成无疑起着十分重要的作用。"发展社会主义先进文化，必须把社会主义核心价值体系建设融入国民教育、精神文明建设和党的建设全过程。"[1]然而，在改革开放和市场经济背景下，现代教育的目标面临着功利化、实用化、工具化的危险，教育的人文性、终极性意义被无形中忽视，只关注外在的分数，只看文凭、只看就业成为某些教育部门、相关人的唯一导向，这实际上已经偏离了教育的本质，把人培养成了只有某种专业技能或专长的片面的、"单向度"的人，成为不会思考没有思想、灵魂的"经济人""技术人"，这当然是我们所不愿意看到的。在当下各种社会思潮纷繁复杂、激烈碰撞的环境下，要培养合格的未来国家的建设者，要确保广大受教育者成为德智体美劳全面发展的高素质人才，就要使他们具有正确与科学的思想和价值观念，不偏离社会主义方向，要在学校教育规划和教育计划中加强思想政治理论课教学，把社会主义核心价值体系教育贯穿于整个国民教育全过程、各个环节。

第四，要加强对意识形态领域的引导和管理。对那些严重干扰当代中国社会思潮主流、影响较大的错误社会思潮、错误言论，要敢于亮剑，净化社会思想空气，坚决打赢思想领域保卫战，同挑战社会主义意识形态的观点、势力进行斗争，揭穿各种非马克思主义思想观点及错误、腐朽言论的实质与真相，坚决划清与它们的界限。由于思想意识领域的广泛性、多维性及隐蔽性，因此，这方面的管理工作内容十分庞杂、艰巨，既需要有敏锐的政治觉察能力、极大的理论勇气，同时又要求有不怕吃苦的坚强的意志和毅力，才可能做好工作。这里面包括对各级别各种类报纸书刊出版物、新闻、广播、电视、音像制品、学校、科研机构、宣传、理论研究、讲坛、学术报告会、各级协会、研究会的引导和管理，也包括对网络的引导和管理，创造网络时空的清新环境，使其成为宣传和传播科学文化、先进文化的有效渠道，成为传播社会主义核心价值体系好声音正能量的重要阵地。

---

[1] 《胡锦涛文选》第3卷，人民出版社2016年版，第539页。

第五章　生态文化论：美丽中国的文化宣言

第一节　生态文化提出的背景

2007年10月，党的十七大报告中第一次提出了建设生态文明的要求，强调要通过建设生态文明，基本形成节约能源、资源和保护生态环境的产业结构、增长方式、消费模式。党的十七届四中、五中全会进一步对生态文明建设作出了战略部署，要求提高生态文明水平。

2012年7月23日，胡锦涛同志在省部级主要领导干部专题研讨班开班式上发表重要讲话，把生态文明建设摆在中国特色社会主义事业总体布局的高度加以阐述，指出推进生态文明建设是涉及生产方式和生活方式根本性变革的战略任务，要求必须把生态文明建设的理念、原则、目标等深刻融入和全面贯穿到我国经济、政治、文化、社会建设的各方面和全过程；要坚持节约资源和保护环境的基本国策，着力推进绿色发展、循环发展、低碳发展，为人民创造良好的生产生活环境。

人类进入现代社会以来，现代化成为各个国家各个民族的共同追求和发展方向。与现代化相伴随的是全球性大规模的工业化、城市化、市场化等"现代性症候"，这是一场声势浩大、波及广泛而产生影响深远的人类历史现象。一方面，现代化以其巨大的理性化、科技化、商品化改变了现实的、感性的物质世界，释放出前所未有的物质魔力，造就了越来越丰富而繁华的物质世界，人的主体性达到了空前的展现；另一方面，现代化也带来了许多人们未曾预料到的各种问题与挑战，产生了所谓"现代化的陷阱"，其中，比如人类生产对自然环境的破坏。对此，有人大力支持，为其欢呼；有人则极力反对，想方设法予以抵抗，以至于国际社会出现了一种不容小觑的"反现代化"浪潮。这种对现代化的拒斥虽然有其产生的原因，但也不能简单地认同，应该加以理性地分析。

在一定程度上可以断言，当前人类所面临的生态危机与问题，都根源于这样一个基本的事实：在现代科学技术的帮助下，当代人类对自然具有的几乎无限的改造能力在某种程度上却逆转为对自然令人震惊的破坏能力。自从人类揭开了工业化的序幕，在资本逻辑的强力主导下，在现代先进生产技术的推动下，越来越多的商品源源不断地被生产出来，满足着人类对物的想象与占有。但是，却渐渐地产生了某种异化现象，出现了消费的异化、人的物化等问题，也产生了自然对人的报复这种破坏性力量，严重影响了人与自然的和谐相处关系，损害并阻碍了人类社会健康发展，成为人类文明可持续发展的巨大障碍。作为社会历史活动主体的人类与外部自然系统的关系，不知不觉正在发生反转或逆转。这是当今生活世界中不容忽视的实际状况。生态危机或生态问题正在成为全球性危机与问题，成为国际政治、国际事务中避不开的重要议题。

有学者把全球气候变暖与海平面上升、土壤流失与人均耕地减少、森林锐减、淡水供应不足、臭氧层空洞、生物种类灭绝、人口膨胀列为世界性七大生态环境问题。据科学数据统计，1981—1990年全球平均气温比100年前上升了0.48℃，在20世纪全世界平均温度约攀升0.6℃，其结果是产生温室效应，造成海平面上升、冰川消融等。由于人类活动领域的不断扩大，每年有254亿吨水土流失，世界人均种植面积持续下降。全世界森林面积正以平均每年940公顷的速度减少，全球大约有12亿人居住在严重缺水地区；2011年南极上空臭氧层空洞的面积达到2550万平方公里，约为南极洲面积的1.8倍。由于人类的滥杀滥猎，以及对生物圈的影响，每年有3万个物种灭绝，每天就有近100个物种在地球上消失，生物多样性遭到破坏，等等，不一而足，此种现状令人触目惊心。其实，生态问题早就引起人们的关注与忧虑。西方"罗马俱乐部"为人们提示了一幅幅令人不安的"人类困境图画"。他们的研究表明，在人口、能源、原料、环境、水、卫生、食品、教育、就业、经济、城市、居住等十二个要素之间，构成了相互制约、相互作用的因素网络，这些因素又与人和社会的经济、政治、心理、行为等因素交互作用，形成了成千上万个交错点，其中不少地方已成为危机点。1972年，斯德哥尔摩联合国人类环境会议通过了《人类环境宣言》；1992年，里约热内卢联合国环境与发展大会召开，通过了《关于环境与发展的里约热内卢宣言》和《21世纪议程》。2002年的约翰内斯堡可持续发展世界首脑会议和2012年里约热内卢联合国可持续发展大会，都将可持续发展作为解决环境问题、应对气候变化的根本途径。

经过四十多年改革开放经济建设快速发展，我国已成为世界第二大经济体；然而，在很短的时间里也积聚了不少的矛盾和问题，生态问题就是其中之一。近十多年来，我国能源消费以年均8%的高速增长，已成为世界能源消费第一大国。以2013年为例，中国占GDP比重的12%，但能源消费总量占22%，居世界第一，单位GDP能源消耗是发达国家的8—10倍。人们记忆中的碧水蓝天、山清水秀风光不再，甚至踪迹难觅。据有关统计，我国40%的江河水系受到严重污染，1.4亿人喝不到干净的水，1/3的城市空气污染严重，1.5亿亩耕地被污染，四成多耕地严重退化。据全国空气质量监测报告显示，我国150个左右城市空气质量超标。近年来，我国北方地区多次出现了大面积的雾霾天气，对人们的生产、生活、身体健康造成了很大的影响，引起了老百姓的忧虑和担心。从新闻报道也可以知道，近年来，各地大面积的环境污染事件时有发生，因环境问题引发的社会群体性冲突事件也在不断增长，成为影响社会稳定、社会和谐可持续发展的潜在因素。

不难看出，生态危机不仅是一个经济问题，一个社会问题，同时也是政治问题和文化问题；生态危机不仅是当代问题，而且关系到人们的将来，关系到子孙后代的生存发展；不仅是某个国家的事情，而且关系到整个人类的前途命运。如果对生态问题放任自流，不仅我国经济建设取得的巨大成就会付之东流，而且会殃及整个社会系统，增加社会的风险系数，甚至会造成人类社会的生态崩溃。因此，生态危机、生态问题必须予以高度重视并采取必要的行动予以解决。

生态危机愈演愈烈，其中首要原因是人类凭借发达的现代科学技术进行生产，以自然界为客体的物质生产能力得以极大提高，人类改造自然的广度和深度达到了前所未有的程度。在以前生产力水平和生产手段落后的条件下，人对自然界的影响程度是十分有限的，甚至是微不足道的。但是自从人类进入工业化时代，社会生产力得到迅速发展的同时，由于对科技的不合理使用，对自然的征服与破坏的能力和程度随之不断加深、加重。

其次，在市场经济机制下，资本逻辑大行其道，对利润的无限欲望促使整个经济生产系统千方百计地扩大生产和再生产规模，提高产量产出，采取各种方式刺激大众消费，不断开拓和扩大市场。这样，对财富无限的欲望导致无限量不间断地生产，无限量地生产其结果必然是对自然资源无节制的开发和使用，使得自然生态平衡遭到很大破坏，生态危机由此产生。

再次，生态危机作为结果有一个逐渐积累的过程，也是一个内部系统各种因素相互作用的过程。犹如生命有机体一样，生态系统是一个以自然界为基础的自然、经济、人文、技术等多种因素有机结合的复杂综合体。在其刚开始受到损害，有机体会调动自身特有的免疫功能进行自我调节、自我修复，从而达到再平衡转向正常。而如果这个损害源未加消除而一直存在，则其危害性不断积累叠加，就会产生越来越严重的不良后果，导致危机爆发，开始以有害于人类的方式进行"报复""惩罚"。

还有，人们生态意识的淡薄和欠缺是生态危机产生的主体因素。归根到底，生态危机是由人及其活动所造成的，在于人所秉持的"人类中心主义"态度及其狂妄与无知。人长期以来把自然当作取之不尽用之不竭的永恒索取对象，生态意识和生态观念缺乏，忽视生态文化，不注意保护自然系统的生态平衡，违背自然规律和生态规律，结果造成了越来越严重的生态问题。人是生态危机的制造者，但也是生态危机的解决者。

在此，我们有必要记住，"我们统治自然界，绝不像征服者统治异族人那样，绝不是像站在自然界之外的人似的——相反地，我们连同我们的肉、血和头脑都是属于自然界和存在于自然之中的；我们对自然界的全部统治力量，就在于我们比其他一切生物强，能够认识和正确运用自然规律"。① 现实给人类敲响了警钟。人们必须重新反思人与自然的关系，在尊重自然规律的基础上，重新定位人在世界中的地位和作用，树立科学的发展观，建设生态文化，建设生态文明，探寻出一条人与自然和谐相处、共生共荣的可持续发展道路。

第二节　生态理性与生态文化

人类是理性的动物，但是可以说，当前人类遭遇的生态危机或生态问题是滥用理性的后果，是由于人类理性的不恰当发挥而造成的；尽管这样，生态危机的克服与解决却需要运用正确的理性才是可能的。应当说，作为现代工业文明庞大系统思想基座的现代性文化，在其开初有其产生的历史必然性与合理性，然而物极必反，随着现代性文化内在逻辑的结构性展开，当人与自然系统的矛盾上升到冲突难以协调时，这种文化的正当性将逐渐消退并走向衰微，一种新型的文化模式必然被创制出来成为人类的选择，这就是生态文化，其核心的理论基础就是生态理性。

罗马俱乐部创建人 A.佩切指出，人类运用智慧创造出了各式各样的技术手段侵犯自然生物圈层，对自然系统过度地掠取，这种危险的方式从根本上破坏了人类未来的生存基础，从而把人类命运共同体置于非常可怕

---

① 《马克思恩格斯选集》第 4 卷，人民出版社 1995 年版，第 383—384 页。

的境地。"如果我们想自救的话，只有进行文化性质的革命，即提高对站在地球上的特殊地位所产生的内在挑战和责任，以及对等策略和手段的理解，进行符合时代要求的那种文化革命。"他强调，这是"第一次地球革命"。① 这场革命将没有"意识形态的背景"，它带来的将会是全球范围的"连锁反应"，如果不正确地理解这一革命，其后果将是不堪设想的。生态理性以人与外部自然的和谐发展为核心理念，从"自然"生态整体运行的大视角来思考人类社会的发展问题，将人类的生产、经济活动置于宏观背景中加以审视与考虑，要求人类在实践活动中既追求发展进步，同时又尊重自然环境的优先性、外在性与可稀缺性；既考虑人类自身生存繁衍的需要，又考虑生态、资源、环境的承载能力。由此可见，生态理性是当代人类对以往主导的现代性文化模式深刻批判与反思的结果，也是对其的理性超越。它并不是因为危机而放弃发展，而是汲取了现代性文化的积极成果而又避免了现代文明的致命弊端与缺陷，力图限制现代性的消极性后果，因而它是一种更高级、更理性化的理性形态，预示着人类文明进步的新方向，意味着人类文化上升到一个崭新的境界。

从文化学与文化哲学的视角来看，人类是文化的动物，人及其社会历史都是文化的成果与对象化。在人类文化能力获得、成长的过程中，人类创造出了不同的文化模式。文化模式是人的文化理性及其实践方式的外在性样式，也是人与自然、人与社会、人与他人特殊的关联方式或关联结构。按照历史时间的顺序，一般认为，人类迄今为止经历了原始形态文化模式、传统农耕文明文化模式、现代工业文明文化模式和未来的生态文明文化模式。生态文明文化模式代表着人类社会发展的理想形态。原始形态文化模式是人类文化的初始状态，人刚刚脱离一般动物，从自然界分化出来，自我意识与精神世界还未达到一定的自觉程度，处于一种自然、蒙昧的状态，此时人类根本不可能对自身生活进行理性的设计与选择；传统农耕文明以世代劳动经验为特征，相对比较封闭，农

---

① 　［日］田草川弘：《罗马俱乐部报告》，朝日新闻社1992年版，第16页。

民被维系在土地上按照自然四季节律从事农事活动，人与自然此时以一种和谐、协调的方式天然融合在一起，由于生产技术与手段有限，此时人类活动尚未对大自然产生明显的影响，不具有产生生态危机的条件与可能性。而进入到现代工业文明时代，境况就大不相同了。工业文明本质是以现代发达的科学技术的采用为特征的，庞大有力的工业体系永不疲倦地生产出数量巨大的人工制品，经济不断增长造成了日益严重的自然环境问题。长此以往，不仅现代工业生产体系难以为继，而且整个人类文明的根基也令人担忧。人生存最基本的生存条件如空气、水、食物、土壤等受到污染并不断恶化，古代哲人视作世界本原的"水、木、金、火、土、气"现在看来都出了一定的问题。据科学家对大气变化的研究表明，地球生态系统与普利高津在热力学中提出的自组织系统和耗散结构极为相似。这种不平衡且演变具有非线性特征，复杂系统可能会因极小的波动变化而导致全新的结构。而当前人类则处在远离平衡的状况，因此，"人—地球"系统正在面临着不可避免的命运"抉择"。何去何从，对此人类需要运用理性与智慧作出回答。当然人最根本的，莫过于幡然醒悟，重新反思自己的观念与行为，切实调整转变人类文明发展的方式，重构人类的文化理念与生存样式，抑制生态恶化趋势，实现人类的自我定向与自我救赎。

相比较而言，生态理性较以前的人类理性在哲学观、文化观、技术观及生产方式等方面提出了新的主张：在哲学观上，从人与自然的主—奴关系转向人与自然的和谐相处；在文化价值观上，用人与自然协调共生的价值观代替人统治自然的文化价值观；在生产方式上，从运用征服性技术向正确运用技术减少环境污染转变；等等。可以看出，生态理性体现了处于困境中的现代人对健康、科学、合理的生产方式与生存方式的期待与希冀，对生活环境、生活质量提出了更高的要求；它追求以生态的尺度观照自然，以自然规律、美的规律以及人类社会发展规律来积极建造自己的理想世界。

如果说生态理性是一种先进、文明的科学理性精神的话，那么正是这种精神构成了生态文化的核心。生态理性侧重于表达一种理性的价值取向，生态文化是以生态理性为内核、为精髓的观念形态，可以说，所谓生态文化就是体现了生态理性的、从人对自然无节制的探索与索取转向人与自然和谐统一的文化，是对人类本位主义或人类中心主义的辩证否定或"扬弃"。

第三节　生态文化与生态文明建设

"生态兴则文明兴，生态衰则文明衰。"正像文化与文明既有联系又有区别一样，生态文化与生态文明也同样如此。从两个概念的区别上看，生态文化是一种文化价值观，是以尊重自然、保护生态环境为基本特征，旨在使人与自然协调发展、和谐相处，实现可持续发展的文化，表征着人类生态性生存状态下人与自然相互关系的社会和谐圆融特征；生态文明更多地侧重于表达由于生态化、可持续的生产方式和实践方式所形塑的人类社会的文明性质，是人类基于生态文化的价值观、为保护和建设美好生态环境而取得的物质成果、精神成果和制度成果的总和。

一、中国特色社会主义生态文化的形成与发展

生态文明是人类社会理想的追求。然而，在不同的社会制度条件下，生态文明的实现方式是不同的。社会主义生态文明，就是在社会主义条件下，坚持以人为本，在尊重自然、顺应自然、保护自然的生态文化价值观的支配下，谋求人、自然、社会、经济的和谐、统一与协调，旨在从根本上解决我国生态环境污染严重、生态系统退化，以及经济发展、人口、资源、环境之间的矛盾和问题，建设美丽中国，在良好的生态友好的环境条件中实现中华民族永续发展。

生态文明建设要求大力倡导和培育生态文化。思想观念是行为与实践的前导。生态文明建设，必须培养人们的生态意识，强化生态观念，建立生态思维，养成生态行为和生态习惯；通过倡导和发展生态文化，切实推动生态文明建设。

尽管以毛泽东为核心的党的第一代领导集体，没有特别明确地提出"生态文明""生态文化"的概念，但是，他们在人口、资源、经济、环境等相关的理论及其实践中，又的确在事实上为我们奠定了中国特色社会主义生态文化的思想基础，成为中国特色社会主义生态文化宝贵的理论来源。为了加快发展经济、发展生产，在我国新民主主义革命、社会主义革命和社会主义建设时期，中国共产党制定了一些旨在修复和改善生态环境的政策和许多相关指导性文件和政策，对生态建设进行了有益的探索，并积累了一些宝贵的经验。

毛泽东同志作为党的第一代领导集体的核心，在生态环境保护问题上提出了一些宝贵的想法。第一，关于水利建设的思想。1934 年 1 月，早在江西瑞金召开的第二次全国工农兵代表大会上，毛泽东就曾指出："水利是农业的命脉，我们也应予以极大的注意。"[①] 在延安时期，他提出"兴修有效水利"是提高农业技术的首位的观点。中华人民共和国成立后，随着我党工作重心的转移，我国开始了全面大规模的社会主义建设运动，面对几次比较大的洪涝灾害对农业生产和社会生活造成的严重破坏和重大损失，党和政府更加坚定了兴修水利的决心，毛主席先后作了"一定要把淮河修好""要把黄河的事情办好""一定要根治海河""为广大人民利益，争取荆江分洪工程的胜利"等题词，当时全国各地在毛泽东同志的号召与领导下开展了轰轰烈烈的各项水利工程建设。据有关数据统计，从 1952 年到 1980 年间，全国各地修建大型水闸 241 座，建成大、中、小型水库 86000 座（而新中国成立前只有大中型水库 23 座），塘坝 640 万处，总库容量达 4000 亿立方米（包括电力投资的库容 1100 亿立方米）；建设万亩

---

① 《毛泽东选集》第 1 卷，人民出版社 1991 年版，第 132 页。

以上灌区 5000 多处；机械排灌动力由解放初的 9 万多马力发展到 7000 多万马力；机电井从零开始发展到 209 万眼；水利结合发电装机 900 万千瓦；等等。

第二，关于植树造林、绿化祖国的思想。20 世纪 30 年代，毛泽东在对寻乌县、长冈乡、才溪乡等地进行社会调查时，他建议当地老百姓应该有计划地砍树种树；因为那一带的山都是石沙山，没有树木，山中沙子被水冲入河中，河高于田，一年高过一年，河堤一决便成水患，久不下雨又成旱灾，会对农业生产带来很大的损失。因此，在《兴国调查》的报告中，他指出，保护树木，要有切实可行的措施。1932 年，在中央苏区时期一份关于植树运动的决议案中，毛泽东谈到了进行植树运动的意义、目的和作用。他指出："为了保障田地生产，不受水旱灾祸之摧残以减低农村生产影响群众生活起见，最便利而有力的方法，只有广植树木来保障河坝，防止水灾天旱灾之发生，并且这一办法还能保护道路，有益卫生。"[①]

在延安时期，毛泽东注意到了长期历史原因造成的陕北黄土高原的植被破坏而导致的当地水土流失严重、土地贫瘠、生产落后、人民生活困难等问题。1956 年 3 月，毛泽东提出，"在一切可能的地方，均要按规格种起树来"[②]；"要做出森林覆盖面积规划"；"真正绿化，要在飞机上看见一片绿"[③]；"用二百年绿化了，就是马克思主义"。[④]1958 年 8 月，他强调，"要使我们祖国的河山全部绿化起来，要达到园林化，到处都很美丽，自然面貌要改变过来"[⑤]。在处理农业、林业和畜牧业的关系方面，当党中央有关同志提出应该优先发展农业的观点时，毛泽东说："应互相依赖平衡传递发展，不存在先后发展的问题"，提出要走农林牧副渔综合

---

① 《毛泽东论林业》（新编本），中央文献出版社 2003 年版，第 11 页。

② 《毛泽东文集》第 6 卷，人民出版社 1999 年版，第 509 页。

③ 《毛泽东论林业》（新编本），中央文献出版社 2003 年版，第 48 页。

④ 《毛泽东论林业》（新编本），中央文献出版社 2003 年版，第 74 页。

⑤ 《毛泽东论林业》（新编本），中央文献出版社 2003 年版，第 51 页。

发展的道路。"没有林，也不成其为世界。"①1955 年 10 月 11 日，毛泽东在扩大的中共七届六中全会上指出："农村全部的经济规划包括副业、手工业……还有绿化荒山和村庄。""我看特别是北方的荒山应当绿化，也完全可以绿化。""南北各地在多少年以内，我们能够看到绿化就好。这件事情对农业，对工业，对各方面都有利。"②同年 12 月 21 日，毛泽东在起草的《征询对农业十七条的意见》中指出："在十二年内，基本上消灭荒地荒山，在一切宅旁、村旁、路旁、水旁，以及荒地上荒山上，即在一切可能的地方，均要按规格种起树来，实行绿化。"③ 1956 年 3 月，毛泽东发出"绿化祖国"的伟大号召。1958 年 7 月 12 日，毛泽东会见非洲青年代表团时说："一个国家获得解放后应该有自己的工业，轻工业、重工业都要发展，同时要发展农业、畜牧业，还要发展林业。森林是很宝贵的资源。"④

但是，自从 20 世纪 50 年代后期开始，由于受主观唯心主义思想的干扰，党内左的错误盛行，在"大干快上社会主义""赶超英美""跑步进入共产主义"等激进政治口号的鼓舞下，我国社会主义建设中出现了急于求成、脱离实际、违背客观规律的不正常现象。在全国性"农业学大寨"运动中，为了达到粮食增产的目的，许多地方进行毁林、毁草开荒种地、填湖造田，大肆破坏草原、湿地；在"工业学大庆"运动中，发动群众进行全民"大炼钢铁"，全国各地一时间纷纷建起数不清的、大大小小的土高炉炼钢铁，为此砍掉了大量树木，毁掉了许多宝贵的森林资源，破坏了生态环境，也严重污染了自然环境，为此付出了沉重的代价。

生态环境问题是随着工业化革命兴起以来逐渐出现的世界性问题，由现代性的发源地西方国家蔓延到其他国家和地区，并且愈演愈烈，引起了

① 《毛泽东论林业》（新编本），中央文献出版社 2003 年版，第 69 页。
② 《毛泽东文集》第 6 卷，人民出版社 1999 年版，第 475 页。
③ 《毛泽东文集》第 6 卷，人民出版社 1999 年版，第 509 页。
④ 《毛泽东文集》第 7 卷，人民出版社 1999 年版，第 383 页。

全世界的共同关注。1972 年 6 月，在联合国召开的世界环境大会上，正式提出了"可持续发展"的概念。世界环境委员会提交的报告《我们共同的未来》对其做了简要明确的定义："在满足当代人需要的同时，不损害后代满足其自身需要的能力"，这一思想甫一提出即得到国际上的广泛认同和响应。

结束十年"文化大革命"进入改革开放的新时期以后，作为党的第二代领导集体核心的邓小平同志十分重视生态环境建设问题，他把植树造林、绿化祖国、保护生态环境，同中华民族的长远可持续发展、未来前途紧密联系起来。1974 年 8 月 26 日，邓小平在会见刚果访问代表团时，他说虽然中国的污染问题没有像欧洲、日本和美国那么严重，但也还是一个很大的问题，后来他多次提出在现代化发展以及城市建设过程中要解决好污染问题。1975 年 8 月，在邓小平的指导下，国家计委起草的《关于加快工业发展的若干问题》指出："要搞好劳动保护，做到安全生产，消除'三废'污染，保护环境，保护职工身体健康。"他还多次就全国有些地方出现的环境污染问题作出指示。邓小平不仅积极倡导，而且身体力行、率先垂范，积极倡导义务植树，有力地推动了一场植树造林、绿化祖国、造福子孙后代的全民义务植树造林绿色革命运动。1982 年，邓小平到北京十三陵参加义务植树劳动时指出，植树造林，绿化祖国，是建设社会主义、造福子孙后代的伟大事业，要坚持二十年，坚持一百年，坚持一千年，要一代一代永远干下去。1979 年 2 月 23 日，全国五届人大常委会第六次会议原则通过颁布了《森林法》（试行），并决定，每年的 3 月 12 日为中国植树节。1981 年，在党中央制定的《关于在国民经济调整时期加强环境保护工作的决定》文件中，明确提出要"合理地开发和利用资源""保护环境是全国人民根本利益所在"。1982 年，党的十二大会议上又提出要控制人口增长、加强能源开发与节约能源消耗等生态文明建设观点。1989 年 12 月，又颁布出台了《中华人民共和国环境保护法（试行）》，标志着环境保护法律正式上升为国家正式法律。

1992 年，江泽民同志在党的十四大报告中分析了经济、人口和资源的辩证关系，指出"要增强全民族的环境意识，保护和合理利用土地、矿藏、森林、水等自然资源，努力改善生态环境。"① 1996 年，江泽民在全国第四次环境保护会议上指出，"保护环境的实质是保护生产力"。我国正处在推进工业化和城市化的发展阶段，"经济发展必须与人口、资源环境统筹考虑，不仅要安排好当前的发展，还要为子孙后代着想，为未来的发展创造更好的条件，决不能走浪费资源和先污染后治理的路子，更不能吃祖宗饭断子孙路"②。还指出，"建设有中国特色的社会主义，实现现代化，包括保护和创造良好的生态环境。"③ 1992 年 8 月，我国所制定的第一份环境与发展方面的纲领性文件《环境与发展十大对策》颁布；1994 年，《中国 21 世纪议程——中国 21 世纪人口、环境与发展白皮书》制定并实施，这一白皮书的发布具有重要的历史意义和现实意义，它标志着我国可持续发展思想和战略的正式确立，也是我国环境保护事业发展史上里程碑式的重要文件。它从我国的客观实际出发，对我国保护资源和环境战略进行了系统阐释，对进一步加强环境管理问题作出了明确的规定，对我国的环境与发展战略与全球环境发展战略的相互协调给予充分关注。

2002 年召开的党的十六大，在中国特色社会主义生态文化理论发展史上具有重要的意义。大会在提出全面建设小康社会的奋斗目标的同时，客观分析了我国社会主义初级阶段所面临的困难和问题，指出"生态环境、自然资源和经济社会发展的矛盾日益突出"④，需要加以解决；建立在此基础上的小康因而是低水平的、不全面的、发展很不平衡的小康。全面建设小康社会，就需要"可持续发展能力不断增强，生态环境得到改善，资源利用效率显著提高，促进人与自然的和谐，推动整个社会走上生产发展、生活富裕、生态良好的文明发展道路"。⑤ 强调要大力实施科技兴国和可

---

① 《江泽民文选》第 1 卷，人民出版社 2006 年版，第 240 页。
② 《江泽民文选》第 1 卷，人民出版社 2006 年版，第 532 页。
③ 《十四大以来重要文献选编》下，人民出版社 1999 年版，第 1975 页。
④ 《十六大以来重要文献选编》上，中央文献出版社 2011 年版，第 14 页。
⑤ 《十六大以来重要文献选编》上，中央文献出版社 2011 年版，第 15 页。

持续发展战略，"走出一条科技含量高、经济效益好、资源消耗低、人力资源得到充分发挥的新型工业化路子"。同时，要"树立全民环保意识，搞好生态保护和建设"。这意味着生态文明建设被正式确立为我国全面建设小康社会的奋斗目标之一，成为与经济、政治、文化等方面的目标同等重要的建设目标，具有十分深远的理论意义与现实意义。

党的十六大以后，我们党坚持马克思主义基本原理与中国新的具体实践相结合，着眼于中国特色社会主义事业的整体发展，着眼于我国经济建设速度和结构、质量、效益的相统一，以及经济发展和人口、资源、环境的相协调，把倡导生态文化、建设生态文明提高到更加重要的地位，进一步丰富发展了中国特色社会主义生态文化理论。2003年初，我国暴发"非典"疫情，这场起源于南方的病疫蔓延全国，甚至波及境外，国家和人民的生产和生活、群众生命健康受到了巨大影响与损害。突如其来的"非典"疫情引起了人们对人与自然关系的深刻思考，认识到人类违背自然生态规律、破坏自然生态环境后果的严重性、危害性。在此情况下，党中央提出了统筹兼顾的发展原则，通过统筹兼顾，"促进经济社会协调发展，城乡协调发展、地区协调发展、人与自然和谐相处"。[①] 胡锦涛指出，"我们讲发展是党执政兴国的第一要务，这里的发展绝不是指经济增长，而是要坚持以经济建设为中心，在经济发展的基础上实现社会全面发展。我们要更好地坚持全面发展、协调发展、可持续发展的发展观，更加自觉地坚持推动社会主义物质文明，政治文明和精神文明协调发展，坚持在经济社会的基础上促进人的全面发展，坚持促进人与自然的和谐。"[②] 这就从根本上回答了发展的含义、目的和要求，给我国经济社会发展作出了重新定义，要求我们在更全面、更高的目标上去理解发展，纠正了长期以来人们思想观念中以GDP为唯一追求目标的片面认识，开阔了人们的视野，解放了人们的思想，更新了观念。

---

① 《十六大以来重要文献选编》（上），中央文献出版社2005年版，第355—356页。
② 《十六大以来重要文献选编》（上），中央文献出版社2005年版，396—397页。

2003 年 10 月，党的十六届三中全会召开，在这次会议上通过的决定中，正式提出了"坚持以人为本，树立全面、协调、可持续的发展观"。标志着科学发展观的正式提出。2004 年 3 月，胡锦涛在北京召开的中央人口资源环境工作座谈上发表重要讲话，进一步论述了可持续发展。他指出："可持续发展，就是要促进人与自然的和谐，实现经济发展和人口、资源、环境相协调，坚持走生产发展、生活富裕、生态良好的文明发展道路，保证一代接一代地永续发展。"①5 月，胡锦涛发表《把科学发展观贯穿于发展的整个过程和各个方面》讲话，指出："实施可持续发展战略，促进人与自然和谐，实现经济发展和人口、资源、环境相协调，坚持走生产发展、生活富裕、生态良好的文明发展道路，既是全面建设小康社会的必然要求，也是贯彻落实科学发展观的重要实践。"②

2005 年 3 月，中央人口资源环境工作座谈会召开，胡锦涛发表重要讲话，首次使用"生态文明"这一术语。而这一概念形式出现在党和国家的文件中，则是 2007 年 10 月召开的党的十七大报告中。党的十七大报告指出："建设生态文明，基本形成节约能源资源和保护生态环境的产业结构、增长方式、消费模式。循环经济形成较大规模，可再生能源比重显著上升。主要污染物排放得到有效控制，生态环境质量明显改善，生态文明观念在全社会牢固树立。"③党的十七大报告中提出了科学发展观的核心观点：科学发展观第一要义是发展，核心是以人为本，基本要求是全面协调可持续，根本方法是统筹兼顾。这标志着中国共产党对人与自然的和谐、生态文明建设的认识更加科学和深化，要求把大自然的优美和人的自身发展相结合，实现人与自然的和谐统一。

"生态文明"概念的提出，令人耳目一新，预示着我国经济发展进入新的阶段、新的水平。很显然，这是一种与以往发展方向不同的经济方式，要求产业结构、产业布局、以及人们生活方式都要作出相应的调整和

① 《十六大以来重要文献选编》（上），中央文献出版社 2005 年版，第 850 页。
② 《胡锦涛文选》第 2 卷，人民出版社 2016 年版，第 183 页。
③ 《胡锦涛文选》第 2 卷，人民出版社 2016 年版，第 628 页。

改革。只有建设生态文明，才能真正改变我国由于多年的粗放式经济发展方式，提高资源能源的利用效率，从根本上解决人与自然环境的矛盾与对立，使不断恶化的生态环境的势头得以遏制和改善，在全社会形成生态文明的思想观念与行为方式，实现中国特色社会主义事业健康、有序和可持续的发展。生态文明建设，不仅是我国社会主义现代化建设的必然选择，而且对世界政治、经济、生态的发展同样具有重要深远的意义。生态问题，不单是一国一地区之事，也是世界性问题，需要各个国家联手共同面对，采取切实可行的共同行动才有出路。它要求国际社会制定相应的制度，国家之间建立新型政治关系，谋求以新的思路、新的方法共建和谐、稳定、健康的现代国际关系。

中国特色社会主义生态文化的实践形成，显示了中国共产党人对于生态问题的思想智慧，是对人类文明的重要贡献。进入 21 世纪以来，尤其是党的十六大以后，面对着我国经济社会飞速发展过程中日益突显的生态环境恶化现象，我们党对出现的生态环境问题与矛盾进行了深刻的反思，进一步深化了对生态理论与实践的探索，逐渐形成了科学而系统的生态理论。这一理论，深刻地揭示了生态问题产生的原因与实质，较系统地阐释了生态文明建设的基本内涵，总体目标、办法途径、主体力量等基本问题，丰富发展了中国特色社会主义理念体系，把生态问题的理论水平和实践水平提升到新的高度，也为中国特色社会主义整体事业的发展奠定了厚实的理论基础。

二、以生态文化促进社会主义生态文明建设

应当说，生态文明建设是一场关系到观念变革、生产方式变革、生活方式变革乃至人们的实践方式变革的社会变革。社会主义生态文明是继工业文明之后的一个崭新的文明形态，在我国进行社会主义生态文明建设具有极为重要的意义。

第一，生态文明建设是中国特色社会主义建设的重要基础。人类社会

不是抽象的而是客观的物质世界，具有自然的实在性。无论人类社会发展到何种程度，人类的力量不管如何强大，都不可能脱离自然环境而孤立存在。自然环境为人类社会存在发展提供了必要的物质条件、生活资源与生产资源，为人类生产提供了丰富的物质资源与原料，是人类及其社会的永恒"寓所"和天然能源仓库。只有良好的生态环境才能保障人类及其社会的存在和发展。因此，生态条件是人类社会的基础性问题与前提性条件，也是中国特色社会主义建设的重要基础。

第二，生态文明建设是中国特色社会主义建设重要的组成部分。生态环境或生态系统是由自然、资源、经济、人文等因素构成的复杂有机整体。随着我国改革开放事业的持续深入发展，人与自然、资源与环境的矛盾日益突出，经济发展的可持续性与生态支撑的脆弱性危机越来越严峻，许多社会问题的出现都和自然条件、生态环境被破坏有着直接或间接的关系，因此，倡导绿色、和谐的发展理论，走生态文明发展道路不仅应当成为一种自觉的价值理念与行为准则，也是中国特色社会主义的必然选择，建设生态文明体现了时代的特征、世界的潮流。更重要的是，我们的生态文明建设以马克思主义生态文化、生态文明理论为指导，马克思主义生态文化、生态文明理论为社会主义生态文明建设奠定了科学而坚实的理论基础。

第三，生态文明建设为人类文明发展贡献中国智慧。

生态问题或生态危机是当代人类文化一个最大困惑，也是人类文明进步的最大阻碍之一。无论是发达国家还是发展中国家，无论是资本主义国家还是社会主义国家，生态问题都已经变得至关重要，各国都要共同面对这个问题。今天，气候变化、资源枯竭、人与自然关系的逆转此类问题不单单是某一个国家某一地区的问题，而是关乎全球人类的共同的前途与命运。中国特色社会主义生态文明建设，不仅为我国经济社会发展探索科学可行的实施方案，而且能够为解决困扰全球的生态危机提供中国智慧与"中国方案"，为当代人类的发展与生存探索值得借鉴的实践经验。

把生态问题上升到文明形态的高度，是我党认识观念上的一大发展，意味着我们所要建设的生态文明是继以往的原始文明、农耕文明以及现代工业文明形态之后一种人类文明的新形态。提出生态文明发展理念，本质上就是对现代工业文明模式的质疑、否定和超越，是顺应时代发展需要、顺应世界潮流的先进发展理念，反映了人类社会发展的必然趋势和发展规律。

第四，把生态文明建设当作民生工作来抓。生态环境是人及其社会生存、繁衍、发展过程中最基本的前提条件，如清洁的空气、干净的水源、宜人的绿地、安全的食品等都是人的基本需求，是每一个人应该平等拥有并享受的社会公共产品。保证人民群众对健康安全生态环境的享受，是党和政府义不容辞的责任。近年来，在我国改革发展进入重要战略机遇期，同时，继续发展所面临的人口、资源、环境之间的矛盾问题也越来越尖锐的背景下，党中央对生态环境与经济发展、人民群众生活水平质量的关系问题有了更加深刻的认识。2003 年，在中央人口资源环境工作座谈会上，胡锦涛就指出了做好人口资源环境对提高人民群众生活质量的重要意义。2004 年，在中央人口资源环境工作座谈会上，胡锦涛明确指出，人口资源环境工作必须"着眼于充分调动人民群众的积极性、主动性和创造性，着眼于满足人民群众的需要和促进人的全面发展，着眼于提高人民群众的生活质量和健康素质，切实为人民群众创造良好的生产生活环境"。[①]必须"切实维护生态环境安全，使广大人民群众喝上干净的水，呼吸上清洁的空气，吃上放心的食物，在良好的环境中生活。"[②]党的十八大报告指出："建设生态文明，是关系人民福祉、关乎民族未来的长远大计。"因此，生态问题不仅是一个经济问题，是一个社会问题，同时也是政治问题和文化问题。

---

① 《十六大以来重要文献选编》上，中央文献出版社 2005 年版，第 852—853 页。

② 胡锦涛：《全面贯彻落实科学发展观　推动经济社会又快又好发展》，《求是》2006 年第 1 期。

第六章　网络文化论：建设社会主义网络强国

第一节　网络时代的来临

近十多年以来，互联网作为一种快速、便捷的新型传播媒体，得到高速的发展与普及，风靡全球，也催生了技术进步与文化创新的结合——网络文化的产生与发展。网络文化是广大网民以网络为阵地，在网络虚拟空间里进行文化传播与文化消费形成的文化现象。由于网络空间的无限性、脱域性、虚实相间、亦真亦幻等特征，使得现实的网络世界既热闹非凡，又问题迭出。网络在给人们带来便利的同时，也带来许多问题和困惑。互联网作为信息、文化交流的场所，无时不在影响着人们的思想观念，同时又受到人们思想观念的制约和影响。我们可以看到，互联网充斥着各种各样的信息、意见和观点，众声喧哗，莫衷一是。特别是在网络文化的意识形态方面，存在着所谓"红、黑、灰"三个地带，如何正确引导网络及网络文化的健康及可持续性发展，使互联网技术更好地为人类服务，服务于我国社会主义文化建设，是一项十分重要而迫切的工作和任务。

当今世界，政治多极化、经济全球化、文化多元化、国际局势复杂化和多变化的特征日益显著，信息技术革命迅速发展，网络技术及其应用以前所未有的方式和速度改变着人类的生产生活以及全球治理实践方式，以文化软实力为特征的综合国力的竞争越来越激烈。1994年4月20日，我国正式成为真正拥有全功能接入互联网的国家。加上我国政府对信息化、数字化的建设加大投入，出台相关政策予以支持，不断加强网络基础设施的建设，我国互联网的发展规模以及网民的数量以惊人的速度快速增长。据第 39 次《中国互联网发展状况统计报告》显示，截至 2016 年 12 月，我国网民规模达 7.31 亿人，手机网民规模已达到 6.95 亿，占比达 95.1%，互联网普及率达到 53.2%，超过全球平均水平 3.1 个百分点，超过亚洲水平 7.6 个百分点。我国仅 2016 年全年共新增网民 4299 人，增长率为 6.2%，我国网民规模已经相当于欧洲总人口数量，手机网民的增长率连续三年超过 10%；截至 2016 年 6 月，我国网民中农村网民占比 26.9%，规模为 1.91 亿人，城镇网民占比 73.1%，规模为 5.19 亿人。截至 2016 年 12 月，我国 IPv4 地址数量为 3.38 亿个，拥有 IPv6 地址数量 21188 块 /32。我国域名总数为 4228 万个，其中".CN"域名总数年增长为 25.9%，达到 2061 万个，在中国域名总数中占比为 48.7%；我国网站总数为 482 万个，年增长 14.1%，".CN"域名下网站数为 259 万个。国际出口宽带为 6640291Mbps，年增长 23.1%。截至 2016 年 12 月，我国微信城市服务、政府微信公共号、网站、微博、手机端点应用等在线政务服务用户规模达到 2.39 亿，占总网民的 32.7%；2016 年，中国网民人均周上网时长为 24.4 小时。2016 年，我国网民互联网搜索引擎用户规模 6 亿多，使用率为 82.4%，网络新闻用户规模 6.13 亿，使用率 84%，网络视频用户规模 5.4 亿，使用率为 74.5%。现在，电脑、互联网、手机等现代化传媒工具已经深深地渗透到普通人的日常生活之中，似乎成为人们须臾不可离开的必需品，不仅极大地影响并改变了人们的生活方式和工作方式，而且成为人们交流信息、交流思想情感的重要载体，也是传播国内外资讯、新闻动态、政治经济、社会与文化的动态的重要渠道；同时，网络也成为我们了解社会、掌握舆情、把握民意社情的一个窗口。现在，各种新闻网站、各级政府部门网站、各行业的系统网站在网络上纷纷亮相，网络图书馆、网络博物馆、网络展览馆、网络文化站点争奇斗艳，网络音像制品、网络艺术品、网络动漫等文化产品层出不穷，不断发展的网络蕴涵着海量的文化信息与文化资源。

著名传媒学者马歇尔·麦克卢汉指出，"任何技术都倾向于创造一个新的人类环境。"① 人类历史在某种意义上就是一部技术发展史，人凭借自己发明的技术改变着与外部世界的联系方式及其自身的实践方式；在此过程中，同时也实现着人自身的发展与进步。从人类的诞生开始，技术就连同宇宙、自然、社会一起，构成人类生活内容的基本要素。从石器、铁器、蒸汽机、汽车、飞机、卫星到电脑、网络技术，各种技术及其手段作为一种依赖性、多样性、普及性的因素贯穿于人类整体发展历史进程之中，塑造着人类社会的构成及外观，并逐渐改变着人们的思想观念和行为方式，极大地促进了人类文明的发展，推动了人类社会的不断进步。因此，"铁路带来的'信息'，并非它运送的煤炭或旅客，而是一种世界观、一种新的结合方式，等等。电视带来的'信息'并非它传送的画面，而是它造成的新的关系和感知模式、家庭和集团传统结构的改变。"② 计算机互联网作为信息社会的重要标志，给人们带来"信息"，当然并非它提供给人民及时、便捷的海量信息，而是一种全新的虚拟现实与网络互动的交往形式，不仅改变了人类对于世界的实践方式，甚至在不断地塑形我们的未来。假若说，手推磨是农耕文明的标志，蒸汽机是工业文明的标志，那么，互联网技术则是"信息文明"时代的标志。我们常说，现在人类生活于"地球村"之中，而网络则是"地球村"形成中最为重要的因素和条件，它四通八达、无处不在。无时不在的网络触及几乎地球的每个角落、每块土地，把不同国家、不同地区、不同肤色、不同年龄、不同性别的人与群族神奇地联系起来，使他们超越了现实地理、物理条件的阻隔，凭借无形的方式结成一种虚拟的"组织"或"社区"，成为地球村的"村民"。可以毫不夸张地说，互联网技术是人类继火、蒸汽机、电等的发明之后对

---

① ［美］理查德·A. 斯皮内洛：《世纪道德——信息技术的伦理方面》，刘刚译，中央编译出版社1999年版，第1页。

② ［法］让·波德里亚：《消费社会》，刘成富、全志钢译，南京大学出版社2000年版，第39页。

人类文明造成又一革命性、里程碑意义的、划时代的重大科技事件，这种创新与变革的重要意义与效应无论如何评价都不为过，甚至比以往的技术革命意义更为深远，更具颠覆性，更具系统性。因此，"计算机不再只和计算有关，它决定我们的生存。"① 计算机网络不仅仅是技术和工具，它也是我们的世界，我们自身存在的一部分可能是我们人类自己。它创造了一种把我们人类思维置身于其中的世界，在这个世界中，物理世界与虚拟世界彼此交融，失去边界，同时，它不断地向人类社会生产、生活、消费的各个领域渗透与融通，为人类提供了从未体验过的数字智能化的虚拟生存时代。

互联网作为一种新的渠道、新的载体、新的平台，具有许多传统媒体所不具备的和优势，其固有的广泛性、互主体性、匿名性、超时空性、渲染性、去中心化等特征，给人们的通信、社交、网上贸易、资源的共享化等带来了极大的便捷。具体到政府的社会治理方面，一方面可能带来一些工作管理上的难度，但是另一方面，又为各级各地政府部门和官员干部利用其"问政于民""问计于民"创造了有利的条件和手段，有利于政府公共决策的科学化和民主化，有利于中国特色社会主义政治建设。

首先，随着网络技术的不断发展，越来越多的网民可以利用互联网上的博客、论坛、QQ 群、微信公共号、短消息等宣传平台发表意见，表达自己的观点和见解，能够及时反映自己的真情实感及利益诉求，从而较好地实现了公民的知情权、参与权、表达权与监督权，为广大人民群众发挥其主体能动性、发挥主人翁作用等创造了前所未有的条件和手段。

其次，各级政府部门可以从网络上关注社会舆情，广泛地了解社情民意，从网络"民间舆论场"获得各种社会信息，把握社会动态，更广泛更及时地知晓人民群众的所思所想。

再次，网络技术改变了公众参与政治以及其与政府交往的实践方式。现代网络传媒以其虚拟性与"广场式"意见汇聚特征，改变了以往

---

① ［美］尼葛洛·庞蒂：《数学化生存》，胡泳译，海南出版社 1998 年版，第 15 页。

传统固定有限时空的局限性，能够消除现实生活中地位、身份、职业性质等限制，更加真实、直接地表达思想认识，以广泛、开放、民主、自由的方式参与到政治生活中去，使传统"科层式"的政治权力结构趋于扁平化、压缩化，改变了网民表达意见以及政府收集民意、进行决策的方式和方法，不仅有利于提升政府行政的公信力、办事效率以及政治参政度，而且能够推动公民政治认同的发展，进一步推动我国政治文明建设的步伐。

第二节　网络文化与文化软实力

20世纪60年代，美国著名的社会学家丹尼尔·贝尔在其名著《后工业社会的来临：对社会预测的一项探索》中预言，技术尤其是"新智能技术"对于社会变迁、社会结构、社会关系、社会文化具有重大影响。曼纽尔·卡斯泰尔指出，"网络社会是一种全新的社会结构"。技术哲学家拉普认为："实际上，技术是复杂的现象，它既是对自然力的利用，同时又一种社会文化现象。"[①]网络技术在当代人类社会的迅速发展，使得互联网依托无限宽阔的平台，突破了种族、社会制度、社会地位、国家、地区等有形或无形的"藩篱"，实现了点与点的对接，对社会生活的方方面面产生着越来越大的影响。随着各种信息网络在计算机技术以及各种核心领域的不断融合，不仅大数据世界与有形的物理世界形成了物联网，而且大数据技术与社会网络也开始发生交融，形成一种称之为"人—机—物"三元共生的网络格局。不仅如此，互联网的价值更重要的是其建起了一个覆盖全球的庞大物品联结和人类生存图景，网络对社会组织、社

---

① ［德］F.拉普：《技术哲学导论》，刘建新译，辽宁科学技术出版社1986年版，第57页。

会机体起着重要的联系和调节作用，造就了一个全新的社会存在和社会实在：相识或不相识的人在相遇、交流、交往，在学习、工作、生活，在这里消磨时光……。就像美国"网络精英"艾瑟·戴森所指出的：网络"并不仅仅是一个信息源，它是人们用来进行自我组织的一种方式"。[①] 有时候，网络甚至让人感到它是比现实社会更加真实的社会存在。网络正在以最初的外在性、辅助性、边缘性的工具转变为涵盖政治、经济、文化、生态、国家主权等复杂因素的人类社会生活的新领域、新空间，成为富有无限张力和无限潜能的虚拟空间，"作为一种趋势，信息时代的支配性功能与过程日益以网络组织起来。网络建构了我们社会的新社会形态，而网络化逻辑的扩散实质地改变了生产、经验、权力与文化过程中的操作和结果"。[②] 种种迹象显示，互联网技术正在以一种不可阻挡的巨大力量对整个社会的全面渗透与改变最终加深了当代世界的网络化、全球化趋势，散居于各个角落的人们正在被网络联结成一个整体，进而被重组。任何国家、组织团体或者个人，想要有效地参与世界经济、政治之中，必须接入这个世界性网络与相关主体产生真正的联系与交往才是可能的；否则，就会被排除在外，失去交往的资格和条件，这既是世界发展的客观趋势，也是目前存在的客观事实。

任何文化都是特定地域的主体在其特定历史地理以及技术条件下的实践产物。网络技术的应用及其发展孕育、催生了网络文化的产生。国内有学者认为，网络文化"是以信息网络技术改造自然、社会和人自身的实践活动中生成和建构的、既体现网络社会特征又与现实文化具有共生关系的文化理念、文化活动和文化产品"。[③] 我们认为，所谓网络文化，就是以计算机信息网络技术及其设施为实践平台的、网络实践主体在网络活动中

---

① ［美］埃瑟·戴森：《2.0 版，数字化时代的生活设计》，胡泳、范海燕译，海南出版社1998 年版，第 52 页。

② ［美］曼纽尔·卡斯特：《网络社会的崛起》，夏铸九等译，社会科学文献出版社 2002年版，第 568 页。

③ 郑元景：《中国网络文化软实力研究》，人民出版社 2016 年版，第 36 页。

所呈现的价值情感、理念及其成果的总和。网络文化本质上是现实社会文化的延伸和多样化的表现。

可以说，基于我国日益发展的网络实践活动产生的网络文化已经成为中国特色社会主义文化的有机组成部分，网络文化建设是我国文化建设的重要内容。推动网络文化软实力发展不仅是时代发展的要求，是我国社会主义现代化建设事业的需要，而且是广大人民群众的热切期盼，更是当前摆在我们面前的一项十分重要而紧迫的、新的战略任务。

作为一种新的技术、新的人类实践方式，网络文化有其特殊的属性、内涵、形态、构成、功能及作用。正如比尔·盖茨所说的："信息高速公路将打破国界，并有可能推动一种世界文化的发展，或至少推动一种文化活动、文化价值观的共享。"[①]网络文化产生于当代人类社会实践，又反作用于现实社会，它不仅影响着网络生产、传播、消费的实践形态，如前所述，而且它可能改变传统的政治管理、社会管理模式，更新政府、社会、企事业和人之间交流互动的方式，使其呈现出新的样式。

党中央、国务院、中央领导高度重视网络文化建设，在不同场合阐明了网络文化建设的地位、作用、目标和任务，围绕网络文化建设与管理发表了一系列重要指示，为我国网络技术和网络文化的健康发展指明了方向。2008年6月20日，胡锦涛同志做客"强国论坛"，在与网友面对面交流时指出："网友们提出的一些建议、意见，我们是非常关注的。我们强调以人为本、执政为民，因此做事情、做决策，都需要广泛听取人民群众的意见，集中人民群众的智慧。通过互联网来了解民情、汇聚民智，也是一个重要的渠道。"[②]他说，"要高度重视网络文化建设，加强对互联网、手机短信等新兴媒体的应用和管理，支持重点新闻网站建设，提高网络文化产品和服务供给能力，主动引导网上舆论，有效防范和遏制有害信息传播，努力使互联网成为传播社会主义先进文化的前沿阵地、提供公共文化

---

① ［美］比尔·盖茨：《未来之路》，辜正坤主译，北京大学出版社1996年版，第57页。
② 胡锦涛与网友在线交流。搜狐新闻，见 http：//news.sohu.com/20080620/n257630353. shtml。

服务的有效平台、促进人们精神文化生活健康发展的广阔空间。"①这些重要论述成为中国特色网络文化发展的指导思想和基本内容。

中国特色网络文化发展理论是马克思主义基本原理特别是马克思主义文化发展理论与我国现代网络时代具体实践相结合的产物，是时代精神的体现，因此，它是当代马克思主义中国化的又一个理论成果。中国特色社会主义网络文化的产生和丰富发展，是中国特色社会主义文化理论在网络时代的创新，其吸收了现代科技文化的优秀成果又植根于我国传统的优秀文化的深厚土壤，立足于当下的网络实践，是不断更新不断创新的当代文明成果。

网络文化包含几个方面的层次：一是物质层面，指各种网络物质设施与条件，包括各种硬件、软件产品，是网络文化的物质载体与基础；二是精神层面，指网络文化主体所秉持的基本理念和价值观，比如，自由、民主、平等、开放、共享、创新等精神内涵，这些精神内涵影响并引导着人们的网络行为，不断规范着其世界观和生活方式，指导着人们的网络行为；三是网络制度层面，网络作为一种技术发明或者技术实在，要保障其正常运行，需要有相应的技术规范及实践运行准则，比如，各种形式的网络协议、网络规划、技术指标，也包括政府管理部门制定的各种法规、条文和网络道德准则等。四是网络行为层面。网络是由无数技术人员、管理人员、匿名网及其活动构成的无限、开放的复杂世界，这些主体实践或实践行为是网络文化的重要方面。网络主体的行为方式和活动方式是其思想、价值理念的外在表现，而且其本身同时又在构建着新的文化元素，孕育着新的文化因子。

网络的文化特征是由网络文化的实践方式特性决定的，由于人类网络文化体系正在形成中，它的许多特征还未尽显露出来，因而，其特征也还在发展变化之中。一般而言，网络文化的主要特点有以下几个方面：

一是形态的虚拟性。网络文化的生产、消费、传播等具有不同于一般

---

① 《胡锦涛文选》第 3 卷，人民出版社 2016 年版，第 64 页。

文化的虚拟性的特点。这种虚拟性指的是它的非现实性状态，但也不是虚无。这种虚拟性与网络的信息、符号特征相关联。因为文化信息既非物质亦非能量，而是人同外部世界进行互相交换的内容信号。

二是主体的多样性。网民的身份超越了地域、性别、身份、社会地位、文化程度等的限制，其主体构成多种多样。成为网民的条件很方便，无论是谁，只要有一部手机、一台联网的电脑就可以较自由、民主地在网络上发出自己的声音。

三是主题的发散性。网络上的各种思想、观念充斥网络空间，呈现出文化话语主题复杂多元化的特征。网络文化依托网络提供的多种平台，成为广大网络用户宣泄情感、发表私人意见、表达利益诉求和呼声、阐述思想观点的渠道和方式，其涉及的话题是多种多样的：时政、新闻、民生、娱乐、教育、生活等五花八门。

四是价值的多元性。正是由于网络主体的多样性，也在某种程度上造成了文化群体的分裂与碎片化，以及文化价值的多元、文化格局的杂多状况。最主要的就是非主流价值观对主流价值观的冲击与挑战，甚至对主流价值的颠覆与解构。由于网络是一个无国界、无疆域的开放平台，其中一些错误、低级、腐朽、消极、有害的价值观充斥其间，会扰乱人们的思想认识，从而加剧思想领域价值观的多元化状况。

五是传播的即时性。网络因其传播方式的快速、多样，以及受众的广泛性，一些网络信息犹如"星星之火"很容易酝酿、渲染、发酵，"爆发"成为较大的"网络事件"，引起轰动效应，得到广泛的关注。例如，层出不穷的网络热点、网络暴力、网络搜索等迅速蔓延开来，常常吸引了公众的眼球。

网络文化作为国家综合国力的构成因素，是文化软实力的一部分，是国家意识形态、民族传统文化的时代扩展空间。有学者认为，在网络公共平台上进行群体开放性交流，无论最初的意见是什么倾向，其观点都会被强化，这种现象被称为"群体极化效应"，并影响人们的判断力，这是需要引起注意的问题。因此，对网络空间和资源的争夺与建设已悄然成为许多国家的战略任务之一，也成为国际竞争的重要内容，"信息资源已成为软、硬权力的倍增器，在增加物质力量有效性的同时，信息还能够增强一国文化、意识形态等方面的吸引力"。①

从其构成上，网络文化软实力包括以下几个方面：

一是网络文化生产力。指网络作为一个种开放、自由、平等的"民间舆论场"，每天都在产生、生发出各种不同的资讯、信息，是一种新型的社会生产力或生产模式，为社会大众生产出一定的文化产品，提供一定的文化服务。正如国内著名学者鲍宗豪所说："网络文化生产方式的形成和发展，正在成为未来社会生产方式的重要部分，并对文化发展产生重要影响；该生产方式的表现是：生产主体使用的劳动工具从物品形态向电子形态转变，劳动对象由物变为虚拟，人和自然空间关系变为人和数字空间的关系，生产力占有的劳动资料，从实物变为电子网络。"② 这表明，网络文化生产力具有自己独特的属性，其生产力的主体、对象、工具及生产成果与传统意义上的实体生产力有很大的不同，作为文化、技术、经济相互高度融合的产物，具有极为广阔的发展前景。

二是网络文化传播力。是指网络传媒将其文化价值观信息源向外扩散的能力。在信息化时代，文化的传播能力已经成为文化软实力的决定性因素。网络的传播能力或辐射能力，是指网络以其快捷性、即时性、多样性的特征能够用较快的速度、更广泛的范围、更多元的渠道传播特定的信息，其广泛的受众、覆盖度和传播效果是传统的传播方式所无法达到的，并且以其强大的"融合"效能对传统的报刊、广播、电影、电视等其他媒介形态形成多媒介、全媒体的整合与重组。互联网最突出的优势是其快捷、高速的信息复制、传播速度和频率，而且还会产生出信息传播的增效、倍加作用。网络文化传递；能力的大小，一方面与一定的网络传播技术条件有关；另一方面当然也与传播内容有关。"信息优势

---

① josephs.Nye, Jr.and O Wens,William A., "America's Information Edge", Foreign Affairs, 1996, 75（2）, p.20.

② 鲍宗豪：《全球视野下的城市文化构建》，《解放日报》2010年2月7日。

国家的思想和价值观的全球扩散力加快、影响力增强，软实力成为此过程中不可避免的副产品。"① 一般地，网络文化传播是有一定规律的：首先，网络信息在其产生的区域范围内有限传播。在契合受众文化需要的基础上产生网络文化的感染力和影响力，形成一定范围内人群对象的"软性渗透"；其次，网络信息的向外传播。即从国家范围内向域外的传播而产生国际效应，这是网络文化传播和由内向外的扩散与延伸。提高网络文化传播力是一个系统工程，需要做的工作很多：为了提高网络文化的传播力，要充分利用信息技术手段，不断革新信息交流的方式和渠道，疏通信息障碍，扩大传播范围，实现网络资源的高效流动；要优化传播环境，加强对传播环节的规划和管理，建立多样化的传播方式和渠道；从传播对象的文化心理需要及思想特点出发，同时，要注意其内容的选择，对传播内容进行精良制作；探索有效的网络话语表现形式，提高吸引力和影响力；等等。

三是网络文化引导力。引导力就是对社会舆论、人们思想的引领及导向的能力。网络上充斥着各种各样的思想文化，要使主流的意识形态占领网络舆论的主阵地。当下的网络世界，各种论坛、社区、视频、电台、聊天室、公众号等传媒渠道，已经成为社会不同利益主体表达其社会诉求、众声喧哗的意见广场，成为各种社会舆论的"加速器"和"放大器"，由于网络自主性、匿名化及弱规范性的特点，使得网络夹杂着许多偏激、情绪化、非理性表达的不和谐音符，很容易误导公众视听。因此，必须以高度的责任感加强网络的意识形态属性，用社会主义核心价值观引领网络文化发展方向，掌握网络工作的马克思主义文化领导权。对我国而言，就是要以马克思主义、社会主义核心价值体系引导各种不同的价值观念，打好主动仗，唱响主旋律，使网络发出富有正能量的声音和信息。

---

① Robert O Keehane and Joseph S.Nye Jr. (1998) "Pour and Intend defence in the Information Age", Foreign Affairs , 77 (5) , p.86.

四是网络文化凝聚力。网络文化凝聚力主要体现在内外两个方面：对内增强民族向心力、聚合力，对外增强国家的亲和力、吸引力。为此，需要采取内外有别又相互照应的网络文化发展策略，使之形成系统整体合力。对内，要以社会主义核心价值观为引领、阐释并演绎积极向上、健康、科学的价值思想观念，以科学的理论武装人，以正确的舆论引导人，以高尚的精神塑造人，以优秀的作品鼓舞人，用网络文化振奋民族精神、统一思想、凝聚力量，不断激发人民群众的创新活力，丰富他们的精神生活；对外，要构建中国特色的社会主义话语体系，弘扬中国精神，讲好中国故事，加强中国与世界之间的相互交流相互了解，减少隔阂与误解、减少对立对抗。面对有关世界事务、国际问题或者人类发展共同问题，倡导大家各方一起参与交流、讨论、协商，通过网络等平台增进理解，凝聚更多智慧和力量，求同存异，增进共同的福祉，切实提升网络文化的认同度、公信力和影响力。

第三节　科学发展观视域下的社会主义网络文化建设思想

党的十六大以后，胡锦涛同志关于中国特色网络文化建设问题发表了重要的论述，系统论述了建设和发展中国特色网络文化建设的重要意义、基本方针、建设目标、主要任务、管理要求等，这些重要论述丰富和发展了中国特色社会主义文化建设的理论体系。

第一，充分强调网络文化建设在中国特色社会主义文化建设事业中的战略地位。随着网络信息技术的迅速发展，计算机网络及其应用已经深入现代社会的各个领域、各个方面，成为推动现代社会发展的重要动力，成为传播知识和信息的主要渠道和手段，极大地影响并改变着人们的工作、学习、生活和生产。胡锦涛指出："我们必须从占领文化传播制高点和掌握信息化条件下宣传思想工作主导权的高度，抓住信息化的历史机遇，善于运用先进技术传播先进文化，积极发展中国特色网络文化。"①他还强调，"能否真正使互联网成为传播社会主义先进文化的新途径、公共文化服务的新平台、人们健康精神文化生活的新空间，关系到社会主义文化事业和文化产业的健康发展，关系到国家文化信息安全和国家长治久安，关系到中国特色社会主义事业的全局"②。

第二，提出了中国特色网络文化建设的新要求。胡锦涛鲜明指出："加强我国网络文化建设和管理，必须从中国特色社会主义事业总体布局和文化发展战略出发，坚持以邓小平理论和'三个代表'重要思想为指导，全面贯彻落实科学发展观"，"坚持积极利用、大力发展、科学管理，以先进技术传播先进文化，促进和谐文化建设，更好地满足人民群众日益增长的精神文化需要，为全面建设小康社会提供有力的思想保证和舆论支持"。③

第三，阐明要充分利用并建设好互联网，使其成为先进文化新阵地、公共文化新平台、人民精神文化新空间。2008年6月，胡锦涛在人民日报社考察工作时指出："互联网已成为思想文化信息的集散地和社会舆论的放大器"④，网络产生的数据和信息呈现爆炸式增长趋势。中国的网民每年都在以很高的速度增长，用在上网的时间和精力占据了许多人日常社会很大的一部分。要以先进文化引领网络文化发展，2008年1月，胡锦涛在全国宣传思想工作会议上的讲话再次强调，"要高度重视网络文化建设……努力使互联网成为传播社会主义先进文化的前沿阵地、提供公共文化服务的有效平台、促进人们精神文化生活健康发展的广阔空间"⑤。

第四，必须坚持正确的网络导向，坚持文明办网、文明上网，不断净化网络环境。网络的虚拟性、便捷性、广泛性、平民化等特点，使得网络

---

① 《胡锦涛文选》第3卷，人民出版社2016年版，第64页。

② 《胡锦涛文选》第2卷，人民出版社2016年版，第559页。

③ 《胡锦涛文选》第2卷，人民出版社2016年版，第559—560页。

④ 胡锦涛：《在人民日报社考察工作时的讲话》，人民出版社2008年版，第7页。

⑤ 《胡锦涛文选》第3卷，人民出版社2016年版，第65页。

系统衍生出巨量的信息，并且这些信息性质与成分十分复杂多样，鱼目混珠，真假难辨，既有积极向上正面的信息，但也充斥着大量消极负面的信息。因此，要唱响网上思想文化主旋律，坚持社会主义先进文化的发展方向，努力宣传科学真理、传播先进文化、倡导科学精神、塑造美好心灵、弘扬社会正气。针对网络环境下青少年的健康成长问题，胡锦涛强调，"互联网迅速发展，逐步进入社会生活的方方面面，愈来愈多的青少年和互联网交上了朋友，这是一件可喜的事情。但同时也加重了我们的责任……要加强管理，趋利避害，积极防范互联网给青少年带来的负面影响"，并要求"团组织要认真研究互联网对青年思想带来的影响，努力建设思想政治工作的新阵地"。①

第五，加强网络管理，加强网络法制建设进程。作为一项人类掌握的高科技手段和工具，互联网是一把典型的"双刃剑"。它既给人类带来了巨大的方便，也产生出了不少的烦恼，甚至成为一些不良分子的犯罪工具，虚假信息、信息泄露、网络欺骗、诈骗、黑客攻击等相关违法事件频频发生。对此，胡锦涛鲜明提出"网络建设和管理法制化"观点，强调"促进网络文化建设和管理法制化，推动中国特色网络文化繁荣发展"；要坚持"两手抓"，"一手抓建设、一手抓管理"②。对此，《中共中央关于深化文化体制改革　推动社会主义文化大发展大繁荣若干重大问题的决定》也强调指出，"加强网络法制建设，加快形成法律规范、行政监管、行业自律、技术保障、公众监督、社会教育相结合的互联网管理体系"③。

第六，要不断加强和提高各级干部的网络水平和能力。网络是新的技术、新的手段、新的工具，各级领导干部要重视学习互联网知识，提高领导水平和驾驭能力，必须跟上时代发展的要求，提高网上公共文化服务水

---

① 吴爱明主编：《中国电子政务——法规与案例》，人民出版社 2004 年版，第 417—418 页。

② 胡锦涛：《在中共中央政治局研究加强青少年体育工作和网络文化建设工作时的讲话》，《解放军报》2007 年 4 月 24 日。

③ 《十七大以来重要文献选编》下，中央文献出版社 2013 年版，第 570 页。

平，要掌握运用信息网络进行工作和从事管理的能力，努力开创我国网络文化建设的新局面。2010年，胡锦涛在《求是》杂志上撰文，强调："现在信息网络化程度越来越高，对党的建设提出挑战，也带来机遇。……各级干部要学习和熟悉信息网络，善于运用信息网络，提高运用信息网络进行引导和管理能力。"[①]在互联网时代，社会实践的发展对各级领导干部的工作提出了新的要求和期望。

第四节　大力提升我国网络文化软实力

现在，网络已经成为我国经济社会运行的重要设施和重要的有效媒体，互联网已成为当今世界不可缺少的一部分。近些年来，在党和政府的大力推动下，我国社会主义网络文化的吸引力、影响力不断增强，互联网逐渐成为人们传播知识和信息的主要渠道和手段，成为通达政情民意的新方式、新渠道，我国网络文化产业的规模化、集约化、专业化水平也在不断提高，网络在推动经济社会发展，构建社会主义和谐社会和全面建设小康社会的过程中发挥了十分积极的作用。

与此同时，网络所带来的负面问题也越来越突出，网络欺诈、网络黑客、网络病毒威胁着网络电话的安全，网络色情、暴力、虚假信息等危害着广大未成年人的身心健康，网络上一些反动、错误的议论，混淆了人们的视听，搞乱了人们的思想，给意识形态工作带来了极为严峻的挑战。由于网络高度的交互性、虚拟性、开放性等特征，导致对网络的管理比较困难，尤其是我们无法用传统的方法来管控网络舆论。尽管有难度，或者说正是因为有这个难度，所以我们更要去加强网络的管理，加大管理的力度，按照"积极发展，加强管理、趋利避害、为我所用"的方针，积极

---

① 　胡锦涛：《努力开创新形势下党的建设新局面》，《求是》2010年第1期。

探索网络管理的规律，在网络管理方面出实招、出硬招，大力创新网络文化，繁荣网络文化，使网络文化适应于中国特色社会主义文化事业的发展。

那么，如何建构我国网络文化软实力呢？应该抓好以下几个方面的工作。

第一，提供丰富的优秀的网络文化产品，健全网络文化服务体系。2008 年 6 月 20 日，胡锦涛在人民日报社考察工作时要求："使互联网成为传播社会主义先进文化的前沿阵地、提供公共文化服务的有效平台、促进人们精神生活健康发展的广阔空间。"要不断满足人民群众日益增长的文化需要，丰富他们的精神生活、精神世界，"要提高网络文化产品和服务的供给能力，提高网络文化产业的规模化、专业化水平，把博大精深的中华文化作为网络文化的重要源泉，推动我国优秀文化产品的数字化、网络化，加强高品位文化信息的传播，努力形成一批具有中国气派、体现时代精神、品位高雅的网络文化品牌，推动网络文化发挥滋润心灵、陶冶情操、愉悦身心的作用"。[①] 要利用中国传统文化的丰富资源，结合当代中国特色社会主义的伟大实践，将优秀的民族文化与改革创新的时代精神结合起来，以马克思主义科学世界观和方法论为指导，依据中国社会实践以及广大人民群众的需求和期待，对文化资源进行深入挖掘梳理、改造和创造创新，使其转化为人民群众的精神食粮；突出网络文化的公益性质，发挥其对经济社会发展的促进作用。

第二，充分发挥文化体制创新和技术创新的"杠杆"作用，大力开发网络文化的内在潜能。创新是网络文化的动力之源、活力之源。与传统媒体相比，网络传媒从内容、载体、形式到技术手段都发生了很大的变化，有力地促进了网络文化的形成与发展。然而，总体来看，我国网络文化的数量和质量都有待提升，网络文化创新能力不足，严重制约了其发展水

---

① 江金权主编：《伟大工程谱新篇——胡锦涛总书记抓党建重要活动纪略》，人民出版社2007 年版，第 488 页。

平。由于网络技术的核心部分掌握在西方发达国家手里，我国网络信息技术创新发展的任务十分艰巨，在此方面未来需要有大的突破和提高。

第三，用社会主义核心价值体系统领网络文化的发展，共建网络的中华民族精神家园。意大利政治家马基亚维利曾经说过，造就最强大国家的首要条件并不在于制造枪炮，而在于能够造就其国民的坚定信仰。在各种思想观点激烈碰撞、各种社会思潮尖锐交锋的网络世界里，必须要有阵地意识和责任意识，要旗帜鲜明地表明主流意识形态的立场与诉求，勇于并敢于对错误、有害的网络思想观点发声发力，用社会主义核心价值体系谋求改革创新发展的共识，大力增强中国特色社会主义及社会主义国家的和谐发展力量，利用网络平台和网络载体加强对真善美的宣传、教育和引导，大力倡导社会主义价值观、人生观，凝聚民族精神，使中华民族共有的精神家园成为社会成员情感与思想认同的"故乡""家园"。

第四，加强网络意识形态的领导权建设。巩固马克思主义在意识形态领域的指导地位，巩固全党全国人民团结奋斗的共同思想基础，迫切需要我们深入研究回答干部群众关心的一系列重大理论和实际问题，增强理论工作的说服力和战斗力，是我国宣传思想工作面临的主要课题之一。如前所述，网络世界存在着种种乱象，有的思想观点与我们提倡的主流价值观是格格不入的。如果听任其泛滥、流传，就会损害我们社会主义事业，威胁到和谐稳定的社会运行秩序。因此，对此必须及时加以正确引导和干预。当前，我们要牢牢掌握对网络文化意识形态的领导权，切实以社会主义核心价值体系来规范引领形形色色的思潮和认识观念，使其成为网络文化发展的底色。最重要的就是坚持马克思主义指导思想，坚持中国特色社会主义共同理想，坚持爱国主义的民族精神和改革开放创新的时代精神，弘扬主旋律，提供正能量，坚定社会主义、共产主义理想信念。对于作为舆论场的网络，要坚持正确的政治导向，对于那些错误的、反对社会主义、反对党的领导的言论要针锋相对地进行坚决批判，不能听之任之；要以更深刻的认识、更开阔的思路、更有效的方法、更有力的措施，着力巩固壮大主流思想舆论阵地，为继续解放思想、坚持改革开放、推动科学发展、全面建成小康社会、开创中国特色社会主义提供良好的网络文化环境以及强大的思想舆论保障。

第五，积极建构中国特色网络文化。网络具有开放性、国际性，网络已经把世界上几乎所有的国家和地区联结为一体，但是各个国家对网络的管理方式却不尽相同，都具有自己的方式，主要表现为对网络内容划定、网络开放度的把握等方面的差异。我国网络文化建设应当体现中国气派、突出民族特色，建设具有中国特色的网络文化。在全球网络阵地上，来自西方发达国家的语言网络信息占了很大的比重，我们的网络信息还比较少，面对这种不平衡、不协调不正常现状，我们必须走出一条具有中国特色的网络文化发展之路。最主要的就是要把得天独厚、丰富广博的中华文化作为网络文化建设的重要源泉，吸收当代文化合理成分和历史传统文化的优秀因素，利用好发挥好传统文化优势资源，大力传承和弘扬我国的优秀传统文化，积极拓展对内对外网络信息的辐射空间和传播空间，创新网络传播方式和手段，打造具有中国气派、体现时代精神、质量上乘的网络文化作品和产品，形成万众一心、奋发向上的精神状态和积极进取的精神力量，彰显我国网络文化建设的民族特色和时代特色。

第六，加强建设主流网络，充分发挥其舆论导向功能。现在，我国各级政府部门、相关部门一般都建立了自己的网站、网页，但许多网站的网络化、信息化的程度并不太高，内容欠丰富，可读性不太强，大多还处于低层次水平。与此形成鲜明对比的，则是一些民营性质的门户网站却各领风骚，经营得风生水起，拥有大量的网民，成为人们获取新闻资讯的重要渠道。因此，我国应该高度重视主流网站的建设，在这方面向民营网络媒体学习，进行实践探索，除了办好已有的网站外，还要尝试开辟其他形式的网站、网页，丰富网络资源，及时反映社会热点、焦点问题以及人民群众普遍关心的问题，在重要问题、事件上发声，利用公共论坛、交流平台与广大网民网友进行对话交流，反映人民群众的呼声，倾听来自社会各个层面的意见和建议，引导网络舆论，理顺网民的情绪、心态，及时化解和消除网络世界的负面反映，共同建设和谐网络。我们欣喜地看到，近年来

"人民网""新华网""中国网"等大的主流媒体网络建设取得了显著的成效，其质量和规模有了很大的提升，点击量、阅读量、人气在不断攀升，对于引导社会舆论和整合社会舆论越来越发挥出了越来越重要的作用。

第七，加强法制建设，规范网络行为。网络行为尽管是虚拟的总归是人的行为，是由主体的人实施开展的。尽管网络具有高度的虚拟性，但也并非法外之地。以法治网是网络管理最有效、最可靠的方式。2007年1月23日，在中共中央政治局进行第三十八次集体学习会议上，胡锦涛强调，加强网络文化建设和管理，要充分发挥互联网在我国社会主义文化建设中的重要作用，必须以积极的态度、创新的精神，大力发展和传播健康向上的网络文化，切实把互联网建设好、利用好、管理好。[①]胡锦涛指出，要"按照积极利用、科学发展、依法管理、确保安全的方针，形成法律规范、行政监管、行业自律、技术保障、公众监督、社会教育相结合的互联网管理体系，提高对虚拟社会的管理水平。要落实互联网管理责任，明确各有关单位的法律责任和权责关系，形成党委统一领导、政府严格管理、企业依法运营、行业加强自律、全社会共同监督的互联网综合管理格局"。[②]因此，以法律法规治理网络行为，既存在着一定的难度，但也具有一定的可能性和现实性。对于那些恶意上网，在网上散布、传播反动、虚假、色情、淫秽信息、影像的人和行为要进行法律制裁，遏制其违法现象。使网民认识到在网络世界同样要遵纪守法，依法上网，要对自己的行为负责，自觉规范自己的网上行为，成为知法懂法守法的现代网民。

第八，发挥网络意见领袖的影响力和号召力。在网络世界，"粉丝"数量及其点击量就是"生产力"。谁拥有的"粉丝"数量多，谁的网页点击量就大，就意味着更多更有效的信息传播。现在，除了无数的各种网站之外，论坛、博客、微博、微信公共号等网络公共空间里面汇聚了大量的

---

① 《中国改革开放30年大事记》下，人民出版社2008年版，第864页。
② 《十七大以来重要文献选编》下，中央文献出版社2013年版，第154页。

网民，许多作者拥有很多"粉丝"和读者，人们形象地称这些作者为"意见领袖"或"网络大 V"，这些网络意见领袖具有很大的舆论影响力，有的甚至可以"一呼百应"；他们对于事件、时局的看法，倾向性很容易感染、引导其"粉丝"。因此，应当适当发挥一些网络意见领袖的作用，提升他们的社会责任感，借用他们的影响力和号召力引导网络舆论向健康和谐的方向发展。

第九，加强网络形式与内容的有机统一。事物有内容与形式两个不可分离的方面，网络亦然。网络的形式指的是网络的可视化、表面上的方面，是网络内容的表现方式。网络是一门视觉性很强的艺术空间。网页的设计、布局、装饰、美化等关系到网络的外在形式。好的宜人的网络形式除了给人以美的感受之外，也会使人产生关注、阅读的冲动和欲望，从而收到良好的传播效果。当然不用说，事物的内容永远是第一位的，内容重于形式。网络的内容是指网络所反映的价值倾向性、代表的政治方向等方面。不管什么时候、网络与传统媒体一样，都应该为社会为人民提供正确、有价值的精神食粮，伸张社会正义，歌颂真善美，鞭挞假恶丑，大力弘扬社会主流的意识形态，促进社会和谐发展。

第十，加快网络文化队伍建设。加快网络文化建设，人才是关键。胡锦涛指出，"要加快网络文化队伍建设，形成与网络文化建设和管理相适应的管理队伍、舆论引导队伍、技术研发队伍，培养一批政治素质高、业务能力强的干部。"[①] 2003 年，国家颁布了《关于加强信息安全保障工作的意见的》27 号文件，针对我国信息安全保障工作存在网络与信息系统的保护水平不高、信息安全管理和技术人才缺乏、全社会的信息安全意识不强等问题，提出加强信息安全保障工作，必须需要一大批具有高素质、高技术水平的信息安全管理和技术人才，要给予政策的支持，加强信息安全方面的人才队伍建设，加快网络工作人才的培养。

---

① 江金权主编：《伟大工程谱新篇——胡锦涛总书记抓党建重要活动纪略》，人民出版社 2007 年版，第 488 页。

第五节　构建国家网络文化安全体系

一、网络文化安全及其内涵

国家的安全问题是社会发展尤其是经济全球化、互联网时代以及文化经济化条件下突现出来的时代性命题。安全包含传统安全与非传统安全两大部分，而这两者之间不是截然分开的，而是一种互相渗透、相互转换、相互交叉的关系。所谓传统安全是指军事、政治、外交冲突、意识形态领域的斗争等安全因素；而非传统安全是指除军事、政治和外交冲突以外的其他对主权国家及人类生存与发展构成威胁的安全因素，其具有跨区域性、突发性、隐蔽性、转化性、广泛性等特点。文化安全是国家主权安全的一个重要内容。在网络时代新的历史条件下，国家的文化安全问题愈来愈凸显，必须引起我们的高度重视。

从历史追溯，文化安全的问题可以说是源于西方资本主义制度确立之后，西方国家凭借其生产力和科学技术的优势对外扩张，其结果"使野蛮的和半开化的国家依赖于文明的国家，使农民的民族依赖于资产阶级的民族，使东方依赖于西方"。[①] 东方不仅在经济上科技上依赖于西方，甚至某种程度上在思想文化方面也依赖于西方，其文化安全问题也渐渐显露出来。自 1840 年以后，中国在西方列强的进攻中节节败退，文化也陷入西方文化的笼罩、威胁之中，从此长期处于消极被动的防御状态。让中国人明显感受到最初的文化威胁就是近代欧洲传教士纷纷来华，他们深入中国不少地方传播基督教文化，同时带来了西方先进的科学知识和技术，给国人以强烈的刺激和新奇，随着这种传教活动的扩大，当时一些士大夫阶层把"保教"提高到了"保国"的高度，充分说明了他们已经意识到其对于

---

① 《马克思恩格斯全集》第 4 卷，人民出版社 1956 年版，第 470 页。

维护封建统治构成了严峻的挑战。

　　具体而言，文化安全的内涵主要是指：第一，一个国家的文化主权的独立性、完整性。"国家拥有的文化主权，主要是指国家文化制度和意识形态的选择权、文化的立法权、文化的管理权、文化的传播和文化交流的独立自由权、对本国文化进行保护的权力，以及对外来文化选择的权力"①。文化主权涵盖了国家的文化制度、语言文字、道德价值观、风俗习惯、理想信念等社会文化问题，对于国家文化安全的维护、稳定具有至关重要的意义。文化主权的概念主要是相对于国家其他诸如政治主权、经济主权而言的，一般认为它是广大发展中国家在同西方发达国家的文化侵蚀、文化冲突、文化霸权的抗争中提出来的。西方发达国家对其他国家的领土主权的侵犯不仅仅是对其政治主权的侵犯与损害，同样也是一种文化渗透、文化侵略，带有色彩浓厚的意识形态性质。发展中国家捍卫国家主权，就是要捍卫国家的文化主权的独立性、完整性和自主性，保护本国文化资源和文化遗产，保护国家文化市场的安全，保护本国语言文字的自主使用，使本国人民的生活方式保持其连续性和稳定性。20世纪70年代末，当时的美国总统卡特提出了所谓人权外交的文化战略，主要目标就是向苏联和东欧国家进行有针对性的文化推广。现在，西方国家常常从文化中心主义、文化霸权主义出发，不时地以人权为幌子，对我国进行文化指责和文化干涉，冲击我国文化主权的底线、威胁我国文化主权的独立性。今后，西方国家对我国文化主权的挑战和威胁还可能继续存在，我们要有足够的思想准备，要采取措施做好积极应对。

　　文化主权问题产生的一个重要背景是文化的全球化。文化全球化是经济全球化的伴生物。由于经济全球化其实质是由发达国家主导的，文化全球化其本质也主要是西方文化的信息流量向发展中国家进行输入，发展中国家却难以有效向发达国家输出自己的文化信息。文化全球化主要依靠世界文化市场而运作，而文化产业是其重要实现途径。文化产业是以文化价

---

① 张小平：《中国文化建设的理论与实践》，社会科学文献出版社2012年版，第152页。

值观为核心，以市场化运作的文化商品生产、流通和消费的产业体系。多年来，西方国家正是通过将其文化价值观念运用、渗透到文化产业链中，把其思想价值观与影视、音像、图书、演艺、时尚、科技等文化商品载体有机地融合起来，并通过先进的技术手段进行高效、精准传播，从而达到向其他国家传播其思想价值观的目的。

文化产业的发达与否正逐渐成为衡量国家软实力的重要标志之一，也是增强国家综合实力和国际竞争力的重要目标。文化产业促使文化产品（商品）像普通产品（商品）一样批量化生产、进入市场流通领域，并为广大消费者享用；加之文化产业都较好地采用或融合了现代化的科技手段，其时尚、新颖的声、光、电感官效果对受众产生了强烈的刺激和震撼，满足了人们在快节奏强压力的现代社会放松身心、调节情绪的文化生活需要。现在许多人也情愿在文化生活方面进行投资、消费，文化产业的兴起在一定程度上适应了现代人的需要和社会发展的趋势，具有广阔的发展前景。现在，越来越多的国家和地区都在积极地加入国际文化市场的竞争能力行列中来，都想在竞争中占有一定的份额。美国的文化产业比较发达，起步也较早，从影视、出版到娱乐唱片，都在全球建立了庞大的文化商业销售网络。凭借其成熟的市场化运作，每当生产出一款文化产品，都可以通过这些文化产业渠道迅速对外发行、流通到世界各地，这一套模式正在被其他国家学习、模仿。现今，面对文化产业日益全球化、竞争激烈化的挑战，对于一个主权国家来说，所涉及的不仅仅是其文化市场是否应当对外开放以及开放程度高低的问题，而更为重要的是能否自主地制定相关文化法律法规、依法行使文化管理权等文化主权问题。西方发达国家凭借其先进的科技手段、雄厚的资本，以及成熟的市场运作经验强势进入文化产业欠发展的国家和地区，倾销其文化产品，进而通过一定时间的影响，塑造这些国家消费者的文化趣味和行为习惯，使其一定程度上形成对西方文化商品的迷恋和心理依赖，达到在循序渐进中实现西方文化价值观、生活方式、消费方式对消费主体的改造与认同的目的。因此，目前作为强势文化的西方文化全球化不可避免地要同发展中国家的价值观念、文化制度、文化安全政策等产生一定的冲突，这种没有硝烟的文化战争必然将随着这些国家围绕文化权利的较量而展现出新的特征。基于以上的分析，不难看出，广大发展中国家既要实现文化开放发展，扩大国际文化合作，又要维护国家尊严和主权，有利于保护国家文化安全；既要落实文化市场准入，又要追求文化的平等和文化安全。现实中，如何与西方发达国家进行文化交流、开展文化交往？如何在力量、实力不平等的条件下进行文化领域的对外开放？如何把握好度？的确是一个需要思考与研究的重要问题。

当今国家文化主权问题的产生也与信息网络化的迅速扩张的现实密切相关。互联网的出现是人类社会的一大发明、一大现象，它不仅改写了人类对于文化的生产方式、传播方式和消费方式，而且由于越来越广泛的网民参与其中，日益成为人们新的生活方式和新的文化形态。然而，任何事物都有其两面性，在网络的便利性和优势的背后存在一些潜在的问题与隐患。每个网民既是网络信息的生产者，又是信息的消费者、还是评价者；他既可以发布正确、真实的信息，也能够发布错误、虚假的信息。网民成分的复杂性、多样性、多变性，使得国家对信息的管理和管治能力变得相对弱化，其管控难度和成本越来越大。众所周知，当今先进的互联网技术中核心的东西仍然掌握在西方发达国家的手里，这些国家可以利用他们对互联网技术标准制度的优先权，凭借其各方面的优势进行技术垄断和信息垄断，使互联网成为实现其政治图谋的媒体工具，同时有意识地压抑、弱化其他国家的文化主权，实现影响其他国家、信息安全标准的目标。对于我们国家来说，当全球化网络信息化背景中的中国文化主权安全越来越成为国家主权的体现之时，文化主权的重要性和紧迫性必将随着国际竞争的加紧而不断凸显出来，我们必须要像珍惜政治主权、经济主权一样珍惜我们的文化主权。

第二，民族文化的主体地位。

任何时候，民族文化都是任何国家文化的底色，应当得到尊重与继承；民族文化都具有其区别于其他文化的形式和特征，保持与传承此种形式和特征既是其本然要求，也是国家主权、文化独立的重要体现。从理论上讲，每种民族文化都是特定民族生存智慧的写照，都应与其他民族文化享有平等的权利和义务，不应有大小、高下的区分。但事实上，世界上的民族文化的确又有强弱之别。强势文化常常凭借其优势地位对弱势文化构成威胁，挤占后者的生存空间，侵占其发展机会，蚕食其发展权利，力求自己文化利益的最大化，对弱势文化的主体地位提出了严峻的挑战，也威胁到世界文化生态的多样性，引起了弱势文化国家的高度重视和忧虑。出于本能反应，许多弱势文化国家举起了民族文化保护主义的大旗，以回应强势文化的凌厉进攻；与此同时，他们也开始重新审视自己的文化，努力阐释其蕴涵的现代价值，视民族文化为国家、民族生存的标识。我们发现，不仅作为弱势的发展中国家纷纷采取措施保护自己的民族文化，甚至一些西方发达国家也在做同样的事情，比较典型的如加拿大、法国。加拿大重视民族文化的特殊价值，制定政策保护本国文化，对市场行为进行干预，明确规定文化建设主导权必须由本国人掌握，规定电视台的加方所占的股份不低于80%，文化产品中必须有本国内容，外国人不得收购本国的电影发行公司等；法国政府提出了保护法国文化的口号，表明法国人也意识到了全球化对法国文化的冲击以及全球文化的同化现象。很显然，强势文化对弱势文化国家文化的挤占和打压，势必会降低后者民众对自己本民族的文化认同，消解民族的文化自信心，降低其民族凝聚力。中华民族创造了光辉灿烂的文明和文化，对世界历史发展作出了重要的贡献。在新的历史时期，我们必须坚持中华文化的民族性、独立性与自主性，充分发挥民族主体性作用，坚守民族文化的优秀传统，把中华文化继承好、保护好、发扬好，只有这样，才能在世界文化多样性的格局中占据应有的地位。

第三，国家意识形态的领导权。

国家意识形态是统治阶级意志的反映与体现，是为执政党、集团利益服务的意识形态，为后者提供论证、阐释、辩护、保护等功能，是任何一个国家合法性、存在的思想基础和根据。"如果从观念上来考察，那么一定的意识形态的解体足以使整个时代覆灭。"①不难理解，如果意识形态方面出了问题，人们的思想就会出现迷茫、混乱，社会就会离心离德而分化，国家就可能分裂，民族就可能走向解体。

发展中国家意识形态的安全正在面临着西方主导的政治霸权主义的严峻挑战。西方发达国家利用其全球化进程中的种种优势和便利，采取各种手段，向发展中国家宣传、倾销其文化价值观念，以单一的文化思维方式碾平其他文化的多样性、多维性，企图使其他国家的文化西方化、同质化。西方的这种图谋更有其政治方面的目的，就是通过西化、分化，在不知不觉、潜移默化中使非西方国家人民逐渐接受西方的政治观点，视西方价值观为普世价值。他们惯用的手法就是歪曲、抹黑发展中国家，有意夸大这些国家的不足与失误之处，并把这些不足与失误和发达国家进行一番"比较"，以衬托出西方国家的先进、优越以及发展中国家的落后与失败，激起后者人们对本国现状的不满情绪。这样，无形之中西方国家就成为一种评价的价值尺度和价值标准，成为一种其他国家需要追求、模仿的理想。不仅一些发展中国家中的人如此认为，而且西方国家的许多人也常常从"西方中心论"出发，以文化优越感的心态和心理，把自己的价值观、价值标准和行为方式作为唯一正确的东西，视其他价值观为"异端"而加以歧视和否定。

没有网络及其网络文化的安全，就没有国家的安全。当前，一些国家意识形态正在面临着互联网的严峻挑战。如前所述，互联网的出现和迅速发展是人类一大发明创造，带来了信息生产、传递方式的革命性变革，但由于这一科技创新的核心技术被西方控制和垄断，西方在一定程度上就先天地拥有了信息的优势，而且拥有了向其他国家推行其价值体系、思想观念的有利条件。对国家主流意识形态的挑战无非来自内外两个方向：一是国外敌对势力、组织和集团或国家；二是国内的敌对势力、组织、个人、集团等。检视互联网的信息，互联网充斥的大都是西方的声音、西方的思

---

① 《马克思恩格斯全集》第46卷下，人民出版社1956年版，第35页。

想内容，其中有相当多的信息都带有较为浓厚的政治色彩。互联网上的信息来源、信息选择、信息传播、信息安全的权利几乎都被那些西方国家所掌握、所垄断。几乎无处不在的互联网为西方国家宣扬自己的价值观、意识形态、各种各样的主义和思潮提供了广阔的天地，成为其思想的展示板、放大器。非西方的语言只有很少的比例，其声音十分微弱，成为"沉默的大多数"。本来应当是文化的双向、多向交流，却几乎变成了西方文化单向度的对外输出。2005年10月9日，成思危先生在CCTV"中国经济大讲坛"发表演讲，认为"世界上的国家可以分成两类：一类是头脑国家，一类是身躯国家。头脑国家产生知识、输出知识，身躯国家接受知识、应用知识"。客观地说，较长时间以来，对人类文明产生较大影响的思想文化、科技发明绝大部分出自西方国家，成为这里所说的"头脑国家"，其他国家则不幸沦为"身躯国家"。"头脑国家"凭借其原创的知识、科技获取了高额的经济利益、社会效益的回馈，这个现象符合现代市场经济的基本法则，也在情理之中，但问题在于，一些国家大搞文化霸权主义，凭借其综合优势把它的价值观、思想观点不容分说地向"身躯国家"强行推销。特别是在全球文化产业调整发展的今天，发达国家的文化产业已成为国民经济的支柱性产业，也成为推行文化殖民的有力推手。"头脑国家"在向"身躯国家"输出商品的同时，也在输出其文化价值观念。据调查，在美国，文化产业产值已占其国内生产总值的20%以上，影视产品进出口占据40%的国际市场份额超过了航天业。当今世界上，95%的文化市场被全球50家娱乐公司瓜分，而美国就拥有其中一半以上，其控制了75%的电视节目的生产和制作。在海量的、汹涌而来的信息流长时间的接触中，网络受众的民族自尊心、文化认同感、政治意识、社会心理很难说不发生变化，有可能逐渐对西方国家产生亲近感、默认感，同时逐渐对自己本民族文化、本国的现实产生疏离感、甚至产生排斥意识。如果西方国家能全面地、客观地、真实地呈现事件的面相，把事物的本身还原给人们，将有助于人们认识和实践。问题在于，它们在信息处理问题上，往往实行"双重标准"：对自己是一套标准，对别人又是另外一套标准；对内一套标准，对外是另一套标准。它们总是以自我为中心，选择对己有利的信息进行选择和宣传；而在描述对象时，习惯于选择那些否定性、消极性的信息。这就很容易使一部分人陷入西方布置好的陷阱或圈套中去，片面相信西方网络中所要宣扬的那一套，而对自己的政治信仰、民族信仰产生动摇或思想上产生摇摆。

另外，互联网信息的隐蔽性和便捷性，使得相关部门的网络管控变得十分被动和乏力，政府部门"灭火器"的功能与任务变得异常繁重，政府的功能毕竟有限，常常显得力不从心。这是因为网络的发展已经突破了传统传媒时代那种时空范围有限而且固定的特征，延伸向无限未知的领域范围，不确定性因素增加；网络信息和来源、传播、变异、去向及发酵程度等都具有一定的不可预知性，因此，信息失控的现象时有发生。当前，要坚决抵制西方国家"西化""分化"的图谋，维护好国家意识形态安全。必须增强网络意识形态工作的主动性、牢牢掌握意识形态工作的主动权、坚决打好网络意识形态工作的主动仗；要善于掌握、运用现代网络的生产规律和传播规律，改革创新网络宣传的方式方法，正确引导网络思想舆论，大力传播网络正能量、好声音，不断推进传统媒体和网络新兴媒体的融合发展，推动优秀精神文化产品上网，占领网络阵地的制高点。

二、净化网络空间 捍卫国家网络文化主权

网络空间是社会存在和社会生活的组成部分，网络空间风气也是现实社会风气的反映。网络环境不仅与网络安全、国家安全紧密联系在一起，而且与每一个上网公民的日常生活息息相关。广大人民群众期盼社会空间的公平正义与干净，盼望社会风气的风清气正，同样也期盼着网络空间和网络风气能够清爽明朗，在网络上留有一片净土，保障人民群众有一个心情愉快的正常的学习工作和生活社会秩序。如果任由那些错误、虚假、反动、淫秽、色情信息在网络空间滋长泛滥、为所欲为，网络空间就会乌烟瘴气、脏乱不堪，成为一个言论的大垃圾场，就会对社会正常稳定、健康

发展和公序良俗的道德观念、青少年的身心健康等造成不可忽视的冲击与破坏。对此，"要深刻认识互联网在文化传播方面的巨大潜能和可能产生的不可估量的影响，高度重视互联网的运用和管理，把发展积极健康的网络文化作为提高我国文化软实力的新引擎，努力使互联网成为传播社会主义先进文化的新阵地、公共文化服务的新平台、人们健康精神文化生活的新空间"。① 因此，把网络建设成为人民群众共有的精神家园是一项非常有重要而有意义的任务。净化网络空间工作要多管齐下，综合治理，相关部门要依法治网，加强净化网络的相关法制建设，加强引导和规范网民的上网行为，加强网络媒介监督；同时要倡导广大网民遵守国家法律法规，做到言论文明、行为文明、文明上网。

一方面，随着社会的开放和发展，我们需要建立民主、开放、自由的社会秩序和社会环境，民众参与社会实践需要有发展意见、言论的平台与论坛，网络信息系统的交换性、共享性、便捷性为此提供了有利的条件和优势；但是，另一方面，网络信息的复杂性、多样性、隐蔽性，又要求对网络信息进行监管，不能放任自流，特别不能对那些有害、错误、有意混淆视听的言论和网络行为视而不见，听之任之，尤其是对国家意识形态安全问题不能有丝毫的麻痹大意，马虎不得，必须高度警惕，一刻也不能放松。

净化网络空间，捍卫国家网络文化主权，一是要坚持正确的政治导向，激浊扬清、扶正祛邪，不断唱响意识形态主旋律，让正能量充盈网络空间。各互联网企业尤其要加强行业自律，增强使命感、责任感，增强法律意识，以实际行动促进互联网持续健康发展。二是要增大我国网络的体量。要在国际市场上占据一定的地位、享有发言权，要奋起直追，取长补短，要内外双修；既要加强硬件建设，又要加强软件建设；要充分挖掘和利用我国古老、丰富的文化资源，使历史资源成为网络建设取之不尽、用

---

① 《胡锦涛总书记在庆祝中国共产党成立 90 周年大会上的讲话学习读本》，人民出版社 2011 年版，第 154 页。

之不竭的文化宝库，不断赋予其现代价值与现代形式。在挖掘、使用民族历史资源时，既要立足于民族特色，又要站在人类共有的精神家园的高度赋予民族文化以时代特色。民族文化可以吸引人，给人们提供别样的文化体验，而其中的共同价值则更可能打动人心，引起人们更深刻的思考，反过来能够促使人们去关注民族文化，珍视民族文化。这样，该民族文化就能获得更有利的发展条件、享有更大的发展空间。

在信息时代、知识时代，经济发展依赖的主要不是像过去那样侧重于依赖物质资源、能源和大量的人力而进行生产和经营，而是更侧重于文化创意、更侧重于创新的理念和设计，更依赖于互联网经济、电子商务等智慧型产业。西方国家文化产业背后是经济和科技的强力支撑，这就要求国家加大对经济、科技的投入，夯实文化产业基础，以文化产业为抓手振兴民族文化，以自身的强大而抵御西方国家的"文化殖民"，有效抵御其"分化""西化"，乃至"腐化"的图谋，抵制西方国家"和平演变"，加大对外文化输出，提高对外文化交流水平和能力。从这个意义上来说，国家提倡发展文化产业是一举多得的发展战略。对内它能够发展民族文化，继承历史遗产，对外能够发挥文化软实力作用，抵御外来文化的侵蚀；既能取得经济效益，又能获得社会综合效益。另外，它还具有占用资源少、污染小的优点，等等。据有关资料显示，美国对外出口量最大的不是别的，而是像电影、电视节目、电子产品和图书这样的文化产品，它的文化产品对其他国家的受众尤其是青少年产生了强大的吸引力，成为对外宣传美国价值观的重要工具。这种文化价值观的宣传方式 比过去传统文化渗透、文化殖民要隐蔽、方便许多；另外，利用文化产品实现价值认同，显示了美国文化软实力的影响力，也正是发展中国家在传播自己的思想观念时应该学习和借鉴的。

第七章　文化发展论（一）：走中国特色社会主义文化发展道路

中国特色社会主义文化发展道路，是中国共产党带领全国人民在探索、建设社会主义先进文化实践中取得的重要成果，是发展和繁荣社会主义文化事业的必由之路。这条道路明确了中国特色社会主义文化建设的指导思想、具体方式、目标任务、基本原则以及政策选择等；中国特色社会主义文化建设道路来之不易，内涵深刻，意义重大。

走什么样的文化道路，坚持什么样的文化方向，建立什么样的文化制度，倡导什么样的文化观念，推动什么样的文化建设，鲜明地体现了一个政党的文化理想信念、基本价值和精神境界。毛泽东曾经指出，一定时期的文化是一定社会的政治和经济的反映，又给予伟大影响和作用于一定社会的政治和经济。执政党必须以一定的文化作为自己的思想旗帜和精神向导，并按照其代表的阶级利益和意志改造世界，引导社会的前进方向，引领人们的实践行为。那么，中国特色社会主义文化发展道路究竟是一条什么样的道路？对此，十六大以后，党对中国特色社会主义文化理论做出了深入的探索与解答。

第一节　始终坚持社会主义先进文化前进方向

无论哪一个政党，都需要以一定的思想文化作为自己的执政价值观和实践指引，并以此为基础制定各种制度、政策，实现认识世界并改造世界的目的。建设什么样的文化，倡导与坚持什么样的文化方向，是文化建设中必须思考并解决的重大问题。因为，文化的性质与方向不仅体现了特定政党的价值追求与价值理想，而且是最终决定其所领导事业兴衰成败的关键。正确的文化发展方向取决于两个方面：一是文化发展的规律性，二是文化发展的价值性。先进的文化作为科学、正确的文化，不仅符合社会发展趋势，能够对社会发展产生积极的推动作用，有力地促进社会生产力的进步，为人们提供新的认识、新的启迪、新的精神，提供全社会奋发向上的思想武器。因此，一般地，任何执政党为了维护自己的统治，都必然重视作为其统治基础的思想文化，以发挥文化的政教维护、辩护功能。先进文化因其具有凝聚人心、增进社会成员之间的沟通、促进人与社会的发展等功能，因而成为先进政党的思想旗帜。

"社会主义先进文化是马克思主义政党思想精神上的旗帜。"①马克思、恩格斯创立的科学社会主义是科学的理论体系，具有理论上的科学性、先进性和实践上的指导性。科学社会主义代表的是科学、先进的文化发展方向，并以此区别于其他各种思想学说。"始终高扬引导中国社会前进的社会主义文化旗帜，不断发展社会主义文化，我们才能不断丰富人民群众的精神世界，不断增强人民群众的精神力量，也才能有力地抵御各种腐朽落后的思想观念对我国社会的渗透和侵蚀。"②中国共产党是马克思主义、无产阶级政党。党所领导的新民主主义革命、社会主义改造、社会主义建设、改革与建设之所以能取得胜利，能够克服前进道路上的无数困难，就在于坚持了马克思主义先进文化的前进方向，阐扬了马克思主义的文化精神，使自己成为彰显了科学社会主义文化理想、代表人类文化未来发展方向的政党。马克思主义所代表的科学社会主义文化精神，其内涵深刻，寓意深远，其根本基点在于：针对资本主义私有制条件下造成的社会经济、

---

① 胡锦涛：《在庆祝中国共产党成立90周年大会上的讲话》，人民出版社2011年版，第23页。

② 胡锦涛：《用"三个代表"重要思想武装头脑指导实践推动工作》，《求是》2004年第1期。

政治上的不平等与不和谐的现实，对资本主义进行无情地抨击和批判，提出以革命实践的方式追求平等、公正、和谐的社会目标；使无产阶级充分发挥其历史的主体创造性，努力追求自身的解放与自由，实现人的全面发展，使人成为真正意义上的人，使人的社会成为"其所是"的理想的社会。

社会主义先进文化的先进性主要体现在：第一，社会主义先进文化具有科学的真理性。社会主义先进文化是以马克思主义的辩证唯物主义和历史唯物主义为指导的文化。马克思主义揭示了自然、社会以及人类思维的普遍规律，是科学的世界观和方法论。社会主义文化是马克思主义科学文化观的体现和反映，符合先进生产力发展的要求，符合人类社会发展规律，具有远大的生命力与发展前途，符合人类文化的进步趋势和发展方向。

第二，社会主义先进文化具有强烈的实践性。社会主义先进文化产生、植根、生长和丰富于中国革命、改革和建设发展的深厚土壤之中，它从中国革命、改革和建设生动广阔的实践中吸取营养成分，服务于实践反作用于实践，并随着实践的发展而不断丰富和发展，不断增添新的内容和活力。

第三，社会主义先进文化具有历史的继承性。社会主义先进文化不是凭空产生的，它是对传统历史文化、优秀文化继承的结果。社会主义文化没有简单地否定历史文化，而是吸取其精华、剔除其糟粕，保留了历史文化中具有价值的因素，为我所用，而且不断吸收并补充新的因素，因而具有了一定的文化优越性。中国特色社会主义文化就是具有鲜明的我国民族性、中国风格、中国气派的文化。

第四，社会主义先进文化具有浓郁的人文性。无产阶级政党始终坚持社会主义文化的人民价值立场，以人民的愿望和根本利益为出发点和根本归宿。社会主义文化发展的目的和归宿是为了人民，坚持以人为本的原则建设文化，以人民群众为主体力量，文化发展依靠人民，文化发展成果归人民共享，给人民群众最大的文化获得感。

第五，社会主义先进文化具有显著的开放性。社会主义先进文化具有强大的生命力和远大前途的一个重要保障，在于它没有封闭自身，没有故步自封，而是积极发展与世界文化的交流与往来，能够不断地吸收和借鉴其他文化的优点和长处，吸收、包容别的文化，同其他历史文化、外来文化保持一定的张力。

正是因为如此，社会主义先进文化成为中国特色社会主义事业发展的强大精神支撑，成为我国经济社会发展的有力的推动力量，成为民族凝聚力、向心力的重要源泉。

在社会主义先进文化与无产阶级政党的关系上，中国共产党有着清醒的认识自觉与实践自觉。建党九十多年以来，围绕建设与发展无产阶级、社会主义先进文化，中国共产党始终以马克思主义为指导，批判传统文化中的糟粕成分，批判一切反动、落后、腐朽的文化思想，与各种形形色色的非马克思主义、反马克思主义文化进行思想斗争，自觉与以上文化划清界限；同时，坚持古为今用，洋为中用，积极吸收古今中外优秀文化，不断致力于创造与发展同实践相结合的社会主义先进文化。社会主义文化先进文化，以其鲜明的科学真理性、以其不断进步和进取的文化精神，给党和民族提供了一种全新的思想观念、全新的价值理念、全新的精神气质，成为鼓舞与激励人民奋进前行的不竭精神动力，为我们党带领全国各族人民进行革命、建设和改革开放走向胜利提供了可靠的文化保证，成为我们的精神之基、方向之本、力量之源。

无产阶级政党只有自觉高举社会主义先进文化的思想旗帜，才能保证其政党执政的先进性质。中国共产党既是中国先进文化的历史产物，又是先进文化的主体与先进文化的建设者。20 世纪初，正是在马克思主义先进文化的感召、哺育下，诞生了中国共产党；中国共产党成立以后，又自觉地担负起社会主义先进文化的建设发展的任务。九十多年来，中国共产党不断总结自身文化建设中的基本经验，吸取教训，始终与先进文化紧密结合，始终代表先进文化的前进方向，把一个经济文化科技落后的东方大国变成了经济繁荣、政治、文化等得到长足发展的社会主义国家。如今，我们综合国力显著增强，国际地位持续上升，人民群众生活水平逐渐提高；在社会主义先进文化的鼓舞下，中国人民正坚定地走在实现中华文化伟大复兴的前进道路上。胡锦涛指出，"舆论引导正确，利党利国利民；舆论引导错误，误党误国误民。要牢固树立政治意识、大局意识、责任意识、阵地意识，把坚持正确导向放在新闻宣传工作的首位，坚持团结稳定鼓劲、正面宣传为主，唱响主旋律，打好主动仗，更加自觉主动地为人民服务、为社会主义服务、为党和国家工作大局服务。"① 历史证明，什么时候我们党坚持了先进的前进方向，什么时候我们的事业就顺利发展；什么时候我们偏离了先进文化的前进方向，我们的事业就遭受挫折、导致失败。只有大力发挥社会主义先进文化，始终坚持社会主义先进文化的前进方向，我们才能够在发展中国特色社会主义道路上，顺应历史发展趋势，体现时代精神，吸收人类文明成果，激发前进的动力；我们党也才能始终保持强有力的领导力量、动员组织力量，保持对中国特色社会主义事业的推动力量与创造力量，从而永葆其先进性品质。

第二节　加强马克思主义在意识形态的指导地位

加强马克思主义意识形态话语权与领导权，就要充分发挥马克思主义意识形态凝神聚力、引领多样化社会思潮的功能。人类社会进入 21 世纪以来，伴随着我国经济社会的飞速发展，以及改革开放和全球化背景下社会主义市场经济建设发展到新的阶段，加之日益发展的网络化、文化多元化的深刻影响，处于社会转型时期的中国社会一些新的社会矛盾不断涌现，新的社会问题不断暴露，各个社会阶层利益群体都在发出自己的声音，表达自己的诉求；在此过程中，我国社会思潮异常活跃，表现出多样性、复杂性的特征，对人们的思想与行为产生了不可忽略的影响。那么，

① 胡锦涛：《在人民日报社考察工作时的讲话》，人民出版社 2008 年版，第 4 页。

在新的时代条件下，如何加强马克思主义在意识形态的指导地位？这是需要认真思考、研究的重大现实问题。

一、意识形态与马克思主义意识形态

社会思潮是一定历史时期内社会存在的反映，是特定历史时期中反映人们的利益诉求或愿望并对社会生活产生较大影响的思想趋势或倾向，是一种值得人们关注的社会历史现象。社会思潮从一个角度映现了社会生活的变化以及人们思想观念的波动状况，对社会生活及人们思想意识产生着深刻的影响。社会现象纷繁复杂、各种力量相互竞争、不断冲突，社会思潮的生成、传播也出现许多新的情况和特点。可以肯定的是，当前我国社会思潮的主流是积极、健康、向上的，马克思主义、社会主义意识形态在思想领域占据着统治地位，并对其他社会思潮发挥着主导作用。然而，也应该清醒地认识到，在新的形势和新的环境条件下，由于国内外各种因素的影响，在坚持马克思主义指导思想的同时，在发挥主流话语正能量的同时，也要看到一些非马克思主义思潮甚至反马克思主义的社会思潮也占据着一定的市场，客观上对人们的思想与精神产生了消极影响，这种现象必须引起我们的重视，要求研究出有效的对策加以解决。

意识形态工作是文化建设的重要内容。意识形态是观念、观点、概念、思想、价值观等要素的总和。所谓意识形态，是一定的阶级、政党对于自身利益或愿望要求的价值诉求或思想，是指导这一阶级实践活动的思想观念或思想话语体系。在一个社会里，由于阶级、政党等社会集团的多样性，意识形态状况是复杂的。在众多意识形态中，都有一个主流的意识形态，就是特定社会形态中统治阶级所主导的社会意识，它体现的是统治阶级的意志，构成了特定社会上层建筑重要的组成部分，其对于该社会制度的建立与巩固、对于社会秩序的维护、对于社会的稳定与完善都起着重要的作用。意识形态是社会生活的一个重要方面，其本质上是社会存在的反映。英国学者大卫·麦克里兰说："意识形态在整个社会科学中是最难把握的概念。"① 这说明了意识形态意义的复杂性和多义性，人们对它的理解存在着较大的差异。学界有人把意识形态划分为三种：一种是描述性的即中性的意识形态；一种是褒义即积极性的意识形态；还有一种是贬义即批判的意识形态。也有人从功能论角度理解意识形态，把意识形态分为工具与信仰两个层面，此种观点认为，意识形态既是一种精神、观念的理论体系，又是一种具有"为我排他"维护批判现实的舆论工具。1845—1846年，马克思恩格斯写了《德意志意识形态》一书，把意识形态解释为"观念的上层建筑"，指出其包括各种具体的如政治法律思想、道德、宗教、哲学等意识形态；马克思在《政治经济学批判序言》中，深刻指出了意识形态产生的基础及意识虚假性问题。尽管马克思没有明确地定义过"意识形态"，但从他不同的著述中，我们仍能够领略到这一概念的基本要义："意识形态"是由特定社会经济基础所决定的、反映统治阶级意志的思想意识，它受上层建筑制约而又有着自身的相对独立性；意识形态一方面是知识体系，另一方面又是一种信仰和价值系统。马克思主义意识形态理论是意识形态发展史的伟大变革，它全面超越了以往狭隘的意识形态理论，为这一概念赋予了新的内涵，实现了思想认识上的飞跃，清除了在这一问题上的重重迷雾，具有十分重要的理论意义与现实意义。

物质与意识的关系问题是哲学的基本问题。物质第一性，意识第二性，物质决定意识，意识反作用于物质是马克思主义哲学的基本观点。"物质生活的生产方式制约着整个社会生活、政治生活和精神生活过程，不是人们的意识决定人们的存在，相反，是人们的社会存在决定人们的意识。"② 这就从根本上论证了意识形态的属性和产生的源泉，说明了意识形态的本质，坚持了辩证唯物主义历史唯物主义的正确方向。马克思主义意识形态理论具有鲜明的科学性、革命性、实践性等特征。马克思主义的意识形态集中反映了广大劳动人民的价值立场。马克思主义公开表明是为无

---

① ［英］大卫·麦克里兰：《意识形态》，孔兆政、蒋龙翔译，吉林人民出版社 2005 年版，第 1 页。

② 《马克思恩格斯选集》第 2 卷，人民出版社 1995 年版，第 32 页。

产阶级及其广大人民群众及其利益服务的。革命导师他们一生从事的事业从来都不是为了个人的私利，而是为了全世界人类的幸福与解放。马克思指出，哲学家们只是用不同的方式解释世界，而问题在于改造世界。马克思主义具有强烈的革命性，这一革命性突出地表现为对资本主义社会及其生产方式的批判与否定，号召全世界无产阶级及其革命群众联合起来，推翻不合理、不公正的资本主义私有制，为实现共产主义社会而奋斗。

在我国，马克思主义是占统治地位的意识形态。马克思主义的诞生，是人类思想史上最伟大的思想变革。马克思主义是我们各项事业的思想旗帜，是我国革命、建设和改革取得胜利的根本法宝，同样，它也是中国特色社会主义文化建设的根本指针，为中国特色社会主义文化建设提供了科学的世界观和方法论。社会主义文化建设中，我们必须坚持马克思主义意识形态的指导地位，不忘老祖宗，不忘根本。但是，现实中还存在着各种各样非马克思主义、反马克思主义的思想观点和社会思潮，无时无刻不在与占统治地位的马克思主义意识形态进行着争夺思想阵地、理论阵地的斗争。当今世界，各种思想文化相互激荡，国际国内文化发展及其竞争日益激烈，出现了以前没有遇到的许多新情况、新特点，特别是国内外形形色色思想文化冲击着人们的思想观念，给文化建设提出了巨大的挑战，正如胡锦涛所说，"西方敌对势力的鼓噪，国内的各种噪音杂音，不仅过去有，现在有，将来也还会有。关键是我们自己要有主心骨，要巩固和发展马克思主义在意识形态领域的指导地位。马克思列宁主义、毛泽东思想、邓小平理论和'三个代表'重要思想，是我们立党立国的根本指导思想，是全党全国各族人民的共同精神支柱，也是我们战胜艰难险阻、抵御错误思想干扰的强大思想武器。"① 在此形势下，我们必须始终坚持马克思主义意识形态思想旗帜不动摇，坚持中国特色社会主义文化的前进方向，巩固马克思主义在我国意识形态领域的指导地位，立场坚定地反对各种错误思想文化。

---

① 《胡锦涛文选》第 2 卷，人民出版社 2016 年版，第 528 页。

　　中国共产党向来重视马克思主义在意识形态建设工作中的指导地位，牢牢把握意识形态工作的控制权、领导权，实践中积累了一定的经验。毛泽东曾经说："我们是马克思主义者，马克思主义叫我们看问题不要从抽象的定义出发，而要从客观存在的事实出发，从分析这些事实中找出方针、政策、办法来。我们现在讨论文艺工作，也应该这样做。"①邓小平曾指出："属于文化领域的东西，一定要用马克思主义对它们的思想内容和表现方法进行分析、鉴别和批判。"②"思想战线上的战士，都应当是人类灵魂工程师。……作为灵魂工程师，应当高举马克思主义的、社会主义的旗帜，用自己的文章、作品、教学、讲演、表演，教育和引导人民正确地对待历史，认识现实，坚信社会主义和党的领导，鼓舞人民奋发努力，积极向上，真正做到有理想、有道德、有文化、守纪律，为伟大壮丽的社会主义现代化建设事业而英勇奋斗。"③对此，江泽民也指出："任何一个社会的意识形态领域，总是由那个社会的统治阶级的思想占统治地位的。任何一个国家的统治阶级，为了巩固其政治统治，都要维护和发展自己占统治地位的意识形态。这是一条普遍的社会规律。"胡锦涛指出："我们是当今世界最大的社会主义国家，必然会长期面对各种敌对势力在意识形态领域的渗透活动。对这一点，全党同志特别是宣传思想战线的同志必须保持高度警觉，做到警钟长鸣。我们必须始终坚持和不断巩固马克思主义在我国意识形态领域的指导地位，坚持在解放思想中统一思想，坚持用发展着的马克思主义指导改革开放和现代化建设，不断巩固全党全国人民团结奋斗的共同思想基础，为实现全面建设小康社会的宏伟目标提供强大精神动力。"④"各级党委和各级领导干部特别是主要负责同志都要从提高党的执

---

① 毛泽东：《在延安文艺座谈会上的讲话》，《毛泽东选集》第3卷，人民出版社1991年版，第853页。

② 《邓小平文选》第3卷，人民出版社1993年版，第44页。

③ 邓小平：《党在组织战线和思想战线上的迫切任务》，《邓小平文选》第3卷，人民出版社1993年版，第40页。

④ 《论文化建设——重要论述摘编》，学习出版社、中央文献出版社2012年版，第25页。

政能力、巩固党的执政地位、完成党的执政使命的战略高度来谋划意识形态工作，加强和改进对意识形态工作的领导，提高做好新形势下意识形态工作的能力，牢牢掌握意识形态工作的领导权和主动权。"①《中共中央关于深化文化体制改革、推动社会主义文化大发展大繁荣若干重大问题的决定》也指出："各级党委和政府要把文化建设摆在全局工作重要位置，深入研究意识形态和宣传文化工作新情况新特点，及时研究文化改革发展的重大问题，加强和改革思想政治工作，牢牢把握意识形态工作主导权，掌握文化改革发展的领导权。"如果动摇了马克思主义意识形态的指导地位，人们就会丧失理想信念，就会动摇中国特色社会主义的理论根基，动摇全党全国人民团结奋斗的共同思想基础。

二、做好意识形态工作的重要意义

搞好意识形态工作，是今后各级党委和政府工作日程中的一项紧迫和重要的任务，丝毫马虎不得，必须时刻保持清醒的认识，常抓不懈。

第一，做好意识形态工作，关系到马克思主义的坚持和发展。胡锦涛强调："马克思主义是我们立党立国的根本指导思想，是社会主义意识形态的旗帜和灵魂。坚持和巩固马克思主义在我国意识形态领域的指导地位，是党和人民团结一致、始终沿着正确方向前进的根本思想保证。"②"要坚持马克思主义在意识形态领域的指导地位，牢牢掌握宣传舆论工作的主动权，加强宣传思想文化阵地的建设和管理，妥善处理意识形态领域出现的问题，使社会思想舆论的主流更加积极健康向上。"③中国共产党是以马克思主义、毛泽东思想和中国特色社会主义理论体系为指导思想的执政党。正是在马克思主义科学理论的指导下，我们党领导全国各族人民战胜前进道路上的千难万险，取得了一个又一个的伟大胜利，坚持并

---

① 《胡锦涛文选》第 2 卷，人民出版社 2016 年版，第 528 页。

② 《论文化建设——重要论述摘编》，学习出版社、中央文献出版社 2012 年版，第 24 页。

③ 《论文化建设——重要论述摘编》，学习出版社、中央文献出版社 2012 年版，第 24 页。

丰富发展了马克思主义，克服了对马克思主义教条式、经验式的解读和理解，谱写了马克思主义在中国理论与实践的新篇章。然而，长期以来，仍然不时有人对马克思主义提出这样或那样的刁难与质疑，马克思主义"过时论"、马克思主义"不灵论"等错误论调在一些人那里还有市场，有的人对马克思主义信仰产生了动摇。因此，意识形态工作就要举好旗、铸好魂，勇于面对并研究回答此类问题，有理有据、令人信服地讲清楚其中的道理，解决一些人思想认识上的困惑和问题。只有这样，才能坚持并发展马克思主义。

坚持马克思主义意识形态的指导地位，就是坚持了社会主义先进文化的前进方向。社会主义先进性是马克思主义政党思想精神上的旗帜。只有坚持以马克思主义为指导思想，坚持马克思主义意识形态的指导地位，坚持社会主义先进文化的前进方向，才能牢固中国特色社会主义发展的根基，保障其运行在正确、科学的轨道上。马克思主义深刻地揭示了人类历史发展的客观规律，为人类的进步和社会的发展指明了正确方向。自从马克思主义传入中国，就给古老中国的文化有机体注入了先进的思想内涵，成为我国人民认识世界、改造世界的强大思想武器，成为指导社会主义文化建设的根本指针。今天，坚持马克思主义意识形态的指导地位，就是要以马克思主义统领我国社会主义建设和改革开放的伟大实践。在市场经济日益发展和对外开放持续推进的形势下，加之网络技术普遍应用，人们社会思想更加多样化，价值取向更加多元化，尤其是历史遗留下来的过时的封建主义文化和国外腐朽的资本主义文化也在极力争夺社会主义文化市场，因而，坚持马克思主义意识形态的指导地位，以社会主义先进文化为引领的重要性和紧迫性日益突显。坚持与发展中国特色社会主义，最重要的就是坚持马克思主义的共同理想，坚持社会主义先进文化前进方向，在意识形态的工作方面牢牢坚持正确的政治导向，坚持四项基本原则不动摇不松懈，时刻警惕敌对势力、境外势力的颠覆与渗透，筑牢思想防线。

第二，做好意识形态工作，关系到中国特色社会主义事业的顺利发展。只有坚持和巩固马克思主义在意识形态领域的指导地位，才能在当前人们的思想观念越来越多样多变的复杂背景下进一步统一思想、振奋精神、凝聚力量，共同致力于中国特色社会主义事业建设。胡锦涛指出："要保证我国改革开放和社会主义现代化建设顺利进行，必须坚持马克思主义在意识形态领域的指导地位，牢牢把握先进文化的前进方向，丰富人们的精神世界，鼓舞人民投身现代化建设的信心和斗志。"①中国特色社会主义事业是一篇大文章，是个庞大的系统工程，涉及政治、经济、文化、教育、科技、外交等许多领域许多方面，但不管这个系统包含如何复杂多样的构成要素，都与意识形态有内在的联系，都必须统领于马克思主义意识形态。因为意识形态是社会上层建筑的重要组成部分，是观念上层建筑，作为社会经济基础的反映，是管总体的，发挥着统摄、整合的作用，并决定着社会的发展方向。胡锦涛强调指出："意识形态历来是敌对势力同我们激烈争夺的重要阵地，如果这个阵地出了问题，就可能导致社会动乱甚至丧失政权，敌对势力要捣乱一个社会，颠覆一个政权，往往总是先从意识形态领域打开突破口。先从搞乱人们的思想入手。"②因此，意识形态工作是中国特色社会主义事业顺利发展的思想和政治保证。

第三，做好意识形态工作，关系到社会的和谐与国家的长治久安。胡锦涛指出："要坚持弘扬主旋律，对错误的思想政治观点和言论，对否定四项基本原则的挑战和攻击，要坚持原则，敢抓敢管，理直气壮地予以批驳和抵制，决不能不闻不问、听之任之。"③意识形态工作起着维护现有政治秩序的稳定、为改革发展提供强大舆论支持等作用。充分利用并发挥意识形态的上层建筑功能，有利于理顺社会情绪，化解社会矛盾，润滑社会关系，有利于社会稳定和谐，整合不同观点形成共识，有利于国家的长治久安。胡锦涛指出："要把意识形态工作作为关系国家安全和社会稳定、关系党和人民事业兴衰成败的重大工作紧紧抓好，始终坚持和不断巩固马克思主义在意识形态领域的指导地位。要加强马克思主义理论研究，不断

---

① 《论文化建设——重要论述摘编》，学习出版社、中央文献出版社2012年版，第26页。
② 《十六大以来重要文献选编》中，中央文献出版社2011年版，第318页。
③ 《十六大以来重要文献选编》中，中央文献出版社2011年版，第318页。

增强说服力和战斗力，真正使马克思主义成为全党全国人民团结奋斗的精神支柱。"① 当前，由于我国社会转型的快速发展，全面改革的持续推进，市场化、城市化、新型工业化不断发展，社会结构、利益格局重新调整；在经济快速发展的同时，社会问题、社会矛盾也进入了高发期，影响社会稳定和谐的不确定因素也不断出现；随着互联网、现代通信技术手段的迅速普及，社会信息的生产、复制与传播方式日益多样，给传统的意识形态工作带来了前所未有的挑战与难度。以上多种因素导致人们思想活动的独立性、选择性、多样性和差异性、复杂性不断增强，正确的与错误的，先进的与落后的，革命的与反动的，历史的与现实的、绝对的与相对的，主流的与非主流的，泥沙俱下，鱼目混珠，让人目不暇接，真假难辨，这就需要以马克思主义意识形态为指引明辨是非，提高政治站位，保持定力，坚守主阵地、凝聚正能量，进一步提升做好新形势下建设社会主义和谐社会的能力。

此外，加强马克思主义意识形态工作，还有一个不可忽视的背景，那就是境外敌对势力一直没有放松对我国社会主义国家的"西化""分化"，与西方意识形态的斗争仍然尖锐，国外各种社会思潮、学术思潮的涌入，给人们的思想观念带来不小的冲击。特别是近几年来，我国顶住了来自国内外的各种风险与压力，保持了较高速度的经济增长水平，成为世界第二大经济实体。一些西方国家出于狭隘的利益考虑，它们不愿意看到社会主义中国的富强与崛起，不甘心被超越，总是想尽办法遏制中国的发展，妄图搞乱中国，干扰我国社会主义的正常建设，强迫别人接受他们那一套价值观念和制度模式，以达到其险恶的目的。

三、不断加强马克思主义在意识形态的指导地位

当前，加强马克思主义在意识形态的指导地位，需要做好以下几个方

---

① 《十六大以来重要文献选编》中，中央文献出版社 2011 年版，第 318 页。

面的工作：

第一，始终坚定对马克思主义的信仰。马克思主义信仰和远大理想是实现共产主义，为人类谋幸福、为人民的利益而奋斗，这是共产党人的命脉。坚定的信仰始终是我们党员干部能够坚持正确的政治方向、站稳政治立场、抵御各种诱惑与风险能力的决定性因素。胡锦涛指出："要把意识形态工作作为关系国家安全和社会稳定、关系党和人民事业兴衰成败的重大工作紧紧抓好，始终坚持和不断巩固马克思主义在意识形态领域的指导地位。"① 没有这个信仰，就不成其为共产党员；没有这个信仰，无产阶级政党就不成其为无产阶级政党。有了马克思主义的理想信仰，我们才能在遇到任何困难和挑战的时候、遇到任何风险和挫折的时候，才能保持思想定力和政治定力，站稳脚跟，不至于迷失方向、误入歧途。

第二，敢于亮剑，勇于同那些反对、否定马克思主义意识形态指导地位和作用的人和现象进行坚决的斗争。有些人，当遇到那些反对马克思主义的指导地位和作用的人和现象的时候，表现得畏畏缩缩，不敢亮剑，旗帜不够鲜明，态度不够坚决，意志不够坚定，立场不够坚定，行动不够迅速，斗争不够彻底，因此，常常在同错误思想和现象的斗争中处于下风甚至败下阵来，这方面应该引起足够的重视。

第三，不断学习，加强理论研究，用马克思主义理论武装头脑、占领思想阵地。"马克思主义是我们立党立国的根本指导思想，是社会主义意识形态的旗帜和灵魂。坚持和巩固马克思主义在我国意识形态领域的指导地位，是党和人民团结一致、始终沿着正确方向前进的根本思想保证。"②"要加强马克思主义理论研究，不断增强说服力和战斗力，真正使马克思主义成为全党全国人民团结奋斗的精神支柱。"③

---

① 《十六大以来重要文献选编》中，中央文献出版社 2006 年版，第 318 页。
② 《论文化建设——重要论述摘编》，学习出版社、中央文献出版社 2012 年版，第 24 页。
③ 《十六大以来重要文献选编》中，中央文献出版社 2006 年版，第 318 页。

但是，有的党员、干部心态浮躁、急功近利，工作热衷于搞实用主义、形式主义，不思进取，不愿意学习、不想学习，有的以业务工作为借口不想在加强和提高思想政治觉悟上下功夫，放松自我世界观、人生观、价值观的改造，放松党性修养，头脑浑浑噩噩，有的甚至搞伪科学、搞封建迷信反科学那一套，结果必然导致犯错误，有的因此走上了违法犯罪的道路。

第四，坚持用发展着的马克思主义指导新的实践。马克思主义是中国特色社会主义的理论根基，马克思主义理论的科学性和革命性建立在实践的基础之上的，并在实践中而不断丰富和发展的。胡锦涛强调："我们必须始终坚持和不断巩固马克思主义在我国意识形态领域的指导地位，坚持在解放思想中统一思想，坚持用发展着的马克思主义指导改革开放和现代化建设，不断巩固全党全国人民团结奋斗的共同思想基础，为实现全面建设小康社会的宏伟目标提供强大精神动力。"[①]只有以高度的马克思主义理论自觉和理论自信，从实际出发，以我们正在做的事情为中心，着眼于马克思主义理论的运用，着眼于实际问题的理论思考，着眼于新的实践和新的发展，才能真正坚持马克思主义，才能真正巩固马克思主义在意识形态领域的指导地位。

第五，加强和改善党对意识形态和宣传思想工作的领导。党管宣传、党管意识形态，是我们党在长期实践中形成的重要原则和制度，是坚持党的领导的一个重要方面，必须始终牢牢坚持，任何时候都不能动摇。当前，不断加强和巩固马克思主义在意识形态领域的指导地位，必须坚守马克思主义思想阵地、理论阵地、教育阵地。

总之，不断加强和巩固马克思主义在意识形态领域的指导地位，是我们党团结和带领全党全国各族人民，应对各种风险和挑战，解决各种矛盾和问题，进行中国特色社会主义伟大事业，使得中国特色社会主义道路始终沿着正确方向向前发展的根本保证。

---

① 《论文化建设——重要论述摘编》，学习出版社、中央文献出版社 2012 年版，第 25 页。

第三节　充分发挥人民群众在文化建设中的主体创造作用

一、人民群众是文化建设的主体力量

广大人民群众不仅是文化的消费主体，而且是文化的创造主体，文化建设永远离不开人民群众的参与和支持。历史唯物主义认为，人民群众是历史的创造者，人类历史是由人民群众书写的。人民群众不仅是社会物质财富的创造者，而且是社会精神财富的创造者，在人民群众中间，蕴藏着无限的力量与潜能。因此，在中国特色社会主义文化建设过程中，促进社会主义文化大繁荣大发展，需要充分尊重广大人民群众的主体地位，充分调动人民群众积极性，始终依靠人民群众，充分动员人民群众进行文化创造和文化建设。

必须充分发挥人民在文化建设中的主体创造作用。人民群众是历史的创造者，人民群众的生活与实践是一切精神财富、精神产品形成的和发展的最终源泉。文化的建设和发展离不开人民群众的智慧与支持，《中共中央关于深化文化体制改革、推动社会主义文化大发展大繁荣若干重大问题的决定》中指出："要牢固树立马克思主义群众观点，自觉贯彻党的群众路线，为广大群众成为社会主义文化建设者提供广阔的舞台。"这一要求，为发挥人民群众文化创造积极性提供了理论上的指导。群众观点和群众路线是马克思主义群众史观在实践工作中的创造性运用，是中国共产党工作方法的法宝。无论是各种各样的物质文化，还是像伦理道德、思想意识这样的观念文化，或者像音乐戏剧、绘画、文学这样的艺术文化，归根到底，都来源于人民的实践。毛泽东曾指出："人民生活中本来存在着文学艺术原料的矿藏，这是自然形态的东西，是粗糙的东西，但也是最生动、最丰富、最基本的东西；在这点上说，它们使一切文学艺术相形见绌，它们是一切文学艺术取之不尽、用之不竭的唯一源泉。"①人民群众不仅是文化的创造者，而且是文化的传承者、发展者。人类文化之所以能够经历数千年磨难而薪火相传、连续不绝，依靠的就是人民的世代接续与推进。社会主义文化是最广大人民群众参与创造的民族的大众的文化，我们要紧紧依靠人民群众促进中国特色社会主义文化的大繁荣和大发展；充分尊重人民群众在文化建设中的主体地位和实践首创精神，及时有效地把人民群众中那些生动鲜活、富有生命力与价值的文化形式和文化载体加以提炼与推广，最大限度地把蕴藏于人民群众中丰富的智慧和文化力量发掘出来、释放出来。

真正的文化生产与创造，绝非少数艺术家、文化工作者坐在自己的书斋里闭门造车空想出来的。一切文化创造作的渊源与灵感，都有其人民群众生活实践的深厚基础，是对客观社会实践活动的反映或再现。人民群众生活的深厚基础，是对客观社会实践活动的反映或再现。人民群众由于他们生产、生活在社会的最前线，最熟悉并了解生活的实际情况，能够提供文化生活最具体、最鲜活的创作素材；如果离开人民群众，脱离人民群众的生产与生活，文化就会失去丰富的营养，最终枯萎凋零，一切文化都将成为无源之水、无本之木。古今中外，那些伟大、世代流传的文化成果，无论是物质文化的还是精神文化的，无一不是人民群众的杰作，无一不是来自人民群众的丰富实践。例如，我国的万里长城、李时珍的医学名著《本草纲目》，清代蒲松龄的优秀小说集《聊斋志异》，埃及的金字塔，法国的凯旋门等，不一而足。当然，作为文化的直接创造者，许许多多的艺术家、科学家、思想家、文学家、建筑家等，他们并不是离群索居的超人，都是人民群众中的一分子。他们的创作虽然是个体的实践创造但也不能脱离生活，不能脱离人民群众，他们一方面要从人民群众中汲取文化创作的材料与灵感，另一方面，需要人民群众提供必要的物质条件和物质设施。恩格斯指出："社会一旦有技术上的需要，则这种需要就会比十所大

---

① 《毛泽东选集》第3卷，人民出版社1991年版，第860页。

学更能把科学推向前进。"① 从文化生产的角度看，文化商品与其他商品一样也受消费需求的影响，消费决定生产，生产服务于消费。随着我国经济的持续快速发展，人们文化水平不断提高，广大人民群众对文化消费的愿望与需求在不断地升温，而且出现了普遍化、多样化、高端化的趋势，人民群众文化创造的热情与动力随之提高，这为文化建设和发展带来了良好的发展机遇和条件。

人才兴则文化兴，人才强则文化强。发挥人民群众在文化建设中的主体创造作用，就要造就一支适应时代要求、富有开拓与创造精神的文化人才队伍。胡锦涛指出："要加强文化战线领导班子建设，加强文化事业和文化产业人才培养，为深化文化体制改革和文化建设提供有力组织保证和人才保障。"② 各级各类文化人才在文化建设中负有重要使命，起着骨干与支撑作用，要进一步形成文化人才培养、激励、选拔、作用的良好机制，要充分调动他们的积极性、主动性和创造性。

二、让人民共享文化发展的成果

在科学发展观的视域中，进行中国特色社会主义文化建设，让人民共享文化发展成果，就是要最大限度地维护好、实现好人民群众的文化权利，最大限度地维护好、实现好人民群众的文化权益。文化权利是继传统的政治权利、经济权利之后，是公民享有的又一项重要的权利，也是公民权内涵的又一项重要的内容。在英国著名社会学家托马斯·H.马歇尔看来，公民文化权利主要包括四方面内容：一是享受文化成果的权利；二是参与文化活动的权利；三是开展文化创造的权利；四是文化创作成果得到保护的权利。社会主义文化建设的目的归根到底就是以人为本，维护和发展广大人民群众的文化权益，满足人民群众日益增长的精神文

---

① 《马克思恩格斯全集》第39卷，人民出版社1974年版，第198页。
② 《论文化建设——重要论述摘编》，学习出版社、中央文献出版社2012年版，第122页。

化需求。

也正是基于文化建设一切为了人民群众的价值认识，为了更好地实现与维护人民群众的文化权益，我们对文化发展中的政府与市场关系进行了厘清，对各自的功能、地位进行了科学区分，从而明确了今后文化建设的基本思路：一手抓文化事业，一手抓文化产业，真正地把"两种属性""两个效益"的关系处理好，加快我国文化体制改革进程，促进文化建设步入科学发展的轨道。无论是文化事业还是文化产业，都必须坚持以人为本，突出文化育人、文化成人、促进人的全面发展的功能。文化事业与文化产业的差别，只不过是形式、类别的差别，它们的内容、所承载的精神实质或思想灵魂应当是相同的、一致的，都要坚持正确的政治导向，以传递正能量、弘扬主旋律、建设社会主义先进文化、服务于中国特色社会主义为己任。

"为了谁""依靠谁"是关系到文化建设方向和性质的根本问题。文化源自人民，也归属于人民。中国特色社会主义文化发展道路，是人民群众共建共享的道路。胡锦涛指出："要坚持为人民服务、为社会主义服务的方向和百花齐放、百家争鸣的方针，贴近实际、贴近生活、贴近群众，始终把社会效益放在首位，做到经济效益与社会效益相统一。"①中国特色社会主义文化，其重要的特征就是以人为本，人民至上，使文化为人民服务。"服务人民，就是要坚持以人为本，贴近实际、贴近生活、贴近群众，充分发挥人民主体作用，把人民是否满意作为根本标准，尊重差异、包容多样，努力满足人民多层次、多方面、多样化的精神文化需要，让人民共享文化发展成果，促进人的全面发展。"②我们的文化建设要始终以满足人民群众不断增长的精神文化需要为根本目标与归宿，坚持文化发展为了人民，文化发展依靠人民，文化发展成果人民共享，实现人的全面发展，切实实现好维护好发展好人民的文化权益。

---

① 胡锦涛：《高举中国特色社会主义伟大旗帜　为夺取全面建设小康社会新胜利而奋斗》，《十七大以来重要文献选编》（上），中央文献出版社 2009 年版，第 28 页。

② 《论文化建设——重要论述摘编》，学习出版社、中央文献出版社 2012 年版，第 46 页。

第一，让人民共享文化发展成果，是马克思主义鲜明的价值追求。是否始终站在广大人民群众的立场上，是唯物史观与唯心史观重要的分水岭，也是判断真假马克思主义的试金石。胡锦涛强调："面对当今文化越来越成为综合国力竞争重要因素的新形势，我们必须以高度的文化自觉和文化自信，着眼于提高民族素质和塑造高尚人格，以更大力度推进文化改革发展，在中国特色社会主义伟大实践中进行文化创造，让人民共享文化发展成果。"[①] 马克思主义及其政党最终价值宗旨在于人的自由、解放与全面发展，不断为人民群众谋求幸福，把是否符合人民的利益与愿望，作为判断一切思想观点和实践活动的价值合理性标准。中国共产党很早就把全心全意为人民服务写在自己的旗帜上，党带领人民所做的一切都是为实现人民的根本利益而奋斗，以立党为公，执政为民为根本执政理念。来自人民、植根人民、服务人民，是我们党永远立于不败之地的根本。"要充分发挥人民在文化建设中的主体作用，调动广大文化工作者的积极性，更加自觉、更加主动地推动文化大发展大繁荣，在中国特色社会主义的伟大实践中进行文化创造，让人民共享文化发展成果。"[②] 坚持和实现党的根本宗旨，不仅要实现好发展好人民的经济权益和政治权益，而且要实现好发展好人民的文化权益，不断满足人民精神文化需要，丰富他们的精神世界，增强他们的精神力量，促使人民精神文化生活不断提高，使我国文化建设和马克思主义中国化获得丰厚的群众基础和不竭的力量源泉。

第二，让人民共享文化成果是中国特色社会主义文化建设的基本任务。经济建设的根本任务是不断地为人民提供丰富的物质资料和生活资料，解决做大"蛋糕"的问题，政治建设的根本任务是实现平等、公平、公正、正义，是解决分好"蛋糕"的问题，而文化建设的根本任务是让人民共享文化成果，丰富其精神世界，增强其精神力量，提高其精神境界，

---

① 《胡锦涛文选》，人民出版社 2016 年版，第 539 页。

② 胡锦涛：《高举中国特色社会主义伟大旗帜　为夺取全面建设小康社会新胜利而奋斗》，《十七大以来重要文献选编》上，中央文献出版社 2009 年版，第 28 页。

促进人自由而全面的发展。因此，中国特色社会主义文化建设必须坚持为人民服务、为社会主义服务的发展方向不动摇。无论是发展文化事业，扶持公益性文化，还是发展文化产业，鼓励营利性文化企业，无论是高雅文化还是通俗文化，其宗旨都必须始终以满足人民精神文化需求为出发点和归宿点，不断提高人民的思想道德素质和科学文化素质，培养有理想、有道德、有文化、有纪律的"四有"公民。

"一部人类社会发展史，是人类生命繁衍、财富创造的物质文明发展史，更是人类文化积累，文明传承的精神文明发展史。人类社会每一次跨进，人类文明每一次升华，无不镌刻着文化进步的烙印。"①然而，在以往私有制社会里，少数统治阶级是文化消费、享受的主体，掌握着精神文化资源与文化话语权；而创造文化成果的广大劳动人民长期以来则被剥夺了应有的文化权益。社会主义公有制的建立，则从根本上改变了少数人垄断文化领域的不公正现象，人民成了国家的主人与文化的主人，成为享用文化成果的主体。

中国共产党自建立之日起，始终坚持文化建设和文化发展的人民性。1942年5月，毛泽东在延安文艺座谈会上，鲜明地提出了文艺到底为谁服务和如何服务的问题。他指出："为什么人的问题，是一个根本性的问题，原则的问题。"②他说，我们的文艺，不是为剥削阶级和压迫者的，而是为人民大众的，从而为文艺建设指明了正确的方向。1981年，《中共中央关于当前报刊新闻广播宣传方针的决定》明确提出"坚持为人民服务、为社会主义服务"的文艺工作指导方针。党的十三届四中全会以后，江泽民同志多次强调党的"二为"方针，并把它扩展为整个文化工作的指导方针。党的十六大以后，胡锦涛同志继承发展了社会主义文化建设一系列思想，反复强调要在中国特色社会主义的伟大实践中进行文化创造，自觉主动地推动中华文化大发展、大繁荣；贴近群众，始终把文化的社会效益放在首

---

① 《十六大以来重要文献选编》下，中央文献出版社2011年版，第751页。
② 《毛泽东选集》第3卷，人民出版社1991年版，第857页。

位，让人民共享文化发展成果，使人民基本文化权益得到更好保障。文化作为社会意识是社会存在的反映，并反作用于社会存在。社会主义文化建设对社会经济政治具有重要的能动作用。我国的基本制度是社会主义，马克思主义是我们事业的指导思想，我们的党是人民的党。如果我们的文化离开了人民和人民正在进行的崇高事业，不去为它服务，甚至损害它的利益，那就不是社会主义文化，就与历史上的剥削阶级文化没有什么本质的区别。

第三，让人民共享文化发展的成果也是加快建成小康社会，以及全面实施国家发展战略的需要。"人类文明进步的历史充分表明，没有先进文化的积极引领，没有人民精神世界的极大丰富，没有全民族创造精神的充分发挥，一个国家、一个民族不可能屹立于世界先进民族之林。"[①]党的十六大、十七大确立了全面建设小康社会和我国全面深化改革开放的发展目标，十八大又确立了全面建成小康社会的新目标，就是既要让人民过上殷实富足的物质生活，又要让人民享受丰富健康高品质的文化生活。改革开放四十年来，我国社会主义各项事业取得了重大的成就，广大人民群众对自身文化权益的要求和丰富精神文化生活的期待越来越高，休闲娱乐、旅游观光等文化消费进入了较快的增长期，文化元素已经逐渐成为改善民生、提高人民生活质量的重要因素。同时，人们思想观念的独立性、选择性、多变性、复杂性明显增强，其文化需要的个性化、多元性日益凸显，对丰富文化生活、高档次精神文化的期待也越来越热切，我们只有不断提供多样化、高质量的文化产品才能满足这种多样化的文化需求，不断丰富和提高人民群众的精神文化生活。另外，随着社会的变化，人类正在步入一个文化经济的时代，文化日益成为经济社会发展的重要支撑。文化既是引导人类社会不断前进的价值观念，也是促进经济社会转型升级的强大动力。经济文化化、文化经济化的态势有增无减。当今时代，文化日益成为民族凝聚力和创造力的重要源泉，

---

① 《十六大以来重要文献选编》下，中央文献出版社 2011 年版，第 752 页。

成为综合国力竞争的重要因素，丰富精神文化生活的不断提升越来越成为我国人民的热切愿望。

要切实做好文化民生、文化惠民工作。文化民生、文化惠民就是要通过文化建设让文化给广大人民群众带来实惠，带来实实在在的好处，要不断满足人民群众多层次、多方面、多样化的文化需求，切实保障人民群众的基本文化权益，充分让人民群众享受社会主义文化发展的建设成果。

三、充分发挥人民群众建设文化能动作用的着力点

推进社会主义文化事业大繁荣、大发展，要坚持群众观点，走群众路线，充分调动广大人民群众的主动性、积极性和创造性，发挥他们在文化建设中的能动作用。

第一，尊重人民群众。人民群众是历史的创造者，也是文化的创造者。文化是人民的事业，文化的出发点和落脚点归根到底都是为人民，文化前进和发展的动力也是来源于人民。只有尊重人民群众，尊重知识，尊重人才，尊重来自人民群众的文化创造，激发文化人才的创造热情与活力，使他们具有尊严感和获得感，愿意参与到文化建设中来，愿意为文化事业建言献策，贡献自己的一份力量，才能调动他们创造文化、建设文化的主观能动性，把人民群众的主体地位落到实处，才能做好马克思主义文化大繁荣大发展这篇大文章。

第二，支持群众性文化团体。群众性的文化活动是人民群众自我参与、自我教育、自我组织、自我服务的文化活动的重要形式，各种群众性文化团体是广大人民群众参与文化活动、享受文化生活的组织与载体。群众性文化团体具有群众性、多样性、灵活性、自娱性、自组织性等特点，它有利于激发广大人民群众的文化积极性，有利于展示人民群众文化创作成就，有利于丰富广大人民群众的文化生活，有利于展示文化创作成就，实现人的价值，开发人的潜能，刺激文化消费等作用

与意义。各级政府各级文化部门要支持群众依法举办文化团体，精心培育植根群众、服务群众的文化载体和文化新式。要整合等各方面社会资源，把有文化才能的群众有效组织起来，动员他们施展各自才能和文化技艺。社会各方面要关心群众性文化团体的成长与发展，做好组织协调工作，为群众性文化团体的发展创造有利的条件和环境，实现文化社会资源效益和数量的最优化、最大化，引导群众性文化活动健康、有序发展。

第三，建立文化创新激励机制。文化建设、文化创作是一项艰辛、复杂的劳动，对于做出成绩的人或团体，要给予激励、激励。要进一步深化文化体制机制改革，建立能够激发文化创新意识、保障文化创新环境、鼓励文化创新思想和行为的文化制度机制。建立竞争机制、开放机制、激励机制，使得有才能的文化创新人才脱颖而出，充分发挥其特长和作用。要坚持物质奖励和精神奖励相结合，不断完善激励机制，通过创新激励机制，激发人民群众的积极性，不仅体现了对他们工作、自身价值的尊重，而且能够在社会上产生示范性、引导性作用。

第四，及时总结来自人民群众实践中文化创新的新鲜经验。人民群众的文化创造植根于丰厚的社会土壤，它最新鲜、最生动、最接地气，最能反映文化发展的实际状况。因此，要尊重群众的文化首创精神，对于人民群众的文化实践经验和优秀成果，要及时加以吸收、应用和推广，在全社会营造鼓励文化创造的良好气氛，使潜在于人民群众中的文化创造活力得到竞相迸发与充分涌流。

我们党领导社会主义文化建设的长期实践已经证明，广大人民群众始终是社会主义文化建设的主体，在他们内部蕴藏着巨大的文化创造活力和创造力量；任何一项文化工程或文化实践，只有广大人民群众参与，才能显示出巨大的吸引力和价值，也才能取得成功。

第四节　正确认识和处理文化建设中的几个重要关系

一、文化建设中的古与今

中国特色社会主义文化建设，既要立足于实践，又必须继承和弘扬中华传统优秀文化。十七大报告提出，"中华文化是中华民族生生不息、团结奋进的不竭动力。要全面认识祖国传统文化，取其精华，去其糟粕，使之与当代社会相适应、与现代文明相协调，保持民族性、体现时代性"[①]。中华文化源远流长、博大精深，是我们文化建设的根本基础，它蕴涵着我们这个民族最根本的精神基因，体现着中华民族最深层的精神追求。文化是民族繁衍生息之根，中华文化追求和谐的价值取向、以德性为依归的理想人格，爱国主义、自强不息的民族精神，注重现世与群体的终极关怀等核心理念，不仅为中华民族的生存发展提供了丰富的滋养，也为人类文明增添了独特的智慧，至今仍具有深远的时代价值。因此，无论什么时候，我们都要珍惜传统文化中的优秀成分，深入挖掘和概括有益的思想资源，使之发扬光大。发展中国特色社会主义先进文化，必须坚守民族文化立场，守护民族优秀文化基本元素；与此同时，要立足于伟大实践与时代的发展，准确把握世界文化发展趋势，积极主动吸收融汇各国优秀文化经验，在开放包容中不断赋予我国文化发展的强大生机。发展中国特色社会主义文化，一定要继承中华民族优秀文化传统，大力弘扬中华文化精华，不断扩大中华民族的影响力。

每个民族的文化都是该民族漫长的历史发展中所形成的精神财富与精神记忆。文化是民族创造力的源泉，文化的力量深深地熔铸在民族的有机体中，熔铸在民族的历史创造之中，它是启蒙和动员人民、推动社

[①] 《十七大以来重要文献选编》上，中央文献出版社2009年版，第27页。

会发展的精神之源。文化的进步，标志着人们认识世界改造世界的积极成果，不断开拓着人类的新领域，也激发着民族的创造性。一般地，民族的历史文化愈悠久、积淀愈深厚，其价值蕴涵愈深远，其民族的凝聚力和创造力的潜能也就越丰厚、越持久。中华民族特有的文化精神、文化传统，几千年来生生不息、薪火相传，成为维持中华民族生存发展的内在灵魂与根基；它凝聚着我们这个民族对外部世界，以及对自身的认识与感受，涵养了中华民族共有的情感和价值认同、共同的信仰和共同的理想追求。实践证明，中华民族以爱国主义为核心，团结统一、爱好和平、勤劳勇敢、崇尚和谐、自强不息的民族精神，是中华民族能够经历无数艰难险阻、战胜各种力量的精神纽带，是我们民族团结奋进的强大动力。当然，任何文化都不是静态、封闭的，文化的凝聚力和创造力也不是生而俱来的，它是处于不断的运动中、变化之中的，是一个文化主体主动建构的过程，是人们世代积极创造的结果。对于中华文化而言，古代劳动人民创造了光辉灿烂的文化成就，这是建设和发展中国特色社会主义文化的宝贵财富。我们一方面要继承这个宝贵的思想文化资源，从中汲取优秀的文化因素，另一方面更要在此基础上创造出当代的、符合时代特征的民族的、大众的、科学的社会主义先进文化，充分发挥其对于民族创造力、推动力的功能，这是历史赋予当代中国共产党人神圣的历史使命与责任。

中国特色的社会主义文化建设既要继承，更要创新，所谓古为今用、推陈出新。文化只有既有继承性又具有创新性，才可能具有面向未来的发展前途，才可能具有深远的价值意蕴，从而启迪人们的智慧，激发人们的力量、强化人们的意志，不断给人们提供新鲜的体验与感觉。建设中国特色社会主义文化，以继承传统文化为前提，重在发展，贵在实践创新，要在继承中坚持、在坚持中发展，并在发展中创新，不断谱写中华文化发展的新篇章。因此，在这个意义上，中国共产党既是中国优秀传统文化的继承者，是落后文化、错误文化、腐朽文化的批判者，也是当代中国先进文化的创造者和建设者。

二、文化建设中的中与外

中国特色社会主义文化建设，既要继承我国优秀的传统文化，又要科学吸收外来文化的优秀成果。既要有中国特色，又要具有开放的气度，兼容并蓄，吸取人类文化一切有益成分。对外开放是国家经济社会繁荣发展的必由之路，也是激发文化活力、提升文化创造力，以及建设文化的内在要求。毛泽东早就讲过，在文化上要古为今用、洋为中用。"要坚持从我国国情出发，坚持以我为主、为我所用、辩证取舍、择善而从，积极吸收借鉴国外文化发展的有益成果，更好地推动我国文化的发展繁荣。"[1] 2003 年，胡锦涛在中共中央政治局第七次集体学习时指出，要坚持从我国国情出发，坚持积极吸收借鉴国外文化发展的有益成果，更好地推动我国文化繁荣。一切有利于加强我们社会主义文化建设的有益经验，一切有利于提高我国人民精神境界的文化成果，一切有利于发展我国社会主义文化事业和文化产业的方式，都要积极研究借鉴。这些论述继承了马克思主义关于对待外来文化的思想，成为我们今后对待外来文化必须坚持的指导思想和基本原则。当然，对外来文化并非是不加分析的全盘接受，而是要拿出自己的眼光、加以合理的取舍。特别是对于西方文化，要防止西方势力利用其思想文化、学术手段对我们"西化""分化"的政治图谋。胡锦涛指出，"西方敌对势力的鼓噪，国内的各种噪音杂音，不仅过去有，现在有、将来也还会有。关键是我们自己要有主心骨，要巩固和发展马克思主义在意识形态领域的指导地位。马克思主义、毛泽东思想、邓小平理论和'三个代表'重要思想，是我们立党立国的根本指导思想，是全党全国各族人民的共同精神支柱，也是我们战胜艰难险阻、抵御错误思想干扰的强大思想武器"。[2]

另外，文化上的对外开放，不仅体现在能够积极合理地吸收外来文化

---

[1] 《论文化建设——重要论述摘编》，学习出版社、中央文献出版社 2012 年版，第 42 页。
[2] 《十六大以来重要文献选编》下，中央文献出版社 2008 年版，第 684—685 页。

的优秀成果为我所用，而且也体现在能够以积极的姿态跨出国门走向世界，加强国家对外形象的塑造，加强我们的国际文化话语权建设以及对外文化传播能力建设，在世界政治、文化的舞台上充分展现中华文化的独特魅力。

三、文化建设中的一与多

坚持以马克思主义为指导，就是要坚持马克思主义在意识形态领域的领导地位。文化建设的指导思想只能是一元的，而不可能是多元化的。一个社会它可能存在复杂多样的思想文化观念，但是占主流的意识形态只能有一个。在这方面，古今中外，任何国家和社会皆概莫能外。马克思说过："统治阶级的思想在每一时代都是占统治地位的思想。这就是说，一个阶级是社会上占统治地位的物质力量，同时也是社会上占统治地位的精神力量。"[1] 因为，国家政权的稳固和发展、社会制度的巩固和运行，都需要一个统一的指导思想或者主导的意识形态提供理论支持、价值引领和精神感召，给予该统治强有力的保障。只有这样，才能有效团结和凝聚社会各个阶级、阶层、民族，各个组织、团体的智慧和力量，使得各方面的社会力量汇聚成为一股"总的合力"，推动整个社会的进步和发展。除了一元的、主流的文化思想观念外，社会上还存在着其他的、非主流的思想文化。总的来说，在社会意识和社会思想观念方面，尽管多样并存，但要一元指导。一般地说，"多样"的存在有利于促进人们解放思想，开阔人们的眼界和视野，激发起社会进步的活力和动力，有助于社会形成思想文化领域上百花齐放、百家争鸣的、生动活泼的局面，从而有助于推动社会其他各方面的创新；然而，这里的"多样"是建立在"一元"基础之上的"多样"。如果一个社会在指导思想方面不是一种声音而是众声喧哗、杂音不断，没有一种指导思想而是多元思想并存，缺乏统一明确、主导的价值指

---

[1] 《马克思恩格斯全集》第3卷，人民出版社1960年版，第52页。

向，那么，人们的思想就会陷入困惑和迷茫之中，行动上就会无所适从，社会秩序因此就陷入混乱，社会良性运行必然会受到影响。

此外，我国当前文化发展中还存在一个问题就是，作为文化消费主体的构成多样化、复杂化，发生了很大变化，过去改革开放以前，我国的社会结构是比较简单清晰的，工农兵学构成了文化主体。然而，现在情况已经发生了很大的变化，在市场经济条件下，我国的社会结构和过程不断分化和重组，原先的利益格局被打乱了，人们的职业、收入、经济地位和社会地位等方面较以往显示出较大的差异。而且，随着我国社会生活的不断变化，社会结构和社会阶层还将持续分化，并显示出新的特征，如此多样化、差异化、复杂化的人群对象，必然对文化提出了新的多样化的要求，这就要求我们的文化生产和文化供给要主动适应这种社会变化，面对现实，面对不同群众的需求，进行改革和创新，勇于迎接挑战。但是，无论文化消费者、文化市场发生了怎样的变化，都必须处理与解决好文化建设中的一与多的关系，必须坚持马克思主义在意识形态领域的主导地位，这一点不能动摇。

四、文化建设中的俗与雅

毛泽东曾经用阳春白雪、下里巴人比喻过雅文化与俗文化。"任何一种东西，必须能使人民群众得到真实的利益，才是好的东西。就算你唱的是'阳春白雪'吧，这暂时既然是少数人享用的东西，群众还是在那里唱'下里巴人'……现在是'阳春白雪'和'下里巴人'统一的问题，是提高和普及统一的问题。不统一，任何专门家的最高级的艺术也不免成为最狭隘的功利主义；要说这也是清高，那只是自封为清高，群众是不会批准的。"[①] 这里的"雅"，指的是高雅、文雅；这里的"俗"指的是通俗、大众之意而非低俗或者恶俗之意。"雅"与"俗"在很大程度上是文化表现形

---

① 《毛泽东选集》第 3 卷，人民出版社 1991 年版，第 1095 页。

式上的问题，而不是正确与错误、先进与落后，或者高级与低级之根本区别。雅文化与俗文化是对立统一的矛盾关系，既有相互否定、相互对立的一面，又有相互依存相互渗透、在一定的条件下相互转化的一面，例如，作为我国古典诗歌开端、最早的诗歌总集《诗经》中的篇章，原本是当时有心人采集于乡下民间的歌谣俚曲，后来却成为历代文人骚客诵咏传唱的风雅之祖；相反，许多历史上被视为风雅之极的宫廷御制、名篇典章等，后来却成为妇孺皆知的大众文化、通俗文化。通常，雅文化要通"俗"一点可能才有市场，才能赢得群众；俗文化要"雅"一点可能才有高度，才有超越性；文化一味只讲雅，就会曲高和寡，最终失去大众；而文化一味只讲俗，就会俗不可耐，失去品位，文化只有走雅俗共赏的路子，才能推动文化的大众化，有利于文化的发展、文化的繁荣。因此，只要不是片面化、绝对化地各执一端，文化的雅与俗其实都是很正常的现象。但是我们在文化建设中必须要注意的问题是，雅文化要切实发挥其应有的功能和作用，就需要放下身段普及推广，需要通俗化、大众化，需要进行内容形式的改革与创新；而进行文化通俗化、大众化工作时则需要警惕它滑向低俗化、恶俗化、粗俗化甚至下流的现象，要始终把歌颂真善美、弘扬正能量作为永恒的文化追求。

在我国，文化建设作为中国特色社会主义重要组成部分，承担着巩固马克思主义意识形态指导地位、坚持社会主义发展的正确方向的重要职责，因此，无论是发展文化事业还是发展文化产业，都必须坚持文化发展的正确方向，这个方向和品位不能变、不能丢。文化建设只能加强而不能削弱马克思主义在我国意识形态中的指导地位，始终以马克思主义、列宁主义、毛泽东思想、邓小平理论、"三个代表"重要思想为指引，深入贯彻落实科学发展观，坚持社会主义先进文化的前进方向，以科学发展为主题，以建设社会主义核心价值体系为根本任务，以满足人民精神文化需求为根本目的，以改革创新为动力，发展面向现代化、面向世界、面向未来的、民族的、科学的、大众的社会主义文化，培养高度的文化自觉和文化自信，提高全民族文明素质，增强国家文化软实力，弘扬中华文化，努力建设社会主义文化强国。要始终坚持马克思主义、毛泽东思想、中国特色社会主义理论体系，以坚强的理论勇气和探索精神积极进取，开拓创新，围绕建设社会主义文化强国的目标而努力奋斗。

五、文化建设中的义与利

中国特色社会主义文化建设要坚持社会效益和经济效益的统一。这里的"义"就是指马克思主义、社会主义、共产主义的真理观、社会历史观、道德观和价值观，就是无产阶级及其政党的理想信念；这里的"利"就是指利润、利益，尤其是经济利益与经济效益。从整体上看，在社会主义国家化建设中的义与利是相互统一的，而不是绝对对立的。

中国传统哲学义利观关于义利之辩有"见利思义""见利忘义""先义后利"以及"义利并举"等观点。《史记·货殖列传》中说"天下熙熙，皆为利来，天下攘攘，皆为利往"，妇孺皆知；《论语·宪问》说："见利思义，见危授命，久要不忘平生之言，亦可以为成人矣"，要求人们在利益面前要思考它符合不符合道义，考量一下是不是不义之财；《吕氏春秋·察微》中有这样一则故事：根据鲁国的一项法律，如果在国外遇到鲁人为奴把他（她）赎回的话，就可从国库领取一笔补偿金。孔子的一个叫子贡的学生道德很高尚，他做好事赎回了鲁人却拒绝去领这笔补偿金；孔子得知原委后却把子贡批评了一通：假如像你这样做善事而不领补偿金的话，长此以往，就会让有些人在赎人过程中瞻前顾后、疑虑重重，这样结果反而会让更多人不愿意去做善事。这一方面说出了利益在社会及其发展中扮演的角色；另一方面说明了"利"的实现是"义"的坚守和保障："义利并举"或者义利兼顾更能激励"义"的弘扬和传承，有助于"义"在整个社会的形成和贯彻。

《中共中央关于深化文化体制改革推动社会主义文化大发展大繁荣若干重大问题的决定》指出，推动社会主义文化大繁荣大发展，要"坚持把社会主义放在首位，实现社会效益和经济效益的统一，把文化发展的着力点放在满足人民群众精神文化需求和促进人的全面发展上。"加强文化建设，发展文化事业和文化产业，要始终坚持正确的政治方向，坚持正确的舆论引领，把社会效益放在第一位，使社会效益与经济效益有机统一起来，倡导真善美，鞭挞假丑恶，崇尚宣传科学知识，传颂先进文化，弘扬人间正义，塑造美好心灵。决不能把经济效益放在首位，唯利是图，反对一切向钱看；要尊重文化发展规律，尊重艺术生产发展规律，采取有力措施净化文化领域空气，消除各种损害文化健康持续发展的不良文化环境，还文化市场一片净土；同时，要加强文化法制建设，一手抓繁荣，一手抓管理，促进社会主义文化市场经济的良性发展，促进文化市场社会效益与经济效益的良性互动，相互促进。尤其对于文化产业建设来说，要有社会责任的担当，在追求经济的同时，不能忽视和放松政治标准，不能放松艺术标准，不能片面追求经济效益而忽视社会效益。

然而要看到，我们一些文化企业特别是有的国有文化企业无论在认识上还是实践上都还没有做到位，文化社会效益和文化经济效益相统一的问题还没有很好地解决，主要表现是：有的人和文化机构片面追求文化的经济效益、忽视其社会效益；文化资本、文化资源运行的效率不够高；文化企业内部经营管理水平亟待提升；文化体制、文化机制需要进一步改革和完善，两个效益相统一的环境条件需要进一步优化；等等。文化企业给人们提供的不是一般的产品而是特殊产品，担负着传播和塑造价值观念，丰富人们精神世界、激发人们精神力量的任务，作为精神产品，有的文化作品虽然它产生的直接经济效益不大，但在间接地满足人民群众的精神文化需求和推动社会文明进步方面却有着不可低估的重要价值，综合效益比较好。因此，文化建设中必须始终坚持把社会效益放在首位、实现社会效益和经济效益相统一。在正确处理文化的社会效益和经济效益、社会价值和市场价值关系的过程中，有时会发生两个效益、两种价值发生矛盾的情况，这时就要求经济效益服从社会效益、市场价值服从社会价值。越是深化文化改革、创新文化发展，就越要把社会效益放在首位；不能唯利是图、一心向钱看，不能以牺牲文化的社会效益换取所谓的经济效益。

六、文化事业与文化产业

文化既具有事业属性，又具有产业属性。过去，我们在相当长的时期没有认识到或者不承认文化具有产业属性，只是关注它的事业属性，把文化事业与文化产业对立起来，没有看到二者相互协调、相互统一的一面。在改革开放前的计划经济时代，我国文化"政企不分"的情况比较严重，政府在对文化部门、文化企业的管理上简单地运用行政命令式的方式，一切事务大包大揽，导致文化企业的市场主体地位一直没有得到确立。文化产业是社会生产力发展的必然产物，是随着我国社会主义市场经济的不断完善和现代生产方式的不断进步而发展起来的新兴产业。现在政府部门对文化企业的管理需要从过去事无巨细的管理转变为以文化政策引导、调节为主要手段、以提供社会公共服务为特点的现代化管理方式。因此，就要"推进公共文化服务体系向基层延伸，加快文化产业基地和区域性特色文化产业群建设，发展新型文化业态，推动文化产业成为国民经济支柱性产业"。① 胡锦涛指出，"大力发展文化事业和文化产业，为人民群众提供更多更好的文化产品和文化服务，满足人民群众日益增长的精神文化需求，提高全社会的文化生活质量，是宣传文化部门担负的重要任务"②。

公益性文化事业是满足广大人民群众精神文化的需要、体现国家意识形态的功能的主阵地、主渠道，其担负着保障人民群众基本文化权益的功能，具有公益性、基本性、均等性、便利性等特征。其公益性是指人无论性别、贫富，不分地区、职业、地位等，都能够有机会享受由政府提供的公共文化产品和服务，人人平等；其基本性是指这些文化服务是一般性的、普遍性的文化服务，不可能涵盖所有的文化服务；其便利性是指文化建设要以人为本，方便群众就近参与享受，时刻把人民群众的需要作为服

---

① 《论文化建设——重要论述摘编》，学习出版社、中央文献出版社2012年版，第106—107页。

② 《论文化建设——重要论述摘编》，学习出版社、中央文献出版社2012年版，第84—85页。

务的评判尺度。在发展文化事业方面，政府要完善相关文化政策，加大资金投入，健全相关服务设施，改革服务方式，拓宽服务渠道，不断提高相关公共文化服务的能力水平。目前，发展公益性文化事业要注意两个问题：一是各级政府要转变观念，改变过去长期以来形成的僵化、教条式的文化观念，认识到公益性文化事业建设任务的重要性、紧迫性、长期性、艰巨性，加大财政支持力度。这方面过去我们历史欠账太多，公共文化严重滞后，需要大力发展。二是要把工作重点放在基层和广大的农村，尤其是相对贫穷落后的农村地区。一般地，城市公共文化服务条件、水平较高，而广大农村公共文化服务较薄弱，这不符合公共产品的均等性原则，有失公平，这种文化权益上的城乡差别现象亟待消除和改善。

经营性文化产业其基本特征就是遵循价值规律、市场规律原则，主要利用市场"看不见的手"的调节功能来进行生产、流通、消费。它是我国文化必要的、有益的、重要的组成部分，具有商品性、产业性、经济性等主要特点。其商品性是指文化产品、文化服务本身与一般商品相同，都是人们劳动的成果或结晶，凝结了人的智慧与汗水，是有价值的，因而也是可以通过市场交换来实现其价值，其产业性是指文化产品、服务可以通过工作技术生产加工制作，进行批量生产和再生产；其经济性指其追求经济效益、以营利为目的，追求利益最大化。现阶段，在我国文化产业还处于初级起步的阶段，需要做的工作很多，要充分发挥政府在发展文化产业上的引导、扶持作用，加强统筹规划，着力培育市场主体，推进文化科技创新，促进文化与相关产业融合发展，从整体上提高我国文化产业规模化、集约化、专业化水平，提升我国文化产业的国际竞争力。

从根本上说，文化的公益属性与产业的经营属性是相统一的。因为只有文化产品进入市场商品化，为人民群众所接受所消费，才能真正实现其固有的价值，也才能实现其引导人、鼓舞人、教育人、提升人的文化功能。从此意义上来理解，文化的社会效益与经济效益同样也是相一致的。因为一个文化产品如果有好的经济效益，才能产生好的社会效益；只有占领更多的市场份额，才能占领更广阔的思想阵地，有机会更多的走进人们的精神世界和心灵世界。当然，有时候有的文化作品存在社会效益与经济效益不相统一、相背离的现象，产生的原因可能是多方面的，要具体问题具体分析加以解决。此种情况反过来要求我们改进自己的工作，思考如何才能更好地把文化事业和文化产业有效结合起来，不断探索，不断创新，创作出更多更好的深受市场欢迎、深受人民群众喜爱的文化作品；要学会处理好文化产业的社会效益与经济效益之间的关系，在两者之间找到某种平衡点，实现两者的双赢、双丰收、双促进。

对于如何发展文化事业，胡锦涛指出："要加快公共文化服务体系建设，坚持把发展公益性文化事业作为保障人民基本文化权益的主要途径，构建覆盖全社会的公共文化服务体系，优先安排涉及群众切身利益的文化建设项目，抓好重点文化惠民工程，建设基本文化设施，开展各种形式的文化下乡活动，提高基层公共文化服务供给能力，满足群众基本文化需求。"①"要从现阶段经济社会发展水平出发，坚持基本公共服务均等化原则，把建设的重心放在基层和农村。要以大型公共文化设施为骨干，以社区和乡镇基层文化设施为基础，优先安排关系人民切身利益的文化项目，充分发挥现有文化设施的作用，形成实用、便捷、高效的公共文化服务网络。"②他还说："要加快构建公共文化服务体系，按照体现公益性、基本性、均等性、便利性的要求，坚持政府主导，加大投入力度，推进重点文化惠民工程，加强公共文化基础设施建设，促进基本公共文化服务均等化。"③胡锦涛还指出："要加快发展文化产业，认真落实文化产业振兴规划，精心实施重大文化产业项目带动战略，推进文化产业结构调整，培育新的文化业态，提高文化产业规模化、集约化、专业化水平。"④这就为文化事业与

---

① 胡锦涛：《在省部级主要领导干部深入贯彻落实科学发展观　加快经济发展方式转变专题研讨班上的讲话》，《十七大以来重要文献选编》（中），中央文献出版社 2011 年版，第 466 页。

② 《论文化建设——重要论述摘编》，学习出版社、中央文献出版社 2012 年版，第 87 页。

③ 《论文化建设——重要论述摘编》，学习出版社、中央文献出版社 2012 年版，第 90 页。

④ 《论文化建设——重要论述摘编》，学习出版社、中央文献出版社 2012 年版，第 90 页。

文化产业的和谐、健康发展指出了正确的方向，提出了新的要求。

七、文化改革与文化创新

改革创新是社会主义的自我完善和发展，是贯穿社会主义的永恒主题，也是社会主义文化的主题。对于社会主义文化建设中改革的必要性和重要性，胡锦涛指出："深化改革，加快发展，是兴起社会主义文化建设新高潮、提高国家文化软实力的必由之路。要以满足人民日益增长的精神文化需要为目的，以改革为动力，统筹文化事业和文化产业，统筹体制改革和结构调整，统筹城乡区域文化发展，推动形成以公有制为主体、多种所有制共同发展的文化产业格局和民族文化为主体、吸收外来有益文化的文化市场格局。"[1] 创新是民族前进和发展的动力和灵魂；没有创新，就没有文化事业的发展和进步。我们尤其要看到，"文化是最需要创新的领域，只有把握时代脉搏、反映时代精神、贴近现实生活、引领人民思想的文化，才能始终赢得人民，才能始终成为社会进步的先导"。[2]"创新文化孕育创新事业，创新事业激励创新文化。"[3]

因此，我们要顺应时代和世界文化发展潮流，增强文化改革、文化创新的意识，增强全民族的文化改革创造活力，要让改革创新贯穿文化建设一切工作之中。必须认识到，文化改革和文化创新是相互作用、相互制约、相互促进的关系。文化改革目的在于文化创新，为了破除阻碍文化发展中的那些僵化的文化思想观念、陈旧的体制和机制，进一步解放和发展文化生产力，在此意义上，改革本身就是创新；反过来，要创新就必须进

---

① 《论文化建设——重要论述摘编》，学习出版社、中央文献出版社 2012 年版，第 105 页。

② 《论文化建设——重要论述摘编》，学习出版社、中央文献出版社 2012 年版，第 105 页。

③ 胡锦涛：《坚持走中国特色自主创新道路　为建设创新型国家而努力奋斗》，《十六大以来重要文献选编》下，中央文献出版社 2008 年版，第 193 页。

行改革。文化创新既能够为文化发展、文化改革探索新的思路、方法和路径，决定和关系到文化发展的方向、质量和效果，又能够为文化改革提供价值引领和社会导向。任何时候，文化只有在实践中不断改革不断创新，才能焕发出勃勃生机、历久弥新。因此，"要以体制和机制创新为重点，深化文化体制改革，进一步革除制约文化发展的体制性障碍，完善文化产业政策，加快文化产业结构调整，优化资源配置，提高集约化经营水平，运用高新技术促进产业升级，推动我国文化产业实现跨越式发展，逐步提高文化产业在国民经济中的比重，不断增强文化产业的整体实力和竞争力"。① 深入推进文化体制改革，坚持文化创新，必须以马克思主义和中国特色社会主义理论体系为指导，坚持社会主义先进文化前进方向，坚持文化事业和文化产业协调发展，遵循社会主义精神文明建设的特点和规律，适应社会主义市场经济发展的要求，以发展为主题，以体制机制创新为重点，以满足人民群众精神文化需求为出发点和落脚点，着力构建充满活力、富有效率、更加开放、有利于文化科学发展的体制机制，繁荣发展社会主义文化，不断增强我国文化软实力和国际竞争力。另外，要加强对文化改革文化创新的领导，"各级党委和政府要把文化体制改革和文化建设摆在全局工作的重要位置，纳入经济社会发展总体规划，纳入科学发展考核评价体系，建立健全领导体制和工作机制，坚持一手抓繁荣、一手抓管理，牢牢把握发展主动权"。②

---

① 《论文化建设——重要论述摘编》，学习出版社、中央文献出版社2012年版，第103页。
② 《论文化建设——重要论述摘编》，学习出版社、中央文献出版社2012年版，第137页。

第八章　文化发展论（二）：推动中华文化走向世界

第一节　建设中华民族共有精神家园

一、何谓精神家园

《中共中央关于深化文化体制改革　推动社会主义文化大发展大繁荣若干重大问题的决定》指出："文化是民族的血脉，是人民的精神家园。在我国五千年的文明发展历程中，各族人民紧密团结、自强不息，共同创造出源远流长、博大精深的中华文化，为中华民族发展壮大提供了强大精神力量，为人类文明作出了不可磨灭的重大贡献。"这是对中华文化功能与价值的科学定位，指出了建设中华民族共有的精神家园的重要性与深远意义。

人生在世有两个"家"：物质的家与精神的家，或称之为物质家园与精神家园。物质意义上的"家"即国家、家乡、家庭，是父母之家或夫妻之家、儿女之家，能够为人的生存提供基本的食物、住所、安全、休养生息的有形、可感的物质性居所，它具有固定性、天然性、血缘性、人伦性等特征。有了家，人就不会是四处漂泊、居无定所、无所依靠的流浪汉；有了家，人就有个人生存、生活，走向外面世界的必要条件与保障，也使人心理具有一定的安全感、归属感。除此之外，人与一般动物不同，人除了物质家园之外，还拥有一般动物所没有的精神家园。精神家园是非实体的、观念性存在，是文化的、精神的、理想性的甚至虚拟性的，关系到人类精神世界中的理想、信念与价值体认，它是个人或群体的精神寄托、情感归宿及意愿向往。对于民族国家而言，精神家园是一种能有效地将其所属人民紧紧地聚合起来并使之寻找到情感沟通，找到民族认同与文化认同的空间与场合、实现心灵契合的意义平台。黑格尔在《哲学史演讲录》中说："一提到希腊这个名字，在有教养的欧洲人心中，尤其是在我们德国人心中，自然会引起一种家园之感。"黑格尔在这里提到的"家国"显然不是指物质、实体意义上的"家"，而是指精神家园。众所周知，古代希腊是欧洲文明重要的发源地，古希腊文化生发的理性、民主等文化基因对后世产生了深远的影响，深刻决定了欧洲文明发展的历程与样式，也决定了欧洲文明的独特气质，成为欧洲各国文明的共有母体，是文化之家。因此，不难看出，精神家园既是个体的，又是群体的，它是人或群体安身立命之本，是其生存发展的精神支撑，是其身份归属的标识；也是维系民族共同体生命的根本力量、精神源泉；在其现实性上，精神家园对于增强民族活力、创造力、凝聚力、影响力具有重大而深远的影响和作用。正因为如此，世界上许多国家和民族都十分重视对民族精神家园的建构。也正是由于存在着许多风格迥异、独具特色的民族精神家园，才使得世界文化大观园异彩纷呈、千姿百态。一个国家、一个民族、只有构筑并坚守自己的精神家园，才会具有前进发展的向心力、团结力、生命力和创造力，才会不断产生并强化民族自豪感和自信心，以巨大的精神力量创造出属于自己民族的历史。有了强大的精神家园，就有可能在物质艰苦的条件下克服困难，顽强生存，创造奇迹。中华民族是由五十六个民族组成的大家庭，五十六个民族共同生活在一起，风雨同舟，休戚相关，世代相依。中华民族之所以能够在漫长的历史中历经艰辛而生生不息，一个根本的原因就在于中华民族有着无比强大的、共有的精神纽带，拥有我们自己的美好的精神家园。中华民族精神家园，是全体人民的文化之家，精神之家，是中华各民族人民共同建构的意义世界，是置放心灵、安顿灵魂、信仰之寓所。

就"精神家园"这个名词而言，多少带有比拟的性质，很显然，它是相对于人的物质家园而言的。尽管精神家园具有一定的独立性，但它却不能脱离有形的物质家园而抽象地存在，它是以人的物质家园为基础为依托的人的精神世界的归属领地，具有强烈的文化意蕴。究其实质，精神家园可以说包含着以下几个方面的内容：人在生长过程中所依赖的自然地理环境，尤其是自小所在的故国家园、传统文化及其认同、以血亲为纽带的家庭关系，以及网状结构的社会关系、稳定和谐的社会秩序及其价值评价体系、社会个体自我价值与社会价值标准。人与社会无论如何都不可能脱离特定的自然环境而存在，现实的自然环境是人构筑其精神家园的物质的、自然的基础。我们对中华民族的自豪感以及文化认同，是建立在对中国幅员辽阔、山河壮丽、物产丰富等自然条件的认识和肯定的基础上的，这些自然条件无疑为我们建设精神家园打上了美好的底色，增强了我们对中华民族未来前景的自信心和自豪感。传统文化造就了民族精神，它作为祖祖辈辈在长期实践活动中创造出来的文明成果，构成了人们精神家园的核心内容，也是每个人一生中无法摆脱的文化基因。在现实中，维系海内外中国人的除了对故国家园的认同之外，对传统文化及其习俗的认同无疑是聚合人心的重要因素。从特定的家族、宗族、乡村文化，到特定的生活方式、生活习惯，都能勾起人们温馨家园的情感体验，它时刻以内在的方式滋润着人们的精神世界。传统文化对人的精神家园的影响是长远的，是无形的而又无处不在的。在所有的认同当中，文化认同是最重要、最根本的认同，因为它超越了有限、超越了时空的限制而指向无限，指向未来；它不仅与社会个体有关，而且关涉到个体之外的族群甚至人类。只要有了对中华民族的文化认同，共有的精神家园才有可能建立起来。在精神家园的建构之中，以血缘关系为纽带所组成的亲属关系以及各种社会关系，成为这个精神家园重要的基础。

精神家园需要不断地经营、建造。如同物质的家园需要人们不断地增砖添瓦一样，构建精神家园也非一日之功，不可能毕其功于一役。物质家园若不用心经营，时间久了难免会破旧、损坏甚至坍塌；精神家园若不精心经营，也会萧条空虚、花果飘零。因此，我们要不断地精心维护、用心构建我们的精神家园，要发动民族大家庭的力量，群策群力，共同增加和谐的因素，及时消除不和谐的因素。尽量把那些不利于民族团结、不利于民族和谐、发展的因素消灭在萌芽状态，使各种民族文化在共同的舞台上各领风骚，汇入中华民族文化的共同潮流之中，形成民族不分地域、不分大小、其乐融融的中华民族精神共有家园新格局。

当前，构建中华民族共有的精神家园，特别要注意以下几个方面的问题：

一是要促进城乡文化的协调发展，把城市同乡村不同地区人们的精神家园统筹起来共同进行建设。长期以来，我国存在着城乡的差异与差别，分别代表着不同的精神世界。传统中国是一个农业文明的国家，正处在现代化的转型过程当中。传统的农村连续着民族的过去，联结着历史和未来，但在一些人眼里，甚至把它等同于落后、封闭与保守；而城市则被与进步、先进、发展等字眼联系起来，意味着现代性，指向未来，被赋予了诸多的美好想象。诚然，城市和城市文化是现代社会发展的产物，是现代市场经济发展的必然结果，但无论现代化、都市化发展到什么时候、发展到任何程度，其与乡村的联系总是无法割开的。因为这种联系是本然的、自然的。近年来，随着社会的飞速发展，一种挥之不去的"乡愁"或曰"文化乡愁"的精神体验正在升腾并引起人们的关注。这种"乡愁"情绪就是现代人对传统乡村社会的失落产生一种复杂感悟，其中夹杂着某种难以名状的怀恋、不舍甚至向往。

二是要平衡我国各个地区尤其是东部中西部地区文化的发展，把全国各地人民的精神家园统筹起来进行建设。在我国，不仅存在着城乡差别，而且存在各地区发展水平、发展速度等方面的实际差别，其中，东部与中西部地区差别比较突出。我国的东西部问题的形成，既有自然环境的原因，也有地缘、历史、人文传统等方面的原因。最先，中华文明起源于中西部，汉唐时期达到鼎盛，后来，政治、经济与文化中心逐渐自西向东、向南方转移。虽然在政治上，古代中国是一个高度统一的国家，但在经济上却是极不平衡，各地富庶程度不同，开发开放程度差异较大。当政治、文化中心位于中西部时，这些地方经济也相应得到发展，对外交往比较频繁，而其他地区则相对处于落后、封闭状态；而当中国的政治、文化中心东移、南移之后，原来的荒蛮、偏僻之地迅速得到开发，后来者居上，发展水平超过了中西部(尤其是原来作过都城的地方)。特别是 1840 年以后，中国被迫打开了国门，西方列强从海上乘坚船而来，给东南沿海地区注入了较多的资本主义因素，西方先进的技术工具、思想观念、生产方式最先传入东部地区，使得这些地区得风气之先，最先被"洋化""西化"，并成为世界影响广大中西部地区的中继站。

新中国成立以来，党和政府高度重视地区发展均衡问题，尤其下大力解决城乡差距、东西部地区发展欠平衡问题。为处理好东部与中西部以及沿海与内地的关系，毛泽东提出了《论十大关系》，其中就提到了东西部发展的问题。改革开放以来，我国广大东南沿海地区一跃成为改革开放的前沿阵地，借天时地利人和等优势，吸引来了大量的资金、技术和外来智力，对外贸易、对外交往交流日益频繁，经济增长远远超过中西部地区。以邓小平同志为核心的党的第二代中央领导集体从我国的基本国情出发，提出了"三步走"的战略，明确地指出要立足于促进东西部地区经济合理布局以及协调发展的构想；以江泽民同志为核心的党的第三代领导集体制定了西部大开发的发展战略，提出努力奋斗，要建设一个经济繁荣、社会进步、生活安定、民族团结、山河秀美的西部地区的战略目标；以胡锦涛同志为总书记的党中央立足现实，围绕科学发展这个主题，以及构建社会主义和谐社会的目标，进一步提出了旨在促进我国地区协调发展的战略布局，持续推进西部大开发，振兴东北地区等老工业基地，促进中部崛起，鼓励东部地区率先发展起来，推动形成分工合理、特色明显、优势互补的区域产业结构，推动各地区共同发展。胡锦涛在党的十七大报告中指出："重视城乡、区域文化协调发展，着力丰富农村、偏远地区、进城务工人员的精神文化生活。"这就是说，在我们社会主义国家，国家、城乡、东部中西部都有共同的文化权益，都应拥有共同的精神家园，都享有同样的精神文化生活。尽管人的出身无法自由地选择，无法自主决定生在农村还是城镇，无法选择出生在东部还是中西部，但是，我们共同构建并拥有共同的精神家园；或者说，我们的物质家园虽然不尽相同，但我们可以拥有相同的精神家园。这是因为，精神家园既是现实的反映，又在一定程度上超越了现实，具有一定的虚拟性和理想性。

三是构建中华民族共同的精神家园，要着力建设好包括港、澳、台同胞以及广大海外侨胞、华侨等在内共同的精神家园。正是共有的精神家园把五湖四海的中华儿女维系在一起，使大家找到共同的语言，找到共同的文化认同和精神归宿。为此，要加强爱国主义教育，增强他们对于国家认同以及中华民族的文化认同，增强中国人的自信和自豪感，反对任何形式的崇洋媚外、思想或行为，维护祖国主权和国家统一，同一切损害国家利益的现象作坚决的斗争，维护精神家园的纯洁性、和谐性，调动一切可以团结的力量，不断丰富精神家园，增强精神家园的感染力和影响力；努力使中华民族共有的精神家园成为亿万中华儿女凝聚力的精神高地，成为大家谋求共识、化解或消除隔阂、消除矛盾与分歧的公共领域与公共广场。从这个意义上说，共有的精神家园是广大海内外中华儿女的宝贵的精神空间，无论是现在还是未来，都具有极其重要的理论意义和现实价值。

在市场经济发展的过程中，随着向现代社会的剧烈转型，加之经济全球化的强力推进，我国经济社会发生了深刻而复杂的变化，社会发展节奏加快，社会竞争加剧，社会分化加深，人们生存压力普遍加大，许多人精神心理上的不适感日益明显，人们的精神世界面临着许多困惑甚至不和谐问题亟待尽快加以解决，这些都给共有的精神家园建设带来了诸多的挑战，要求我们正视现实，对于精神领域的问题进行深入的追问与反思，使出切实可行的解救之策，不断提高社会生产方式、分配方式、生活方式等的和谐度，不断提升广大人民群众对于社会的满意度和幸福感。当前，构建中华民族共同的精神家园，一个重要的任务就是要大力弘扬社会主义核心价值观。社会主义核心价值观凝聚了中华儿女的共识，是我们精神家园的灵魂；我们必须把社会主义核心价值观融入我们日常工作、日常生活，融进人民群众的生活世界，融入人民的血液，成为他们进行认识活动和实践活动的精神支柱。

二、为什么要构建中华民族共有的精神家园

在今天，我们之所以提出建设中华民族共有的精神家园，就是因为我们面临着重大的历史机遇，肩负着中华民族伟大复兴的神圣使命。像中国这样一个拥有多民族的发展中的大国，要在国际国内政治、经济、文化、外交等形势日益复杂多变的环境下实现和平崛起，掌握自己的前途命运，就必须有自己的精神依托、精神家园，有强大的精神力量，有深度的价值理念作为支撑与指引。中华民族精神家园不是自然生成的，它是长期以来中华儿女共同培育、共同维护、共同依托、共同传承、共同发扬的文化精神、价值观念和情感意志的精神文化系统，它是中华民族作为世界民族重要成员能够生存发展的精神财富，是中华民族繁衍生息、团结奋进的不竭动力。中华民族优秀传统文化是中华民族共同的文化根基。中国五千多年的文明史，创造了博大精深、绵远悠长的华夏文化，留下了浩如烟海的文化典籍，提出了无数给人以深刻启迪的思想智慧，贡献了众多泽及人类、深刻改变世界历史面貌的发明创造以及思想智慧，为人类文明作出了不可磨灭的伟大贡献。尽管几千年来，中国的政权不断更替，历史不断演变，然而中华传统文化的基本精神一直延续下来，并未被历史风云销蚀磨灭，而是连绵不绝，薪火相传，一直作为中华民族精神家园守望着中华大地，慰藉着中国人民的心灵世界，有力地维系着中华民族的永续发展。

从其重要性上来讲，只有构建中华民族共有的精神家园，才能：第一，维护国家统一。如前所述，我国是民族众多、幅员辽阔、各地区自然人文历史差异较大的国家。在长期的历史演进中，以汉族为主体的民族和少数民族一起共同创造了中华民族及其文化。民族的多样性造成了民族文

化的多样性、差异性。每个民族都代表着一种独特的文化类型和文化单元，形成了不同的文化传统，具有自己民族别样的民族信仰和文化价值观，是别的民族文化所不具有的也是不能代替的，他们的宗教观、生活习俗等具有较大的差别，有的语言文字也具有民族性。这些都是该民族经历了长期的实践活动而积累、创造出来的民族智慧，携带着他们改造自然、改造社会、发展自身主体能动性的信息，是中华民族宝贵的文化财富。长期以来，无论是中华民族经历了怎样的磨难和曲折，尤其是近代以来，西方列强以强凌弱，严重破坏和践踏我国主权和领土完整，但是，中华民族始终作为一个完整的主体一致对外，中华文明发展的继承性、连续性一直没有中断，大大小小的民族和睦相处、荣辱与共，大家如同兄弟姐妹一般，有着同样的家国情怀、共同的文化认同，一起维护着国家的统一、安全和稳定的局面。

　　中华民族之所以能够上下五千年、历久而不衰、能够聚而不散，原因在于中华民族强烈的内聚力。而这种内聚力则源自我国传统的国家观念、宗法意识、民族意识、礼治观念以及地理环境等因素。夏朝建立我国最早的国家，由此国家观念得到形成，并以后来的"中原"为其标志。周公在位时实行"以藩屏周"的同姓分封制度，确立"天下共主"的观念。宗法融族权、政权、地权为一体，并把国法与家法联为一体，不仅是宗族与政治的结合体，而且也是政治与经济、文化的结合体，对我国数千年封建社会进程影响很大。与国家观念几乎同时确立的是华夏民族意识。这种民族意识就是以炎黄子孙为荣，是"中国"地域之民，以"天下"为大，以"华夏"为尊。历史上，不论汉族还是少数民族，不论强弱大小，不论文明还是野蛮，人们无不以"入主中原"为目标，无不以华夏正宗和天下共主自许。我国的礼治观念是随着宗法的出现才形成的，其含义是以礼治国，所谓从"周礼"。礼的首义为"孝悌"，其目的是维护宗法，要求下对上、少对长、庶对嫡、臣对君的绝对尊敬与顺从，这无疑有利于国家的统治、政权的稳定。礼治观念后来与孔子儒学"仁"的思想结合起来，从此成为经邦济世的核心，为后世历代统治者所继承并实践。因此，我们不难理解，中国封建社会无数儒士几乎都总是以修身、齐家、治国、平天下为己任，把国家、天下、社稷、黎民百姓视为最神圣的价值信仰，为之可以舍生取义、杀身成仁，甘愿历尽艰辛而在所不辞；把不忠不孝、不仁不义视作最大的耻辱。遇到"离经叛道"者，他们也会揭竿而起，发起改朝换代的革命，但分裂祖国、阻碍国家统一的则是会受到唾弃指责、绝对不容许。从自然地理环境来看，广大中原地区气候适宜，土地肥沃，地处黄河流域农业浇灌十分方便，其优越的农耕文明带来的富庶繁荣对四周处于游牧地带的少数民族有着强烈的诱惑力，这种欲望促使他们发动了一场又一场的南下入侵战争，这就是被史学家称之为北方野蛮民族对南方文明地区的侵略甚至武力征服现象。但是，入主中原的少数民族，用不了多长时间就会被"汉化"或被"同化"，他们会在很大程度上放弃原来的一些文化习俗，慢慢接受并认同汉文化，不会从汉文化中分离出去。

第二，有利于民族团结。共有的精神家园是民族团结的基础。从历史上看，共同拥有的精神家园带来了不同民族的融合和发展。尽管中华民族历史上有过几次大的分裂现象，但分久必合，总体上是个不断聚集不断聚合的过程。这种分裂不是碎片式、辐射式的，而是内向式的，不是越分越散，而是越分越合。这的确是中华民族独有的历史文化现象。每次分裂动乱之后都是分而复合，最终促进了民族的极大融合，强化了民族的团结统一。民族融合核心是文化的融合，中原先进的农耕文明对周边落后的草原游牧文化起到了一种示范、榜样的感召、引领作用，成为后者纷纷效仿、学习的对象。中原文化的宗族意识、家国情怀、群体利益为重要观念也深刻影响并改铸了那些少数民族地区文化，外来的少数民族文化不自觉地向中原文化看齐，逐渐地接受了其文化精髓。当然，文化融合是双向的，不可能是单向的。外来少数民族文化也给中原文化以某种冲击，为其注入新鲜因素，显示了文化的活力与生命力。中国的历史和现状，是与民族的融合分不开的。这样一来，中原文化与少数民族文化不断交融、相互影响、相互聚合；尤其是少数民族文化不断学习、靠拢中原文化，作为先进的中原文化不断同化、涵化外来的少数民族文化，客观上促进了民族的融合与团结，形成了各民族共同的物质家园和精神家园。

第三，有利于社会主义核心价值体系的认同与实践。在其著作《论教育之宗旨》中，我国近代国学大师王国维先生曾经将人的能力划分为"身体之能力""精神之能力"。对于一个国家一个民族来说，同样需要物质和精神的力量，需要物质家园和精神家园的双重呵护。因此，贫穷不是社会主义，精神贫乏同样也不能叫作社会主义。党的十六届六中全会提出的建设社会主义核心价值体系的重大战略任务，是建设我国人民群众精神家园的重要内容。在全球经济一体化、多元价值观念背景的新形势下，建设社会主义核心价值体系，反映了我们党和国家对自身所处时代特征、根本利益、价值追求以及文化理念的高度自觉。社会主义核心价值观构成了精神家园的重要内容，是精神家园的灵魂与精髓。构建中华民族共有的精神家园，与社会主义核心价值体系教育实践具有内在的一致性、统一性。

三、如何构建中华民族共有的精神家园

构建中华民族共有的精神家园，要做的工作很多，应当在以下几个方面找到着力点：

第一，以马克思主义为指导。马克思主义是科学的世界观与方法论，它深入批判资本主义制度，在揭示人类社会发展规律的基础上，给人们描绘出共产主义理想蓝图，提供了人类未来自由幸福的美好向往与追求，构筑了人类精神家园的崭新境界。马克思主义辩证地扬弃了以往历史人类精神家园的思想资源，正确指明了人类精神的发展方向。马克思恩格斯建构的人类精神家园以劳动人民为本，致力于对资本主义社会的揭露与批判。这种批判并不是像空想社会主义思想家那样进行简单的道义上的谴责与批判，并予以理论观念上的否定，他们遵循人类社会发展规律，深刻剖析了资本主义生产方式的根本矛盾，找到了解决这一矛盾的现实途径与手段，从而把社会主义由空想变成了科学。在他们看来，资产阶级高举自由、平等的旗帜，把人从对人依赖的束缚中解放了出来，体现了"个体的觉醒"

与独立，但是，由于人自身理性的僭越，原本贬斥宗教的现代人却创造了新的神话与宗教，催生出了新的拜物教，人成了被物欲控制的奴隶。马克思敏锐地看到了资本主义道德信仰和精神世界的困境与危机，更为重要的是，马克思明确地指出，没有对这种由人到非人、由整体的人到片面的人的异化现象的全面克服，人类社会不会实现自身的突破与发展。

马克思主义不仅为我们认识社会历史提出了科学的方法论原则，而且在历史唯物主义维度上为我们设计出了未来共产主义美好的精神家园愿景。未来共产主义社会是一个消灭了生产资料私有制、没有阶级压迫、没有剥削、社会生产极大发展、人的精神境界极大提高，以及实现了人类自我解放、全面发展的理想社会。在中国特色社会主义新时期，共筑民族精神家园，要求我们必须认真运用马克思主义科学世界观、人生观和价值观为精神武器，这样才能不会迷失精神家园的方向，不会误入歧途。

第二，在继承优秀中国传统文化的同时，努力促进其现代转型。"弘扬中华文化，建设中华民族共有精神家园。"① 中华传统文化为民族精神提供了丰厚的土壤和营养。优秀传统文化之所以优秀，正是由于其历久弥新、蕴含着永不过时的价值追求。随着时间的推移，传统文化中的合理成分会源源不断地释放出来，给我们以醇厚的滋养。因此，深入挖掘、阐释中华优秀传统文化的时代价值是我们义不容辞的责任，也是中国特色社会主义文化的必由之路。

在推动中华文明的现代转变的过程中，首先，要以科学、理性的精神为引领，以实事求是的态度对待我国的传统文化，既不文过饰非，又不妄自菲薄。科学是人类把握世界的方式，以其面向事实本身的姿态力求揭示事物运动的内在的因果关系，揭示客观世界、人类社会以及人自身运动的本质以及发展规律，对人类文化的发展起着普遍的指导性作用。只有坚持和发扬求真务实的科学理性精神，才能对传统文化以及外来文化有正确的

---

① 胡锦涛：《高举中国特色社会主义伟大旗帜　为夺取全面建设小康社会新胜利而奋斗》（2007 年 10 月 15 日），《十七大以来重要文献选编》（上），中央文献出版社 2009 年版，第 27 页。

判断以及精准的把握，从而区分各种文化的优劣短长，进而正确地定位民族文化的发展方向与未来前景。

其次，要在世界视野中来定向民族文化。当今世界，随着全球化的发展，各民族文化突破原先狭隘的地域范围，不断走向交往、融合，其中不乏文化的差异和冲突。全球范围内的文化交往，其实是不同文化的竞争、较量的过程，各个带有地方性的民族文化在全球文化的激烈博弈中被审视、筛选、批判、取舍或者被认同，其中有的文化因素因此成为人类共享、共有的精神资源，正是在此意义上，我们常说"越是民族的，越是世界的"，民族文化是世界文化的组成部分；同时，民族文化必须顺应世界文化的发展趋势，才能得到持续发展。每种民族文化都是一种实践智慧，都有其独特的优势和价值，文化的全球化既有某种趋同性，又有不可消除的民族性或趋异性。因此，我们要在坚持发展先进文化的前提下，对传统文化进行再认识再反思，以更加现代更加宽广的眼界对传统文化进行深入审视，从中凸显出更新更有价值的文化内容。

最后，以更加宽广的胸襟广泛吸收其他文明的积极因素，不断丰富我国文化的内涵，不断为我国文化增添新的因子。只有吸收和借鉴包括资本主义文化在内的人类社会文明成果，时刻关注世界文化的发展趋势，遵循文化发展进步的客观规律，我们的文化才能在保持自身特征的前提下永不落伍、与时俱进，与世界文化脉搏一起律动，在走向现代化的道路上产生出新的东西，不断地丰富人们的精神世界。中华古老文化向现代化的转型并非自然而然的转化，这一转化离不开人的主体性努力，需要充分发挥主观能动性，不断塑造出时代与社会发展需要的民族精神和民族文化。当前，我国正处于现代化转型过程之中，然而，传统文化中相当多的文化价值理念因其是前现代化社会的产物，有的观念对以工业文明为基础的现代化造成了一定的阻滞力，需要进行清理和创造性转换。另外，现代工业文明所需要的文化精神尚处于形成时期，因此应当花大力气弘扬现代理性精神、科学、民主、自由、平等精神，为我们的传统文化注入新的因素和动力。

第三，不断增强中华民族文化凝聚力，促进各民族团结。要提高中华民族的认同感、自豪感，强化中华民族意识，反对民族分裂活动，在增强中华民族认同感的同时要防止走上狭隘的民族主义；要以开放包容的心态，最大限度地增强民族团结，增强民族文化凝聚力；要坚决执行党的少数民族的政策，帮助少数民族走上共同富裕发展的道路。在坚持民族平等、团结、互助和共同繁荣进步的原则下，使少数民族和民族地区的经济文化水平尽早尽快地发展起来。同时，在对待少数民族问题上，还要正确认识并处理好民族宗教问题。一般地，少数民族都有自己独特的宗教信仰，宗教构成了少数民族别样的精神世界。因此，民族问题往往与宗教问题纠缠在一起。一些利用宗教问题做文章的人别有用心地把宗教政治化，利用宗教进行民族分裂活动，严重威胁到国家主权与领土完整。因此，我们一定要坚持正确的宗教观，积极引导宗教信仰与社会主义社会相适应，坚决反对利用宗教进行渗透、分裂等破坏活动，提高警惕，划清与邪教的界限，发挥宗教向善、促进社会和谐的正能量作用，使宗教与社会主义相互适应、相互促进。

第四，练好内功，充分开显中华文明的独特的精神魅力和精神世界。中华文明具有自己独特的思想体系、基本精神，但这种精神并非是不证自明的，更不是一劳永逸的，而是需要在文化自觉的基础上，不断地阐释与自我认知，对其基本内涵不时地进行强化与提升。只有做好自己的事情、练好内功、强身固本，才能彰显中华文明的对外影响力，抵御来自外部不良方面的攻击与侵蚀。增强中华文明对外影响力的目的并非为了称霸世界、威胁别的文明，而是为了回应强权文化的冲击与对我挑战，增强与促进全球文化的和谐发展与人类文明的进步；另外，也有助于世界认识与分享来自东方的思想智慧，领略中华古老文明的独特魅力，让世界认识和了解真正的中华文化。要坚持文化平等、文化互利互惠的原则，反对任何形式的文化帝国主义，维护国家文化安全。弘扬和发展中华文化，也是出于自身文化长远安全的需要。国弱则有受欺凌之虞，文化也同样。文化强大了，才能有效地抵御外来的文化侵略。因为只有文化安全了，才有可能保持其文化的独立性，才能对外显示文化的影响力，为其他文化贡献自己的智慧。文化交往一般规律是，文化信息流总是从文化位势高处向文化位势低处流动，先进文化对落后文化往往产生出一种"晕圈效应"，使其成为后者学习、效仿的对象。目前，西方发达资本主义国家凭借其优势在与发展中国家的交流中处于强势地位，对其他国家在政治、意识形态、价值观念、生活方式上进行多方面渗透，对这些国家的政治、经济、文化产生一定的消极干扰。因此，要维护国家的文化安全，就要坚决反对文化霸权主义和强权政治。守护国家文化安全，这是文化建设的底线，也是国家政治建设的底线。

第五，积极参与国际文化的交流合作，从外国文明成果中汲取有益成分。在建构精神家园方面，除了批判继承中华传统文化思想资源外，还要在马克思主义指导下，虚心学习外国文化的优秀成果，为我借鉴，为我所有。在这方面，不可自我封闭、画地为牢，要解放思想、开阔视野，在中外文化的比较参照中相互观照，取长补短、海纳百川、有容乃大。世界文化的多样性是文化的基本特征，也是人类文化的常态与事实。在经济全球化日益深入发展时代，基于文化的独特性、差异性、复杂性，我们要在文化的交流交往过程中架构起文化相互借鉴、相互对比、求同存异、共同发展的中介和桥梁。建构中华民族共有的精神家园，就要处理好我们所拥有的精神家园与他人精神家园或者别的民族精神家园之间的关系问题。既要建设好自己的精神家园，同时也要学会欣赏、包容他人的精神家园，还要善于从他人的精神家园中撷取有益的、可资吸收的因素来装扮我们自己的家园。一种文化其包含的共同价值理念越多，则越有可能被关注被传播，人们对它的认同也就越来越多，这种文化的精神家园也就越容易被分享。

第六，让社会主义核心价值体系成为中华民族共有的精神家园的主旋律。当前，我国正在全社会倡导并践行社会主义核心价值观和社会主义核心价值体系，这就为构建中华民族共有的精神家园提供了思想灵魂，带来了契机。共有的精神家园一定是得到广大人民认同、承认的、共有共享的家园，是中华儿女精神心灵的共同栖息地，是精神文化交往的公共场所。

社会主义核心价值体系及核心价值观体现了广大人民群众的共同愿望，反映了人民群众的心声，是当前思想认识领域最大的公约数、最大的共识。社会主义核心价值观所倡导的"二十四个字"，汇聚了人民的意志，表征了时代精神，顺应了世界潮流，符合人类文明发展规律，因此，它理应成为我国各族人民与海外中华儿女的共同期盼，成为消除分歧的基础。意大利政治家马基亚维利说过，造就最强大国家的主要条件不在于有能力制造先进的枪炮，而在于造就出国民的坚定信仰①。我们期待，通过社会主义核心价值体系的建设，夯实中华民族共有精神家园的基础，有力地增强人民的民族归属感和凝聚力，推动整个社会的和谐团结，积极营造有利于中国特色社会主义发展以及中华民族伟大复兴的氛围。

在构建中华民族共有精神家园进程中，要使社会主义核心价值体系入脑入心，深入到社会各个领域、各个部门和各个方面，融入国民教育全过程，使之为人们广泛认知、领会、内化为每个人精神世界的核心原则和价值追求，更重要的是外化于行动中去、落实于实践中。要充分利用各种现代的、传统的传媒方式和手段，理直气壮、大张旗鼓地加强社会主义核心价值体系的宣传和引导，在全社会倡导正确的价值观、世界观和人生观，充实与丰富人们的精神世界，激发他们立志于为国家强盛、民族复兴奋斗的精神力量，有助于人们达到价值上的共识与认同。

从总的情况来看，目前中华文化的国际影响力和竞争力仍然比较弱，感召力还不强，传播辐射的范围有限，许多国家和人民对我们的文化了解也不够，这与我国应有的世界大国的称谓很不相称，与中华文化自身浓厚的底蕴和内在的智慧价值不相对应，也与世界文明对中华文明的期待不相协调。因此"要坚持发展面向现代化、面向世界、面向未来的，民族的科学的大众的社会主义文化，推动社会主义先进文化更加深入人心，推动社会主义精神文明和物质文明全面发展，不断开创全民族文化创造活力持续

---

① ［美］迈克尔·H.亨特：《意识形态与美国外交政策》，褚律元译，世界知识出版社1999年版，第83页。

迸发、社会文化生活更加丰富多彩、人民基本文化权益得到更好保障、人民思想道德素质和科学文化素质全面提高的新局面，建设中华民族共有精神家园。"①要用中国特色社会主义的具体生动实践，丰富和充实中华民族共有精神家园的内涵，不断推动和发展中华民族文化的创新性发展与创造性转换。

第二节　增强中华文化的感召力和影响力

一、中华文化及其当代价值

源远流长、博大精深、绵延不绝的中华文明为人类文明的进步作出了独特而重要的贡献。人类文明是相互融合、相互影响的。人们现在常常只看到西方文明对人类文明的推动作用，却常常忽视了中华文明对世界、对西方文明的贡献与成就。以儒家为核心的中国传统文化对西方文明发展曾经起到了非常大的促进作用，在当时西方一些人眼中，古代中国的曾经就是他们理想的国度，令他们羡慕不已。

20世纪，亚洲"四小龙"经济迅速崛起，而其背后的原因被经济学家归结为儒家思想与现代市场原则有机结合的结果。自20世纪七八十年代以后，面对西方文化全球蔓延所造成的物质世界与人的精神世界种种问题，以及西方国家普遍面临的人文精神失落的文化危机，国内外许多学者、政要提出以儒家思想、儒家精神化解当代西方文化主导下的面临的人类现代困境问题，中华文化再次成为人们关注的焦点。

与西方文化形成鲜明对比的是，中华文化的基本精神主要体现为：

第一，在对待人与自然的关系方面，它强调二者的和谐统一。以儒家

---

① 《胡锦涛文选》第3卷，人民出版社2016年版，第539页。

思想为主的中国传统文化强调"天时、地利、人和"，提出"天行健，君子以自强不息；地势坤，君子以厚德载物"；道家指出："人法地，地法天，天法道，道法自然"。这就是所谓"天人合一"的思想，认为人与自然是统一而非对立的，人和自然在本质上是相通的。当然，人要获取维持生命基本的物质和能量，就要改造、制作自然，不能够完全被动地顺从自然；但是，人对自然的能动创造是在尊重自然的前提下进行的。

北宋哲学家张载提出"民胞物与"思想，他说："乾称父，坤称母；于兹藐焉，乃混然中处。故天地之塞，吾其体，天地之帅，吾其性。民吾同胞，物吾与也。"（《正蒙·乾称》）。"天人合一"思想的核心不仅在于强调人对于自然规律的遵从、对自然的爱护、与自然的和谐相处；而且更在于中国古人把这种自然观运用到社会生活、政治生活中去，"顺乎天而应乎人"，认为一切人事均应顺乎自然规律，用自然现象、自然规律去指导、安排人事活动，以自然的标准规范人的行为。尽管有时对自然的解释难免存在牵强、错误之嫌，但总体上中国古人自然主义的世界观和认识论色彩还是比较浓厚的。

第二，在人与人关系方面，推崇家国整体主义。与西方文化的个人主义不同，中国文化推崇整体主义。中国从来注重家庭、血缘关系，用家庭伦理关系建构国家体系，所谓家国一体，非常强调个人对家庭、国家、集体整体的义务、责任与担当。家庭关系最基本的父子、夫妇、兄弟姐妹等关系中，强调长对幼、男对女的绝对权威，以及幼对长、女对男的绝对服从；在国家的建制上，认为国家不过是家庭的延伸、放大，强调君对臣的绝对命令，以及上级对下级的权威意志；大公无私、以国为家、家国情怀向来被视为高尚的道德境界。"选贤与能，讲信修睦，故人不独亲其亲，不独子其子，使老有所终，壮有所用，幼有所长，矜寡孤独废疾者，皆有所养。男有分，女有归。"这是古人所向往的"大同社会"。孔子主张"仁爱"，这种爱超越功利，是无差等、无界限的"博爱"；老子说："善者，吾善之，不善者，吾亦善之，德善。"（《道德经》第四十九章）。张载提出，"为天地立心，为生民立命，为往圣继绝学，为万世开太平"。这种由家庭小社会所衍生而推广出来的家国整体主义是中国文化的重要特征，也是中国集体主义重要的思想来源。

第三，在人自身发展方面，向来注重个人的精神境界的修行与提升。中国人十分强调人尤其是作为道德榜样的君子的精神道德人格，所谓"仁义礼智信"都是人必备的品格，也是人生的信条，是人之为人的本质规定。孟子指出人有"四心"：恻隐之心、羞恶之心、辞让之心、是非之心。有此"四心"者方为人，否则就是"非人"。当然，除了少数的圣人、圣贤之外，大多数人的道德并非是先天的，需要通过后天不断实践有意识地学习、提升才行，为此，古人提出了一些培养精神人格、提升道德境界的有效方法，如玄思、静观、慎独、体悟等，不一而足。正因为这样，中国文化历史资源中，包含着丰富的道德伦理的资源，人们有时也把中国文化的特征归结为道德文化或伦理文化。

第四，兼容并包特征。儒家主张"万物并育而不相害，道并行而不相悖"。中华文化具有海纳百川的气度品格，正是这种强大的包容性，使得其遭遇各种外来文化的冲击，不仅没有消亡，而且在一次又一次的冲击、交往中能够求同存异，不断吸收外来文化的优秀成分，包容、化育各种文化，同时不断变革发展自己，并反过来影响外来文化。历史上，大概自秦汉代开始中国就开辟通往西方的丝绸之路，这不仅是东西方经济、物资交流的商贸之路，也是文化交往和文化交流之路。在这一历史过程中，中华文化的"走出去"与"引进来"相辅相成，德化天下与兼容并包相得益彰，显示了中华文化无比开放自信的格局和气度。汉代通西域，不仅对外传播了汉代的先进文化，开阔了人们的视野，同时也带来了中亚和西亚的文明，增加了汉朝文化发展的活力；著名的丝绸之路开通，一方面带动了中国对沿线国家地区的商贸交流，另一方面更是形成中外文明双向交融的文化局面。在此过程中，中华文化既得以向外广泛传播，被更多的认识接受，同时也从外面吸收外来文明的营养。

第五，天下为公的情怀。《礼记·礼运篇》中说，"大道之行也，天下为公。选贤与能，讲信修睦。故人不独亲其亲，不独子其子。使老有所终，壮有所用，幼有所长，矜寡孤独废疾者，皆有所养。……是谓大同。"这是一种崇高的社会理想和文化理想。"天下为公"的"公"字，照东汉经学家郑玄的解释，即是"共"的意思。"天下"不是私有而是大家共有的，所以与每个人都是息息相关的，天下为公的理想，既是每个社会个人修养的要求，也是社会公德的最高原则；"天下兴亡，匹夫有责"，既是作为志士仁人所追求的高尚道德境界，又成为理想的社会政治境界，是中华文化重要的组成部分。

第六，革故鼎新的精神。《周易》中说："穷则变，变则通，通则久。"《易经·杂卦传》中说："革，去故也；鼎，取新也。"中华文化包含着对外开放、革故鼎新的思想。商朝时就有了"苟日新，日日新，又日新"的思想。革故即扬弃旧事物，鼎新即创造并确立新事物，中华文化既保留有自己的传统，但是又不僵化保守，主张对待事物坚持取其精华，去其糟粕，根据形势的变化因地制宜，不断创新。

二、增强中华文化在国际社会上的感召力和影响力

胡锦涛指出，"要着眼于推动中华文化走向世界，形成与我国国际地位相对称的文化软实力，提高中华文化国际影响力。"[1]"必须统筹国内国际两个大局，把加强对外宣传作为关系国家发展全局的战略任务抓紧抓好，努力展示民主进步、文明开放的国家形象，营造客观友善、于我有利的国际舆论环境，增强中华文化的国际影响力。"[2]在新的形势下，如何进一步增强中华文化在国际社会上的感召力和影响力，是文化建设、深化我国文化体制改革的重要任务，也是摆在我们面前的一项十分重要而紧迫的课题。

增强中华文化的感召力和影响力是一项极为复杂的系统工程，表面上

---

[1]　《胡锦涛文选》第 3 卷，人民出版社 2016 年版，第 539—540 页。
[2]　《论文化建设——重要论述摘编》，学习出版社、中央文献出版社 2012 年版，第 87 页。

看来是对外工作，其实也是对内工作；既是文化工作，又是经济的、政治的工作；既要练好外功，又要练好内功；既要以文化为着力点，又要做好相关辅助性的、前提性的基础工作。

第一，创新对外宣传的方式方法，增强我国的国际话语权。"要精心打造中华民族文化品牌，提高我国文化产业国际竞争力，推动中华文化走向世界。"①对外宣传工作是我党宣传思想工作的重要方面，也是我们对外战略的重要组成部分。多年以来，对外宣传部门紧密围绕党和国家的工作大局开展工作，在营造国际舆论环境、加强世界国家和人民的了解、沟通、赢得国际社会的理解、增进我国与世界人民的信任与友谊等方面做了大量的工作和贡献。但是，也要看到，国际舆论传播格局也同经济领域一样，"西强我弱"的态势没有根本改变。我国对外宣传工作主动性不够、创新性不强、实效性不大等问题比较突出，国际社会对中国的偏见、误解和疑虑依然存在，对外宣传工作发展的空间很大，有许多工作亟待去做；对外宣传工作既面临着机遇，又面临着挑战，任重道远。《中共中央关于深化文化体制改革　推动社会主义文化大发展大繁荣若干重大问题的决定》，提出要"创新对外宣传方式方法，增强国际话语权，妥善回应外部关切，增进国际社会对我国基本国情、价值观念、发展道路、内外政策的了解和认识，展现我国文明、民主、开放、进步的形象。"这一论述，指出了对外宣传工作的重点，又指出了其目的与方向。为做好这方面的工作，就要增强对外宣传工作的主动性，主动作为，克服消极等待的被动应付局面，强化对外宣传工作重要性的认识，把其放在国家政治、国家外部形象的高度去思考，放在国家战略的高度去思考。此外，要弘扬改革创新的精神，进一步完善新闻发布和新闻发言人制度，提高对重大突出事件和重大热点焦点问题的对外宣传和新闻舆论的引导能力，大力加强对外宣传工作建设工程，争取在报刊、新闻、广电等关键领域建成一批具有广泛影响力的传媒集团，不断增加广播电视节目在境外的有效落地，尤其要加强

---

① 《论文化建设——重要论述摘编》，学习出版社、中央文献出版社 2012 年版，第 90 页。

对互联网的管理，精心组织相关重大问题、话题的网络宣传，建立快捷、完备、安全的传播网络和渠道，坚持"以我为主"的原则，不断传播正能量，消除网络负能量，不断扩大互联网的覆盖率和占有率，增强其影响力；加强与对外宣传的回应与协调，一方面积极引导国际社会客观真实地认识中国；另一方面也充分考虑对国内舆论的影响，引导国内民众全面了解国际形势，关注国际风云变幻，增强对我国政治、经济、文化的向心力和认同感。

第二，拓宽对外文化交流渠道，创新文化交流方式与机制。我国实行对外开放的政策以来，国际交往日益频繁，物资、信息、人员技术、金融往来日益频繁，而文化也是国际交流中的重要内容。实质上，国际交流是不同文化的交流与往来。国际交流的主体是文化的人，有形的物流中包含着文化的内涵，是文化的载体，负荷着、容纳着丰富的文化信息。在文化交流机制上，我们的目标是建立"中央与地区相结合，官方与民间相结合，政府交流项目与市场动作相结合，国内部门与海外阵地相结合"的工作体系，尽快形成全方位、多层次、宽领域、多渠道的对外宣传文化交流新格局。在文化交流内容上，要全方位宣传推广，把我国传统文化、现代文化与当代文化结合起来，着重向世界展示中国当代文化，展示当代中国人民奋发进取、积极有为，热爱和平的时代风貌和精神气质；既突出中国特色，又体现人类共同文化内容，体现中国文化的中国性与世界性。在交流主体上，用"两条腿"走路，即把官方行为与民间行为相结合，一方面，坚持由政府部门制定有关政策，创造有利条件主导推动，举办国家或地方政府层面的文化交流活动，建立国际文化交流机构和平台，充分发挥海外文化交流中心和孔子学院作用；另一方面，积极拓展民间渠道，鼓励民间团体、社会组织、个人等民间力量共同参与，发挥民间组织灵活多样、非政治性等方面的优势及其建设性作用。把正式渠道的政府交流与非正式渠道的民间文化交往结合起来，增强中华文化的亲和力和吸引力。对我国来说，还要充分发挥广大海外侨胞在对外宣传工作中的重要作用，侨胞是我们需要依靠的一支重要力量，广大侨胞在海外数量大、分布广，他们大多数人身处异国，心系祖国，身上体现了中华文化的特质，在一定程度上，他们自身就是中华文化的代表与名片，因此，要发挥他们的桥梁纽带作用。在文化交流上，要"借船出海"，要精心选取我国文化中有代表的人物和事件，选取代表性的文化题材，与有影响力的国际传媒集团合作，进行文化作品的制作生产，力争产生一定的影响和效果；要把对外文化交流与外交、外贸、援外、体育、科技等方面工作有机地结合起来，把文化展示、展演、展映和文化展销结合起来；重视利用国际多边舞台，树立中国文化形象；在相关国家精心组织中国文化年、文化节、文化周等重大活动等；要建立面向外国青年的文化交流机制，鼓励和吸引外国优秀学生来华学习、攻读和获取学位，学习、传播中国文化。

客观地说，现在中华文化的感召力和影响力还比较弱，其原因是多方面的。有历史的原因也有现实的原因，有客观原因也有主观原因，有国际原因也有我们自身的原因。就我们自身来说，我们对外宣讲的主动性不够，也是其中重要的原因。目前，我们面临的一个很重要的任务，就是要讲好"中国故事"，"中国故事"包含许多方面的内容，有政治、经济、文化、历史、外交、军事、国防等许多篇章。要把中国的历史、现实与未来客观、全面地介绍给世人，让更多的人了解与认识发展中的中国，同时消除国际社会对中国种种不实的传言与误解，粉碎一些国家"妖魔化"中国的阴谋，为我国和平发展道路营造积极、健康的国际舆论氛围，为中国特色社会主义建设创造有利的文化条件。随着我国成为世界第二大经济体，综合国力不断增强，有关中国崛起的研究探讨成为学术界一大热点。如何解释中国快速发展的内在逻辑，是否能够从中总结提升出理论高度的规律性、普遍性东西，是一大重要任务。

三、以高度的文化自觉和文化自信推动中华文化大发展大繁荣

（一）文化自觉与中华民族文化意识的觉醒

"文化自觉"的概念，是我国老一辈著名社会学家费孝通先生提出来

的，指的是生活在特定历史文化环境中的人或团体对其文化的自知之明，对文化的来龙去脉有清醒的认知。费孝通先生说："文化自觉是一个艰巨的过程，只有在认识自己的文化，理解并接触到多种文化的基础上，才有条件在这个正在形成的多元文化的世界里确立自己的位置，然后经过自己的适应，和其他文化一起，取长补短，共同建立起一个有共同认可的基本秩序和一套多种文化都能够和平共处、各抒己长、联手发展的共处条件。"① 后来，费孝通先生提出"文化自觉"在于倡导文化的"和而不同"，"各美其美，美人之美，美美与共，天下大同"。他指出：提出"文化自觉"的目的就是在全球化日益发展的条件下，世界政治、经济、科技、文化越来越相互联系、相互影响、相互渗透，尤其是不同文化间的冲突日益频繁，为了人类和世界的和平发展，亟须不同的文化体系进行深刻反思，共同思考并着手处理共同面临的问题。因此，文化自觉实质上就是文化觉醒，包含了对自身文明和其他文明历史、现状与未来走向的充分认识和自我觉悟，是一种内在的精神力量，意味着文化对进步、超越人的追求与向往，是文化繁荣发展的思想准备和必要前提。从历史的角度看，一个国家的觉醒，首先是思想文化的觉醒；一个国家的力量，在很大程度上取决于其文化的力量以及文化自觉的程度。总之，文化自觉不仅关系到文化自身的进步与发展，而且关系到国家民族的前途与命运。

文化自觉是人类社会的普遍现象，也是文化进步以及社会转型的必经环节。从一种社会进入另一种社会，既是人的生存和实践方式的深刻转变，也是深刻的文化转型。从文化转型对人类社会的作用来说，一旦新文化模式取代旧的文化模式，作为特定的实践方式就能够极大地改变人们的世界观、人生观、价值观，并为社会的发展重新提供新的意义合理性标准及行为尺度，就会激发与释放人们的主体性与能动性，极大地促进社会生产力的发展和社会的进步。人类社会的每一次社会转型和文化转型都是伴随着一定的文化自觉实现的，期间交织着人们对新旧文化强烈的反省与审

---

① 费孝通：《对文化的历史性和社会性的思考》，《思想战线》2004 年第 2 期。

视意识。文化自觉是文化转型与社会转型的前提，文化转型则是社会转型与文化自觉的表征与结果。

历史上，中国人的文化自觉如同人们任何认识一样，其伴随着社会历史的转型与发展同样经历了一个由低级到高级，由自发到自为的漫长进展过程。大致说来，这个过程可以依次分为以下几个不同的阶段。

1. 第一次社会历史转型与文化自觉：商周之际

商周之际的社会变革是中国历史上第一次重要的社会历史转型。如王国维先生在《殷周制度论》所说，"殷周之大变革，自其表言之，不过一姓一家之兴亡与都邑之转移，自其里言之，则旧制度废而新制度兴，旧文化废而新文化兴"①。的确，从商到周的社会变革，不仅是一般意义的王朝更替的社会政治变革，更是一次真正意义上的文化变革与文化自觉。

周文化不同于商文化的一个重要方面是周人具有了初步的道德理性。殷商是一个极端注重天命的朝代，在殷人的思想中，"天"是万物之主宰，一切人事俱听命于"天"。殷人认为，从商的起源、兴起、强大乃至最终的灭亡无一不是在上天的旨意下完成的。先民们尊神重鬼，以卜筮来决定自己的行为。《礼记·表记》称："殷人尊神，率民以事神。"这时候，商王既是政治上的最高统治者，又是最高的祭司。祭祀上天是当时国家最隆重的礼仪与最重要的事件，即所谓的"国之大事，在祀与戎"，所以，殷商的文化体系是以"天"为本位的原始性宗教文化体系。这时，古人的思维水平整体上还处于一种以神秘性、直觉性、混沌性为特征的蒙昧状态，图腾崇拜、生殖崇拜、祖先崇拜以及占卜巫术成为当时人们社会精神生活的基本内容。直至西周时期，人的自我意识才开始真正地发展起来。

在夏商周王朝更迭这一重大的政治事件中，周人看到了人力之伟大，天命之不足恃，认识到人在自然和社会历史中的真正作用，礼制德性思想由此逐渐而生。周代商以后，周公鉴于商亡国的教训，也为了论证周代替商的政权合法性，提出了"皇天无亲，惟德是辅"的观念；在此基础上，

---

① 王国维：《观堂集林》（第二册），中华书局 1959 年版，第 451 页。

周公提出了"以德配天"的思想，在天与人之间确立了统一的基础，使天神对君主的福佑变得有据可依，开启了神权政治观向道德政治观的转变，这不仅改变了殷商宗教关系中人对上天那种绝对的尊崇关系，使人对天的绝对服从发展到人对天有一定理性的服从，人的作用不断被突显，而且"德治"思想不断强化，使整个社会开始走向伦理道德的建构。周公"制礼作乐"，这不仅是一种政治制度建设，而且也是一种重要的文化自觉与文化建设。从此，以种族血缘关系为特征的宗法制度逐渐在我国确立起来。宗法制度本质是家庭制度的政治化，主要以嫡长子继承制、封邦建国制和宗庙祭祀制为内容。在此基础上，逐渐形成了"家国同构""忠孝同义"的中国特色的传统社会组织结构，即国家是放大的家庭，家庭是缩小的国家，两者的运行机制与权力配制都是基于严格的家长制度。正如梁启超所说："吾中国社会之组织，以家族为单位，不以个人为单位，所谓家齐而后国治是也，周代宗法之制，在今日其形式虽废，其精神犹存也。"①宗法制度兼具政治权力与血亲道德制约的双重功能，在中国长期稳定的小农自然经济条件下，其一直延续下来，期间虽有些变异，但其强调伦理秩序、注重血缘身份的基本文化精神没有发生太大的变化。这种精神不仅深沉地渗透于中国人的民族意识、民族性格、民族生存方式之中，以强劲而持久的力量规范并制约着中国人的社会心理、情感世界、道德伦理观念与生活实践行为，而且后来更是影响到中国周边的其他许多国家，并成为以后儒家学派核心思想的直接来源，奠定了古代儒家文化的伦理类型的基础与基本格调，及至中国传统文化中的德治主义、民本主义、"天人合一"的致思路径，大致也肇始于此。商周之际，这种文化观念的转变嬗替表明，华夏主体文化发生了一次重大变革，历史因此而向前迈进了一大步。

　　商周之际社会文化的这一转变，对中国文化的发展产生了不可估量的重大影响。正如张文儒先生所指出的，中国古代人文意识是由开始的重视天命演变为后来重视人为特征，具体体现在三个方面：人的作用得到充分

---

① 　梁启超：《新大陆游记》，湖南人民出版社 1981 年版，第 183 页。

重视；人的聪明才智得以充分表现；有一个人才脱颖而出的环境。而这一转变正是在西周得到确立的。综观西周，这是中国思想史上一个富于文化建树的时代。周代以儒家礼乐文明为核心的思想体系，完成了中国古代文化的第一次自觉。

2.第二次社会历史转型与文化自觉：春秋战国之际

春秋战国时代是中国历史上的一个剧变时期，社会的动荡和思想文化的繁荣共同构成了一道壮丽的历史奇观。春秋战国之际，西周宗法制度关系开始松动，周天子权威失坠，出现了所谓的"礼崩乐坏"现象，诸侯争霸，战乱四起，预示着一个旧时代的结束和新时代的来临。社会的历史性转型所引发的社会危机和文化危机，是先秦诸子学术兴起的历史土壤。正是因为当时的"道术为天下裂"为诸子学术的兴起创造了条件，使诸子有可能在总结夏、商、周文化基础上进行了一次新的文化重建。尽管这是一个充满血腥与动荡的时代，但中国文化却迎来了它前所未有的辉煌与勃勃生机，进入了一个学术文化思想空前大发展大繁荣的"百家争鸣"时期。因此，春秋战国之际，既是中国社会文化的重要的成型时期，也是文化自觉的重要时期。

由于当时传统王官之学的衰落，贵族制度逐渐瓦解，一个处身民间社会、天生富于自由批判精神的知识分子阶层——士人阶层诞生了。士人的形成带来了私学的兴起，文化教育得以普及，文化的话语权力相应的从贵族手中转移到了新兴的士人手中，后者作为文化价值观念与话语系统的建构者与传承者甚至决定了中国古代文化的基本形态。新兴的士人一方面忧患于天下的动荡混乱局面，以巨大的激情参与社会变革，出谋划策，各抒己见，弥散出一股无比强烈的救世情怀；另一方面，他们又对自己的个体生命价值在乱世所面临的生死危机而深感焦虑和忧患，其思想中所蕴含的生命意识和朴素的人性光辉真切而灵动。社会的大变革为各种思想的蜂起、争鸣、碰撞与激荡提供了宏大的历史舞台。诸子百家通过不同的角度、方法和途径对文化进行重建，形成文化转型不同的理想模式。"百家争鸣"的兴起，其文化的目的性极为明确，那就是

"救时之弊"。对此，胡适指出："吾意以为诸子自老聃，孔丘并于韩非，皆忧世之乱而思有以拯救之，故其学皆应时而生。"① 其中，以孔子开创的儒家，老子庄子开创的道家，管仲子产开创的法家，墨子开创的墨家最为著名，这些先哲以高超的智慧、巨大的热情、雄伟的气魄和无畏的勇气，开宗立派，创造并编撰文化元典，在宇宙、社会、人生等领域发表宏论，微言大义，纵横驰骋，创造了一个后世称为"文化轴心"气象恢宏的思想辉煌时代。在这次文化转型中，孔孟儒家学者在其中扮演了独特的角色。从"文化自觉"的意义上看，孔子以私人身份修鲁国历史，是违背西周官方修史传统的行为，所以他才说"知我者其惟春秋，罪我者其惟春秋"那样的话。孔子首先打破了官方修史的传统，表现了一种历史精神与文化担当的儒者风度，这也是一种文化自觉的表现。作为儒家文化的创始人和传统精神的守护者，孔子对历史文化使命的自觉担当直接源于对"礼崩乐坏"的社会现实和人生困境的反省与自觉。正是在此种意义上，孔子强调："士不可以不弘毅，任重而道远"（《论语·泰伯》），所表达的是一种深沉的使命感，它从宽广的文化历史背景上，凸显了社会主体的历史责任与使命担当。应当指出，"任重而道远"的历史文化道义感，即是以"人能弘道"的历史文化自觉为前提的。其后的孟子更是通过提倡大丈夫人格——摆脱神本、君本的人文自觉，认识到人决定历史的重要作用，论述了人本主义的思想，使人从幕后走到了历史的前台。诸子思想中所蕴含的民本思想，千百年来被中华民族一再传承与实践，不断焕发出新的生命活力，从而成为一种古老而又常青的文化传统。近代如孙中山"三民主义"思想的形成，近承西方民主思想，远承春秋战国的民本主义，而"五四"新文化运动所追求的"民主""自由"也可以看作是民本主义、人本主义思想的遥响。

正是经过这个时代，中国人尤其是传统文人独立自由的个性意识得以

---

① 胡适：《诸子不出于王官论》，《胡适文存》卷 2，转引自张岱年、方克立：《中国文化概论》，北京师范大学出版社 1994 年版，第 84 页。

彰显，中国文化精神的各个方面得到了较为充分的展开和升华，更重要的是中华民族的文化基本格局趋向确立，并有力地推动了华夏民族的最终形成。

3. 第三次社会历史转型与文化自觉：明末清初之际

明清之际是中国封建社会少有的大动荡时代。随着政治、经济的巨大变化，思想文化领域出现了又一次别开生面的文化自觉思潮，中国出现了第三次文化自觉。

明清更替，不仅是中国历史上一次极不寻常的改朝换代，而且是中国封闭的封建文化开始向近代文化转型的发端。天崩地解的时代给思想家提供了一个深刻反思历史与文化的舞台与契机，由此，中国近代意义上思想或者文化的"启蒙运动"真正开始萌芽。明末清初，西学东渐，儒学日益腐朽，其长期以来形成的对人们以及社会的价值规范功能捉襟见肘，难以为继，同时虚玄之风盛行，以儒家为主导的中国思想文化开始走向低迷。"晚明理学之弊，恰如欧洲中世纪黑暗时代之景教"①，明清之际的启蒙思想家开始反思明朝灭亡的原因，明末徐光启有感于儒学的衰颓，对儒家提出了大胆的质疑与反思，主张"欲求超胜，必须会通"的中西文化观，清梅文鼎进而提出"见中西之会通，而补古今之缺略"，目的在于"补正王化，左右儒术"；顾炎武出于对王学的反动而提倡实学，独辟"经世致用"新思路。

这一时期文化自觉的另外一个重要原因，是由于明代中国东南沿海地区的资本主义萌芽较前有了进一步的发展。社会存在决定社会意识。随着社会经济生活变化对人们思想观念的冲击，要求个性解放的民主意识或启蒙主义的新思潮开始在一部分人的精神层面显露出来，人们提出了个性自由、思想解放和民本主义的诉求。如李贽主张妇女解放，要求"不以孔子之是非为是非"；王夫之呼吁"革故鼎新""必循天下为公""不以天下私一人"；戴震痛斥儒学"以理杀人"。这的确是"对于三千多年专制政治思

---

① 朱维铮校注：《梁启超论清学史二种》，复旦大学出版社 1985 年版，第 7 页。

想为极大胆的反抗。"①

此外，明末清初还重新兴起了"民本思潮"，其较之以往的民本思想要来的丰富。这首先表现为思想家们从"天下为公"的认识出发，对民众、君主与国家以及其间的关系做了新的阐释与发挥。先秦思想家虽然在观念形态上对民众予以充分的重视，但对天下究竟是谁的？国家是谁的？始终语焉不详。黄宗羲、顾炎武、王夫之、颜元等遗民思想家提出了具有批判的、求实的和初步民主要求的政治文化思想，他们对君主专制制度的反思与批评，所体现出初步的民主思想倾向有着重大的进步意义。明末清初思想家近乎一致的认识是，"天下"是天下人的天下，而不是"一家一姓"的私产。王船山曾说："以天下论者，必循天下之公，天下非一姓之私也。"黄宗羲说的更为明确："古者以天下为主，君为客，凡君之所毕世而经营者，为天下也。"从理论上说，正是因为天下是天下人的天下，所以民众才是国家之本，民众在社会生活中才比君主更为重要。黄宗羲又说："天下之治乱，不在一姓之兴亡，而在万民之忧乐。"黄宗羲把"一家一姓"与"天下万民"对立起来，指出封建法律只是君主"一家之法"，应该有反映"天下万民"利益的"天下之法"，表现出强烈的民主思想色彩。顾炎武的"保国""保天下"都跳出"一家一姓"的封建思想圈子，一定程度上否定了传统的封建纲常伦理，从而体现出带有近代民主性质可贵的启蒙思想。明末清初思想家还提出设置学校以监督政治权力的主张。他们认为学校的作用不仅在于开启民智，培养和教育人才，"不仅为养士而设也"，而更应是制造舆论、议论朝政和判断是非的中心，"天子之所是未必是，天子之所非未必非，天子亦遂不敢自为非是，而公其非是于学校。"权力制衡是西方近代政治启蒙思想中的一个重要原则。从洛克到孟德斯鸠，都把此当作近代政治构建的基础，其目的是避免因权力过分集中而导致专制和独裁，以达到社会的平等、公正和正义。显然，明末清初思想家的以上主张在当时中国无疑是极为先进的可贵的。正是在这个意义

---

① 朱维铮校注：《梁启超论清学史二种》，复旦大学出版社 1985 年版，第 146 页。

上，梁启超把明末清初之际这种学术流派和思潮流变纷繁驳杂的现象与欧洲的"文艺复兴"相提并论，其重要作用由此可见一斑。

4. 第四次社会历史转型与文化自觉：晚清之际

晚清之际，伴随着剧烈的社会转型，中国又一次进入了新的文化自觉时期，这是一个复杂而缓慢的历史过程。整个晚清的六十多年，在列强坚船利炮的欺侮下，追求国家富强成为这一段历史的思想主题。这一历史时期发生了多个重大的历史事件，诸如洋务运动、戊戌变法、晚清新政等。虽然运动不同，表现方式也不同，但它们的共同特点却都是围绕着民族"救亡图存"这一目标而发生的，奔着国家富强的追求而去的。更为实质的问题是，在"中学"与"西学"孰为"体"孰为"用"，"道""器"关系，以及在如何处理中西文化关系的文化选择与文化策略上产生了严重的分歧与困惑。

1840年鸦片战争以后，中国在西方列强的外来侵略下封闭稳定的社会秩序被打破，政治上的主权逐渐丧失，清政府在一定程度上成了列强操纵的工具。此前，中国在经济上是小农经济和家庭手工业相结合的自给自足的自然经济，战后这种经济结构趋向解体，被迫纳入世界资本主义体系之中，外国工业品开始大量输入中国，破坏了国内刚刚起步的资本主义，造成大批企业的破产与工人的失业；同时，西方资本主义的思想观念和先进的科学技术大量传入中国，中国由独立的封建社会一步一步地演变成了一个半殖民地半封建社会。同中国历史上任何一次社会转型相比较，这次社会转型是一次数千年"未有之变局"，其规模之大，影响之深远，无疑是前所未有的。

面对历史的巨大变化，当时一部分比较开明的官吏和知识分子如龚自珍、林则徐、严复、魏源等人"睁眼看世界"，他们从中西文化的碰撞与冲突中，认识到了中国传统文化存在的不足，反对盲目自大，要求了解外国情况，以"夷技"来弥补中国文化。在这种认识的支配下，19世纪60年代，清政府发起了洋务运动，旨在实现国家的富强。冯桂芬还就处理中西文化关系发表了自己的意见："以中国之伦常名教为原本，辅以诸国富强之术。"① 即"中学为体，西学为用"的主张。在此期间，洋务派除了兴办近代军事工业与民用工业外，还大量译介西学著作（其中大部分是自然科学、工程技术方面的书籍），举办新式学堂，这些都大大冲击并动摇了中国传统文化的价值取向，传播了近代科学的世界观和方法论。中日甲午战争宣告洋务运动"实业救国"的努力失败以后，国内迅速形成一股强烈要求改变现状、挽救空前严重的民族危机的群众性政治运动。领导这场运动是以康有为、梁启超、谭嗣同为代表的资产阶级改良派，他们上书光绪帝，以历史进化论为根据，提出了变法维新的主张，呼吁建立资产阶级君主立宪制。康有为主张用"托古改制"的办法变革现实社会，提出创造一种"不中不西、即中即西"的文化样式，希图通过"援西入中"的方式把儒学改造成中国的国教，其核心是用西学来解释传统文化。在他看来，西方的经济制度、政治制度和教育制度都是符合儒家学说的，而清朝在以上方面反倒与儒家精神相违背。事实上，康有为宣扬的已经不是原来意义上的儒学，而是"儒表西里"的、体现资产阶级思想的新儒学。由于顽固派的极力反对，这场史上被称为"百日维新"的变法运动最后失败了，但他们提倡的新思想、新观念对封建社会统治产生了强大的冲击。"百日维新"失败以后，革命思潮逐渐取代改良主义而成为时代的强音，有关西方的政治学术等社会科学著作一时成为社会的新宠，卢梭的《民约论》，孟德斯鸠的《法的精神》，穆勒的《自由原理》，斯宾塞的《社会学原理》《美国独立宣言》等西方名著都先后被翻译出版。此外，邹容的《革命军》，陈天华《狮子吼》《猛回头》，孙中山的革命论著等都先后得以出版，他们用犀利激烈的语言表达了资产阶级的新文化思想，轰动一时。

由孙中山领导的辛亥革命是一场严格意义上的反对帝国主义、封建主义的中国近代资产阶级民主革命。孙中山代表的资产阶级革命派表现了更加强烈的向西方寻求真理的精神，他们广泛介绍西方资产阶级革命时期的政治理论、历史、哲学学说，把卢梭"民约论"当作福音，以此为武器批

---

① 冯桂芬：《校邠庐抗议》，上海书店出版社 2002 年版，第 57 页。

判封建主义。他们总结变法维新失败的教训，又受到中国人民爱国反帝主义运动的鼓舞，开始认识到，要摆脱外国和封建主义的压迫，就必须发动政治革命，推翻清政府。孙中山把中国传统文化中"民为邦本""民贵君轻"的民本思想与欧美的社会契约论、人民主权论、与法国和美国的代议制模式揉合在一起，提出了"三民主义"民主共和国方案。辛亥革命推翻了统治中国数千年的封建帝制，具有极其深刻的历史意义与文化意义。但由于中国资产阶级力量的弱小，脱离人民群众，在外国势力和封建势力联合干预下，革命果实最终被袁世凯窃取，辛亥革命功败垂成，中国优秀知识分子的文化理想再一次曲终人散，历史呼唤选择新的继承者来完成辛亥革命未竟的事业。

5.第五次社会历史转型与文化自觉：五四新文化运动与马克思主义传入中国

辛亥革命的失败说明了，仅有政治制度上的革命而没有人们思想的全面启蒙，没有让民主与科学深入社会的心灵从而达到"文化—意识形态"的转换是远远不够的，"立宪政治而不出于多数国民之自觉是不会成功的"。基于这样的认识，陈独秀、李大钊、鲁迅等先进人物掀起了一场轰轰烈烈的旨在改造国民性为主要目的的"新文化运动"。

新文化运动的核心内容是提倡"民主"与"科学"，反对愚昧与专制。新文化运动的先驱者认为，对国民性的改造，就是要激烈地批判传统文化，改变人们头脑中旧的道德观念和价值观念，"重人的价值"，树立独立人格，实现个性的解放，把唤醒"国民之自觉"作为根本的任务。所谓"国民之自觉"，就是使国民"完成其自主自由之人格之谓也"。而提高国民自觉的一个重要方法和途径，就是通过教育培养国民的科学与民主的意识。陈独秀认为，"国人欲摆脱愚昧时代，……当以科学与人权并重"，他还向青年提出"自主的而非奴隶的"，"科学而非想像的"等六项人生准则；胡适则提倡实用主义的哲学思想，主张把自然科学的实验方法上升为一种人生态度。李大钊指出，"民"与"君"、"自由"与"专制"是水火不相容的，"是故君主生则国民死，专制活则自由亡"。他们宣传无神论，介绍西方资产阶级唯物主义哲学，运用近代自然科学知识，反对鬼神迷信。激进的民主主义者大力批判儒家思想，批判"君权神授""祸福天定"等宿命论观念。新文化运动还提出"文学革命"的口号，提倡"白话文"与"新文学"，主张把社会革命内容和现代小说的艺术形式结合起来。由于新文化运动过于从形式上对待文化问题，没有与政治运动有效地结合起来，群众基础也比较薄弱，因而存在着很大的缺陷，但它对当时人们的思想观念起到极大的解放与启蒙作用，为"五四"运动爆发提供了条件，也为马克思主义在中国的传播开辟了道路。

从文化哲学视角考察，五四是伟大的，但同时它也是一个伟大的未完成的文化启蒙运动。五四的伟大之处在于它给中国社会和思想文化转型开了个头，而它的未完成在于只靠一次思想文化启蒙运动不能一下子解决中国社会所有的问题。"扫荡废物，催发新生"是鲁迅对五四精神的精辟概括，这一概念表明，启蒙只有在现代社会市场经济基础具备的条件下，才是现代化的意识形态前提。因此，五四和新文化运动并不是真正的社会启蒙，而只是文化启蒙。从清末各家的救国思想来看，其主张多是以"强国"为核心，文化上属于改良主义，保守色彩较为浓厚。五四新文化运动，对以儒学为主干的中国传统文化发动了前所未有的最激烈、最深刻的批判，并在这种批判中探索中国文化的近代化之路。五四以后，"革命""除旧"与"鼎新"开始成为中国政治与思想文化领域的主流话语。

此外，第一次世界大战的爆发和巴黎和会上中国外交的失败，使得中国知识分子对此前所看好并企慕的西方资产阶级文化产生了极大的失望与怀疑。而俄国十月社会主义革命的成功，给处于黑暗中的中国以极大的震动与启迪。中国的先进分子们欢欣鼓舞，他们认真学习并传播马克思主义，纷纷运用马克思主义重新考查和研究中国社会面临的问题，认识到改造中国社会必须"走俄国人的道路"。马克思主义"吸收和改造了两千多年来人类思想和文化发展中一切有价值的东西"，具有超越民族和地域的世界性意义，具有适用于解决中国问题的必然性，因而中国应该积极引进马克思主义。毛泽东指出，"自从中国人学会了马克思列宁主义以后，中国人在精神上就由被动转入主动。从这时起，近代世界历史上那种看不起中国人，看不起中国文化的时代应当完结了。"①1921年，中国共产党成立。此后，中国共产党带领人民把马克思主义基本原理与中国革命具体实践相结合，开始了马克思主义中国化的伟大征程，"伟大的胜利的中国人民解放战争和人民大革命，已经复兴了并正复兴着伟大的中国人民的文化。这种中国人民的文化，就其精神方面来说，已经超过了整个资本主义的世界。"② 中华文化在中国共产党的领导下走进了一个崭新的时代。

6.第六次社会历史转型与文化自觉：新时期改革开放至今

十年动乱局面结束之后，在邓小平正确领导下我们顺应时代潮流和人们的愿望，重新恢复并倡导解放思想实事求是的思想路线，实现了指导思想上的拨乱反正，大力解放和发展社会生产力，加快推进社会主义现代化，从此，中国进入了以经济建设为中心的改革开放新时期，开始了中国特色社会主义实践的新探索，逐渐开始从计划经济体制向市场经济体制的转变，从不成熟的、"不够格"的社会主义向比较成熟的、合格的社会主义的转变。从20世纪七八十年代开始，世界主题发生了由战争与革命到和平与发展的重大转变，以计算机信息技术、新能源材料、生物工程、交通通信等为标志的新科技革命和高科技的广泛应用，给人类社会带来了极其巨大的影响；西方国家主导的经济全球化以及政治多极化迅速发展，国家地区之间的交往日趋密切，社会主义与资本主义两大阵营斗争的中心由军事战场逐渐转移到了商品市场。在这种背景下，提高经济实力并在此基础上不断提高人民的生活水平，成为社会主义与资本主义较量中一个关键问题。经过三十多年的艰辛奋斗，中国成功实现了从封闭半封闭到全方位开放、从高度集中的计划经济到社会主义市场经济体制的伟大历史转变。现代性文化观念以对主体性哲学的重新发现进入了人们的视野。此后，在改革开放与市场经济的背景下，科技理性和可持续发展观成为"现代性"

---

① 《毛泽东选集》第4卷，人民出版社1991年版，第1516页。

② 《毛泽东选集》第4卷，人民出版社1991年版，第1516页。

与现代化运动的核心思想。"复兴""科学""发展""公正""民主""和谐"等提法，相继构成中国现代化追求过程的主题词。社会主义市场经济不仅是一种有效的资源配置方式，同时也是一种特殊的文化形态，具有自身特有的文化精神内涵。具体表现为理性—科学精神、公平—竞争精神、契约—法制精神等，并以此成为市场经济区别于高度集权的计划经济的主要标志。因此，这就要求人们改变计划经济时代形成的僵化思想观念，改变那些被实践证明是不合乎实际、不合乎时代前进步伐、不合乎我国社会发展规律的陈旧的思想观念与价值观念，逐步树立起与社会主义市场经济相适宜的思想价值观念。

比如过去，在计划经济时代我们考虑更多的是社会主义如何尽可能在所有的方面追求"一律平等""一视同仁"，为了抽象的"公正""平等"，大搞平均主义，常常不问贡献大小，不问劳动绩效按人头来分配社会财富，这种做法不是奖勤罚懒，而是鞭打快牛，从长远来说，不仅没有增加人民群众的物质利益，反而损害了人民群众的物质利益。这种只有表面的而缺乏实际效率的"公平"，既违背了经济学原则，又不符合科学社会主义精神，结果严重地挫伤了广大人民群众的劳动积极性与建设社会主义的热情。显然，市场经济活动中追求的"公平""合理"不是计划经济时代那种平均主义、吃大锅饭，而是在承认人们个体能力差异的基础上对人的合法权益的尊重与重视，是激励竞争与创造，目的在于增强社会主义社会持久发展的动力，这不但是市场经济制度蕴涵的效率原则所要求的，而且也是社会主义公平价值观的本质特性。

（二）中华民族文化自信

什么是文化自信？所谓文化自信，究其实质，就是指文化主体对自身文化价值观念及文化追求的充分肯定与信心，对自身文化发展前景的坚定信念。取其要者，文化自信有以下几个方面的含义。

第一，文化主体对自身传统文化的充分尊重。任何文化结构从其向度上都有历史、现实与未来三个方面。传统文化是文化的源泉和基础。如果否定历史文化，任何文化就成为无源之水，无本之木，丧失了此根基，则难以成立。历史文化中的优秀成分因其符合事物发展客观规律，顺应了历史发展趋势潮流，得以被继承和留存，是应当被后人继续坚守与弘扬的宝贵资源，应当予以足够的重视与尊重。要按照取其精华，剔除糟粕，古为今用，推陈出新的原则，对历史传统文化认真辨析，科学判断，精心萃取，为文化发展奠定深厚的文化基础。

第二，文化主体对自身文化价值的强烈认同和高度肯定。博大精深的中华传统文化为中华民族生生不息、发展壮大提供了丰厚的滋养。中华文化积淀着中华民族深沉的精神追求，表征着中华民族特有的精神标识。中华文明尽管历经各种磨难而能够薪火相传、历久不衰，其重要的一个原因在于中华传统文化能够一方面坚守本根，另一方面能够结合实践提出的课题不断地随着时代的发展而发展，是支撑中华民族生存、发展的精神支柱和文化力量。因此，我们要坚守中华文化的民族立场，共同守护和构筑中华民族的精神家园，

第三，文化主体对自身文化未来发展前景的坚定信心。中华文化是中华民族安身立命的根本依托，它不仅创造了历史的辉煌，是当代中华儿女赖以生存的精神家园，而且是我们未来谱写新的时代篇章不可缺少的精神力量和精神资源。要以高度的文化自觉与文化自信进行中国特色社会主义文化建设和参与全球文化的构建，为中华民族伟大复兴提供强大的精神支撑，为世界文化发展和全人类共同价值的实现贡献中国智慧和中国方案。

第四，文化主体对其他文化的宽容和包容。文化自信不仅表现为主体对自身文化的充分肯定与坚定信心，而且还体现为对别的文化的态度上，即对其他文化持一种宽容和包容的态度。在文化的交流之中，相信自己文化具有的独特价值和魅力，相信自己文化的价值主张能够得到别的文化的承认和接纳。

近代以来，西方列强挟工业文明坚船利炮之威，侵犯我中华，不仅侵略践踏中国人民世代生息居住的故国家园，而且几欲颠覆我中华民族据以安身立命的精神家园，从心理上、精神上摧毁中国人的文化自信。近代中

国遭遇"数千年未有之变局"、在古今中西之激烈的争论中，不少国人错误地认为，要改变近代中国处处受外人欺凌的出路，就是"全盘西化"，认为应当摈弃古代的政治传统、经济传统、文化传统，全面学习西方现代文明，全面改造中国文化。胡适是这类人的典型代表，这种认为中国"百事不如人"的观点得到一些人的叫好，如陈序经就说胡适："这样的议论，在我们的出版界，是不能多得的。"这些人全盘否定中国及其文化，全盘肯定西方的观点，难以自圆其说，也不符合事情的真相，是典型的文化虚无主义。

对待传统文化，要客观公正，持科学理性的态度和立场，既不能妄自菲薄，也不能自轻自贱；切不可长别人文化的志气，灭自己文化的威风，过分地拔高西方文化，贬低我们自己的传统文化。如果像胡适所认为的那样，就无法解释中华文明为何能够延续数千年而不衰、能够哺育中华民族的成长和发展的事实。中华文明博大精深，源远流长，几千年来无形地维系着中国人的日常生活秩序，滋养着中国人的心灵世界；中华民族为人类文明的发展作出了重要贡献，有力地推动了世界历史的进程。尽管我们可能没有明显地意识到，但是，传统文化它是客观存在，不容否定的，并实际地影响、支配着我们每个人的思想和行动，正如古人所说的"百姓日用而不知"（《周易·系辞》上）。就像人的身体器官一样，当我们身体健康时，我们意识不到自身某个器官的存在，因为它不痛不痒，我们没有感觉；而当生病时，我们才可能会意识到某个器官的存在，但这时它已经出毛病了，有问题了。因此，是否可以说，当我们一般人"日用而不知"文化的时候，恰恰可能是文化运行良好的时候，是它作用发挥最好的时候？而一当明显地对它有感觉时，这时候可能就是真有问题了，但即便文化真有问题，需要改变调整，也不能像"全盘西化"那样全盘否定、一棍子打死的极端的做法，而应该区别对待，辩证取舍，对症下药，反对盲目盲动，否则，就会对文化造成破坏性的后果。正确的做法就是对于文化，不忘根本，始终守住自身的文化优秀传统和固有特色，不断巩固凝聚全国各族人民团结奋斗的共同思想基础。

正确处理好同外来文化的关系，广泛吸纳、汇聚一切优秀文化之成果以及有益成人与因素。中华文化之所以生生不息，绵延不断，一个重要的原因就是它具有开放、包容的气度，具有广阔、宽厚的胸怀，能够不断从其他文化汲取成长的养分，为我所用，为我所有，进而获得了自身发展的深厚基础。今天，在我国经济全球化和对外开放深入发展的情况下，面对世界各国文化的不断涌入，应该以更加宽阔的精神气度对待外来文化，主动参与世界文化的对话与交流，大胆吸收借鉴外来文化有用有益的成分。当然，对待外来文化，要坚持辩证分析的态度，要使用放大镜、过滤器，择善而从，择优而从，抵制消极、腐朽、反动的文化，坚决划清与错误文化的界限。

面对中华文化发展的未来前景，我们充满坚定的文化自信。

第一，中华文化的当代发展是以中华优秀传统文化资源为基础的发展，是对优秀文化的继承与发展。优秀传统文化是当代文化发展重要的前提和基础。中华文化吸收和继承了以往文化仍然具有价值的因素和成分，具有更大的优越性和生命力。

第二，当代中华文化发展紧密结合世界文化的发展趋势，顺应世界文化发展潮流，致力于促进同其他文化的交流往来，取长补短，博采众长，能够不断吸收外来有用的因素，从而不断丰富和拓展自己的文化内涵。

第三，当代中华文化立足于中国特色社会主义伟大实践，不断接受来自实践的挑战，回应实践产生的各种问题，并从实践中吸收有益的营养成分。文化的源头是实践。中华文化的发展要紧密结合中国特色社会主义伟大实践，立足当代中国现实，植根于中国特色社会主义伟大实践。

第四，我国经济建设取得的丰硕成果为中华文化发展提供了重要的物质条件与保障。四十年来，我国经济的突飞猛进的发展，创造了世界奇迹，成为名副其实的经济大国，同时为我们成为文化大国奠定了强大的经济基础。反过来，文化的强盛又会有力地促进经济的可持续发展，为后者准备必要的思想文化的可能性。

只要我们坚持马克思主义文化理论，继承中华优秀文化传统，紧密关注世界文化发展趋势，立足于中国特色的社会主义实践，借助经济建设的有利条件，动员广大人民群众参加到中国特色社会主义文化建设中来，汇聚各个方面创造积极性，不断激发文化活力，始终坚持社会主义先进文化的前进方向，就一定能创造出无愧于历史、无愧于时代、无愧于人民的灿烂的中国特色社会主义文化。

四、当代中国社会转型与文化自觉的理性追求

"文化上的每一个进步，都是迈向自由的一步。"① 一定的文化是社会经济、政治的反映，反过来又给予经济、政治巨大的反作用。从文化的本质来看，它既是人实践活动的成果，又是自己据以存在的生活方式。马克思认为，"整个所谓世界历史不外是人通过人的劳动而诞生的过程"②，"通过实践创造对象世界，改造无机界，人证明自己是有意识的存在物"③。马克思主义从实践的立场出发，从而确立了文化理论的唯物主义基础。人民群众是文化的主体。人民群众对物质生活资料和精神世界的需求推动着他们不断进行实践活动，正是在丰富多样的实践活动的基础上，人使得其内在的本质力量(意愿、目的、能力等）对象化与外化，文化由此得以发展、进步和积累。人民群众创造了文化，反过来也要求文化成果服务于自己，为自己占有和享受。但是，在过去长期的历史时期，由于私有制和异化劳动，文化成果却被少数剥削阶级所占有、支配，生活在社会底层的广大人民群众被剥夺了接受文化教育、获得知识以及享受文化的权利。正是在这个意义上，列宁指出，社会主义公有制作为人民群众的事业，为了人的自由、解放与幸福，必须进行"文化革命"，"但是这个文化革命，无论在纯粹文化方面（因为我们是文盲）或物质方面（因为要成为有文化的人，就要有相当发达的物质生产资料的生产，要有相当的物质基础），对于我们

---

① 《马克思恩格斯全集》第 20 卷，人民出版社 1971 年版，第 126 页。
② 《马克思恩格斯全集》第 3 卷，人民出版社 2002 年版，第 310—312 页。
③ 《马克思恩格斯全集》第 3 卷，人民出版社 2002 年版，第 273—274 页。

说来，都是异常困难的"①。人民群众只有通过不懈的斗争创造物质与精神等方面的现实条件，才能解放自己。

可以肯定的是，文化传统的当代转换并不是要抛弃传统，当代中国社会转型没有也不可能否定中国历史上无数仁人志士所追求的文化理想，恰恰相反，我们必须以此为基础，使所要倡导的文化模式的目标和内涵更加合理化，同时结合吸收世界其他国家现代化实践的基本经验，极大地增加中国社会发展的自觉性。传统的中国文化模式是一种自然主义"封建的、宗法的和田园诗般"的农耕文化。其文化特征是一个由自然社会政治道德信仰熔于一炉的所谓"天人合一"的结构，其中最为突出的是其价值系统与社会政治系统由于没有相对分离而高度关联，浑然一体，道德成为人把握世界的重要方式之一，形成"道德政治化"的独特格局，甚至连知识生产领域也被政治化、道德化了，以儒家为主体的道德价值只有借助政治的王道才有实现的可能。这种文化模式特征是人们主要依赖土地为生，依据自然节律，遵循经验、常识、风俗习惯等无反思地进行生产和生活，无需太多的文化知识与技术。长期以来，他们日出而作，日落而息，男耕女织，靠天吃饭，自给自足，生活节奏缓慢、机械而重复；再加上缺乏冒险精神，使他们满足于小富即安，养成了自得其乐、安贫乐道的文化人格；整个社会长幼、尊卑、贵贱等级森严，人人各安其位，各尽其职，人际关系大多没有超越日常生活范围，交往十分有限。在"君子喻于义，小人喻于利"圣训指引之下，从事商品经济活动被看成是可能瓦解主流道德价值的消极因素。在这种内向性的宗法道德伦理文化传统的长期影响下，中国人过于重视并强调人的道德修养，热衷于追求"圣贤"那样道德圆融的境界和道德理想人格，把通过科举跻身仕途为皇权服务作为毕生最高的人生追求。朱谦之先生在《文化哲学》中所说："中国文化的本身是什么呢？依我考察中国文化历史的结果，以为中国文化的特质，就在'人生'，中国没有真正的宗教，也没有真正的科学，而只有真正的人生哲学，就是一

---

① 《列宁全集》第43卷，人民出版社1987年版，第368页。

种'教养的知识'，一种'哲学的文化'。"① 因此，"真正的儒家不可能有对高科技的崇拜，对全球化的高效率、高收益的无止境的追求；真正的儒者是深刻意义上的农民、士子、艺术家和行王道的政治家的结合体，不可能是唯利是图的全球化市场经济的弄潮儿，也不可能是党派政治的热衷者，更不会是宗教狂热者，和打着'为知识而知识'、而实际上是'为力量（金钱、名声、力量感、自满足感）而求知'的学者。"② 中国历史上不乏"贫而有道""穷而有志""仗义疏财"的人，那些"见利忘义""唯利是图"的所谓"小人"则向来被世人所鄙视、唾弃。

文化自觉是一种深刻的文化思考，是一种具有高度人文关怀和社会责任感的文化反思。文化自觉不仅仅是某种文化观点的出场和阐扬，更重要的它是一个文化自我认识、文化创造的实践环节。当代中国社会，总体上处于由前现代的农耕文化（文明）向现代工业文化（文明）转型过程之中，与此相适应，要求根据中国社会转型特殊的历史定位以及经济全球化宏大的背景，确定科学的中国特色文化转型的价值取向，在此基础上，制定评价社会发展的合理性尺度。

客观地说，尽管历史已进入了 21 世纪，近代以来中国人为了振兴国家、争取民族强盛，在探索"现代性"的问题上做出了艰难探索，提出了多种有价值的理论思路和实践方案。但是，纵观中国社会，我们不难看到，现代性思想仍然还没有得到充分的弘扬和确立，中国仍然处于现代化的路途之中，真正意义上的现代化对中国来说还是未竟的事业。许多人的思想仍然存有封建主义思想、计划经济思想残余，这些都是困扰着社会转型与文化传统之当代转换的巨大障碍，需要付出长期而艰苦的努力进行改造与克服。并且，由于中国城乡经济发展的不平衡、地区经济发展不同步性，城镇化程度不高，农村人口占比较大，相当一部分中国人仍然生活在落后、保守的农耕文明状态里，距离现代性的生活仍有较长的路要走。因

---

① 朱谦之：《文化哲学》，商务印书馆 1990 年版，第 69 页。
② 张祥龙：《儒家哲理特征与文化间对话》，《求是学刊》2008 年第 1 期。

而，"在中国的境遇中，现代性本质上'不在场'或尚未生成。当然，当我们做出这样的断言时，并不是从一种简单的'历史虚无主义'的立场出发，否定过去一个多世纪中国社会的深刻变化和现代化进程的巨大进步。对此，我们先不做更多的理论分析，而只从中国社会结构的一个基本事实出发加以说明。这就是中国社会依旧存在的十分严重的'城乡二元结构'。"①西方的现代化社会转型有其政治、经济和文化等方面的复杂原因。就其文化来说，启蒙思想、宗教改革尤其是在路德、加尔文的新教伦理这样的文化精神的鼓舞下完成，后者的超越性维度为西方人提供了充实的终极关怀，促使其实现了历史文化意义上的现代转换。近代以来，以现代理性主义为标志的西方文化在世界大行其道，乃至后来的自我膨胀，其可以看得到的结果一方面是物质世界的极度繁荣，另一方面是人与自然、人与社会、人与自身、人文价值与科学理性之间矛盾的不断尖锐激化。理智告诉我们，中国文化转型需要批判地借鉴西方文化，合理地吸收其中的因素，但不能盲目地照搬，要分清楚哪些是西方文化比较成功的地方，哪些是失败的地方，哪些是存在缺陷的地方，要用整体与长远的眼光加以判断与审视，我们当然不能等待现代化问题积累到相当程度的时候再去考虑现代性的自我理解问题。按照邹诗鹏教授的看法，现代性区分为三个相关联的层面：第一个层面是条件性的，即能够跳出前工业社会的物质性和制度性的生存基础或条件，这是现代性的必备条件；第二个层面即是对上述条件的反思、审查与重建，包括现代性条件的自我理解活动；第三个层面是在哲学理性的重建的意义上提升人对自身超越性的生存实践活动的理解，进而展开创造性的生存论建构活动。笔者以为，以上三个层次反映了现代性文化所涵盖的现代性物质文化、现代性制度文化和现代性观念文化。显然，目前中国人感受到的更多的还是对于尚未获得的现代性基本条件的期许与追求。中国社会的现代转型，既是世界整体历史发展的组成部分，具有其普遍意义，又是在自身历史传统基础上合规律性发展，因而又具有其

---

① 衣俊卿：《现代性的维度及其当代命运》，《中国社会科学》2004 年第 4 期。

特殊性。但不管怎么说，中国的现代化转型必须以必须的、深刻的文化转型与高度的文化自觉为前提。在一定程度上，是否具有成熟而健全的文化自觉的能力与水平，是关系到中国现代化是否顺利乃至成功的重大问题。一种符合中国社会发展的文化价值系统不仅有助于维系中国社会各部分的整合，而且也为现代化的发展提供了持久而可靠的意义资源。

中国现代性文化不能消极地等待，它有赖于我们自觉的追求与不懈建构。时下，最为重要的需要培育与造就以下几种文化品质：

第一，大力倡导理性主义文化精神。现代社会不同于传统农业文明的地方，主要在于它以科学理性为基础，对知识的追求、占有与运用为特点，体现着理性精神、契约精神以及对人自由创造性的崇尚。不可否认，理性主义在西方国家最先诞生并取得了辉煌的成就，但在后来飞速发展中，理性的发展却带来了理性的僭越，甚至转变为一种奴役人、毁灭人的力量，人类理性越来越暴露出其自身难以克服的局限性，以至于对理性主义的批判成为西方马克思主义与后现代主义共同的主题。尽管如此，但是由于中国与西方分别处于根本不同的历史阶段和文化语境，在西方已经得以充分释放的理性文化精神却是当代中国所不可缺少的文化追求与强大动力，是我们加入现代化行列必需的文化要素。批判理性主义的目的不是否定理性，而是重新定义理性。我们只能立足于现实实践，在反思理性主义的基础上，运用已有人类智慧成果来修正与重建理性，而不可脱离国情异想天开盲目地拒绝理性、不由分说地排斥理性。

第二，积极造就具有独立自主的、全面发展的现代型文化人格。现代社会呼唤人的现代化，现代人需要相应的现代人格作为其内在根据。现代人既是社会发展的产物，也是人自身发展的结果，更是人自我追求的结果。未来社会里，无论是生产力的发展，科学技术的进步，物质财富的增长，还是政治文明的发展，说到底，都依赖于人来承担；反过来，并以满足于人的生存与发展为其价值根本尺度。对现实的中国来说，目前最紧要的，就是尽快使人们从长期传统社会形成的依附型人格转变为时代所需要的独立自觉的现代型人格，造就以文化转型全面发展思维方式和行为方式，转变为能够适应竞争日益激烈社会需要的现代新人。

第三，阐扬法制型、契约型文化精神。以市场经济体制为基础的现代社会本质上还是一个崇尚法制的社会，现代市场经济始终贯穿着社会契约精神，它要求人们一切交往活动以及其社会行为都要遵守法律、契约的规则，在法律的名义之下，建立平等的民主法制的社会运行和人际交往关系。

总之，对于处于转型之中的中国社会而言，以高度文化自觉精神全面审视我们的文化，把其纳入人类文明发展的宏阔视野中加以观照和准确定位，既是十分重要，又是十分必要的。更尤为紧迫的是，要果断肃清并克服传统农业文明社会那些阻碍我们向前发展的消极文化因素，不断生成科学主义和人文主义相统一为内涵的全面发展的文化价值精神。

要做到文化自觉，就要在以下几个方面做到高度"自觉"：文化地位认识上的高度自觉、文化规律把握上的高度自觉以及文化责任担当上的高度自觉。文化地位认识上的高度自觉，是指正确理解文化本质与特征的基础上，充分认识推进文化改革发展的重要性和紧迫性，以更加自动、更加紧迫的姿态推动社会主义文化大发展大繁荣，要清醒地认识到，文化是民族的血脉，人民的精神家园；它既是推动人类社会发展的重要手段，也是社会文明进步的重要目标；既是凝聚共识，教化思想的精神纽带，又直接关系到民生幸福指数；文化既直接贡献于经济发展，又对提升经济发展质量有着不可替代的作用，它作为社会系统内在的组成部分，又与其他社会构件相互渗透、相互融合而发挥一种总体性功能与作用。在马克思主义看来，文化既是人的社会性本质体现，同时它也是社会本质的体现；人是文化的动物，人类社会是文化的结晶。因此，人的发展与人类社会的进化本质上也是文化的发展与进化，文化确证与表征着人及其社会的状况以及发展程度与水平。

文化发展规律上的高度自觉，是指要科学理性地探索和把握文化发展规律，了解文化发展的趋势与走向。任何事物的存在发展，都有其内在的客观规律，文化也不例外。探索文化发展规律，需要在以下几个方面不断深化认识：

一是正确认识文化生产受经济社会存在决定的规律，马克思基本原理告诉我们，社会存在决定社会意识，社会意识是社会存在的主观映象。作为思想观念的文化，属于社会意识的范畴，是精神的、第二性的，有什么样的社会存在，就会产生什么样的社会意识及精神文化。任何文化都是历史的产物，都是在特定的社会经济、政治、生产力水平条件下生成的。正如马克思所说："物质生活的生产方式制约着整个社会生活、政治生活和精神生活的过程。不是人们的意识决定人们的存在，相反，是人们的存在决定人们意识。"① 因此，"观念、范畴也同它们所表现的关系一样，不是永恒的。它们是历史的，暂时的产物，思想的产生都是不断变动的。"②

在马克思看来，如果说在人类社会早期，由于极其落后、狭隘的生产和生活，人的物质劳动尚未分离，人们的意识活动表现为物质活动的直接产物，"单个人如果不在自己的头脑下支配，使自己的肌肉活动起来，就不能对自然发生作用。"③ 而集体活动劳动"单是社会接触就会引起竞争和特有的精神振奋。"④ 当人类社会发展以后，产生了社会分工，以前原始的物质活动与精神活动相互缠绕、不可分割的交织状态被打破，精神活动从中独立出来。人类社会处于生产力、社会状况和社会意识三种因素的矛盾运动之中，尤其是社会意识对生产力进而对社会状况会产生制约作用，对此，马克思说："如果从观念上来考察，那么一定的意识形式的解体足以使整个时代覆灭。"⑤ 这就指出了意识对人类社会重要的反作用。

二是正确认识人在文化发展中的主体性作用规律。如前所述，人是文化的创造者，是文化发展的主体、文化的本质是人化、化人，离开人则无所谓文化，离开文化则无法理解人，人的发展实质上是人文化的发展，人

① 《马克思恩格斯全集》第13卷，人民出版社2001年版，第8页。

② 《马克思恩格斯选集》第1卷，人民出版社1995年版，第142页。

③ 《马克思恩格斯全集》第44卷，人民出版社2001年版，第582—583页。

④ 《马克思恩格斯全集》第44卷，人民出版社2001年版，第379页。

⑤ 《马克思恩格斯全集》第30卷，人民出版社1995年版，第539—540页。

与文化具有内在的统一性。因此，要充分调动人的主动性和积极性，依靠人来发展文化事业。人通过自己的实践活动创造了完全不同于纯粹自然的人类世界即文化的世界。

三是文化的功能与作用往往具有缓释性、长久性的特征。从文化的生成、作用、更替等运行来看，这个过程往往是缓慢的、长期的和渐进的。

其一，由于文化是精神的、观念的，从存在形态上看是隐性的、内在的，它的呈现和显示，需要经过从意识到行为、从隐性到显性、从少数到多数的过程，是需要时间来显现的。

其二，人类思想观念具有历史延续性的自然"惯性"，人的任何意识观念一旦形成，就会作为一种主体大脑思维工具或思维定式而留存下来，具有相对的稳定性与既成性，就有可能在原来生成条件已经发生变化或转移的情况下，仍然能够延续很长时间，在一定时期内，尽管它已经显得不那么真实了，但还是具有一定的残余和留存。"意识有时候似乎超过了当代的经验关系，因此，人们在后来某个时代的斗争中，可以指靠先前时代理论家的威望。"① 马克思指出："人们自己创造自己的历史，但是他们并不是随心所欲地创造，并不是在自己选定的条件下创造，而是在直接碰到的、既定的、从过去继承的条件下创造。……他们战战兢兢地请出亡灵来给以帮助，借用他们的名字、战斗口号和衣服，以便穿着这种久受崇敬的服装，用这种借来的评议，淡出世界历史的新场面。"② 这种情形在历史上不乏其例。

四是正确认识文化的积累沉淀具有长期性规律。任何文化的生成、成熟不可能一蹴而就，都是一个不断积累的过程。思想、观念的文化存在于人们的主观精神世界，物质文化是观念或精神文化的呈现与确证。物质文化的形成则是一个主体客体化的过程，而观念文化的形成本质上一个客体主体化过程。无论是主体客体化，还是客体主体化，或者是二者的相互结

---

① 《马克思恩格斯文集》第 1 卷，人民出版社 2009 年版，第 576 页。
② 《马克思恩格斯选集》第 1 卷，人民出版社 2012 年版，第 669 页。

合，其间都涉及物质与精神、主观与客观、主体与客体、历史与现实、个体与群体无数个内在关系、环节的复杂而长期的循环与转化，这个过程是长期的、无限反复进行的。

文化责任担当上的文化自觉，指在文化建设问题上要有强烈的主体责任感、使命感，文化主体要明确自己承担的职责和使命，要有一种责无旁贷、舍我其谁的自觉意识。文化建设重在落实，重在行动，要从我做起，从现在做起。必须认识到，文化强国是中华民族复兴的必然选择和重要基础，没有社会主义文化大发展大繁荣，就没有社会主义现代化，没有文化的改革创新发展，中国特色社会主义事业就成为一句空话。因此，我们要自觉地担当起振兴中华文化的历史重任，以中华优秀传统文化为母体，以马克思主义为指导，以优秀的外国文化为借鉴，大力建设文化软实力，为把我国建设成为文化强国而努力奋斗。

第三节　大力实施中华文化"走出去"战略

文化不仅是一个国家和民族凝聚力和创造力的重要源泉，而且是国家之间人民建立理解和信任的桥梁和纽带。党的十六大以后，我们以马克思主义、毛泽东思想、邓小平理论和"三个代表"重要思想为指导，深入贯彻落实科学发展观，大力开展对外国际文化交往、交流和合作，不断加快中华文化走向世界的步伐；在经济发展的同时，努力向世界展示一个真实、开放的、有着悠长历史和灿烂文化，同时又充满活力、自信、进步、和谐的中国形象，中华文化的影响力、吸引力和感召力在不断提升。随着新时期改革开放形势的深入发展，我国经济、对外贸易、对外金融等方面的"走出去"已经取得了十分显著的成绩。然而，中华文化"走出去"目标尚未真正实现。如何进一步实施这一战略，是今后必须解决好的一个重大问题。中华文化不仅应该走出去，而且必须走出去。

从历史上看，中国自近代以来，深受西方列强的侵略压迫，不只是政治、经济上受到侵犯、遏制，在文化上亦深受冲击，在"西学东渐"进程中，来自西方的思想观念、学术文化被大量翻译引进过来，刷新了国人的头脑，开阔了人们的视野。明末清初西学的传入，使中国的少数士大夫开始认识到西方学问、文化之中有其殊异于中国之处，但这些西学学习者主要注意的是自然技术方面如天文历法、测量以及所谓的"西洋奇器"等，此时西学对于中国学术本身的影响冲击不大；到了晚清时期道光咸丰年间，中国人与西方人接触时，大多数人根本不重视甚至排拒西学，仅有少数有识之士如林则徐、魏源等人注意到西学有其优越之处，但基本上他们仍不把西学看作是与"中学"对等的学术文化，从魏源的名言"师夷长技以制夷"来看，西学只能是"夷学"，其中虽有可取之处，但其地位远不及中国学术思想。在洋务运动早期，大多数人仍存有这种类似的看法，但随着与西方接触了解的增多，"西学"一词逐渐取代了"夷学"，许多官员及知识分子开始正视西学，视之为可与中学对等的学术思想，并开始探讨应当如何融合二者的优缺点来帮助中国富强，当时在政界学术界都有重要地位的张之洞所提出的"中学为体，西学为用"，便成为晚清新式知识分子们最典型的西学观点，认为西学在器物、制度上胜过中学，但在基本的思想道德人心等方面不如中国，这样的中学西学的观点，在晚清一度让这一代的知识分子暂时取得一个安心于学习西学的缘由；但到了民国初年，这种看法受到挑战与批评，当更多的人对传统文化不满开始视西学为"新学"，认为西学高于中学而应当取代中学，全盘西化思想成为当时的学界主流。

虽然"西学东渐"是历史发展的必然结果，对于传统中国迈向现代化、对于解放人们的思想、开拓其视界无疑起到了积极的作用。但是，凡事过犹不及。有些人崇洋媚外、奉行全盘西化，把西方文化不加分析地照单全收，却对自己本民族文化弃之如敝屣，一概否定，只讲拿来，不讲输出，无形中助长了西方外来文化一边倒的强势局面。改革开放以来，迎来了"西学东渐"的汹涌之势，同时也引发了人们对中国民族文化前途命运的重新反思，触动了"国学热"。但总的说来，文化上"西强东弱""西强我弱"的格局仍然没有被打破，西方文化信息流量远远大于我们的文化信息流量，我们对外来文化尤其是西方文化的引进工作、拿来工作做得很多，也大有成效，但对外推介中华文化、送出去和"走出去"的工作做得还远远不够。

实施中华文化"走出去"战略，是加强国家文化安全的现实需要。在文化上"西强我弱"的背景中，我国文化不可避免地受到了冲击，文化的"西化""洋化"问题比较突出，民族文化生存、继承面临着许多不利境况。人们越来越清楚地认识到，国家安全不仅仅是指领土主权、军事边界安全，也包括经济、金融、文化等；文化安全也是国家安全体系中重要的有机构成部分。没有文化上的安全就很难称得上是全面、完善的国家安全。"国家安全不同程度地包含了状态、力量和意志三个层面的内涵，并依次递进。""从国家安全特征上看，不论是状态层面，还是力量层面都包括文化。"①所谓国家文化安全，就是指一个主权国家的意识形态及主流的价值观念、文化制度、文化体系、文化功能与文化利益不受威胁、侵犯和损害的状态。在某种意义上，政治安全也包括文化安全。文化安全在很大程度上也是政治安全的题中之义。文化安全所涉及的比如国家文化制度、文化立法、文化管理、文化交流、文化贸易等都与政治相关联，已经不仅仅是文化领域的问题。一个国家文化上的强大和安全，文化软实力的提升，不仅给人们提供了具有说服力、共同意义的道德观念、价值观念；形成对内强大的凝聚力以及对外极强的感召力，这本身就是一道无形的盾牌，极大地提高了国家的安全度，维护了国家的政治安全。

20世纪八十年代末九十年代初发生的苏东剧变，其中很重要的原因就是西方资本主义国家长期以来实行的"西化""分化""和平演变"图谋使这些国家的文化安全遭受到巨大的挑战和冲击。西方国家运用自身经济、科技水平的优势，通过电台广播、电影、电视、互联网等手段不遗余

---

① 王义桅：《国家安全特性的变化与研究困境》，《国际观察》2000年第2期。

力地宣扬西方文化价值观，加大资金投入，发展文化产业，以极强的市场运作能力进行文化产品的生产、营销；加之，苏东国家自己对这种文化攻势放松了警惕，不知不觉中按照西方的意愿进行"改革"，国家文化安全严重被打破，结果导致了国家的变质和解体。因此，社会主义文化作为先进文化不是一劳永逸的，而是需要不断建设、不断发展才能保持、显示出其先进性。过去先进并不代表着现在先进，现在先进并不意味着永远先进。如果把它与民族优秀文化相隔离，不与现代世界有益的文化相交流，忽视或放松其先进性建设，其固有的先进性就会逐渐丧失，生命力就会萎缩，凝聚力、创造力和感召力就会随之减弱，国家文化安全度必然降低，风险系数增大。

国家文化安全是有层次的，根据其地位和作用的不同，我们认为，国家文化安全可以区分为以下几个方面：第一，国家主流文化价值体系、文化价值观念层次；第二，该主权国家通行的语言、文字、传统的道德观念、风俗、习惯，以及行为方式；第三，能够代表或体现本国国民特征、品性或信仰的物质文化，如建筑、服饰、用品等；第四，该国家民族面向未来的文化发展能力、文化创造能力、文化竞争能力等文化活力。这里提到的几个方面，第一个是核心，第二、第三个是根本，第四个是实质。其中任何一个方面被侵蚀或者受到威胁、损害，都不同程度地对国家文化安全产生消极的影响，都是威胁国家文化安全的不安全因素。国内学者胡惠林将影响国家文化安全的因素进行了比较详细的划分，即国家文化政治安全、国家文化经济安全、国家意识形态安全、国家民族和宗教文化安全、国家文化能力安全、文化生态安全、文化信息安全、文化遗产资源安全、文化内容与公共精神健康安全、文化技术安全，等等①。因此，国家安全的内涵和涉及的内容还是比较复杂的，国家文化安全建设任重道远，有许多的工作要做。在改革开放的初期，邓小平同志就指出："属于文化领域的东西，一定要用马克思主义理念对它们的思想内容和表现方法进行分

---

① 胡惠林：《中国国家文化安全报告》，山西人民出版社 2005 年版，第 35 页。

析、辨别和批判"，"如果我们不及时注意和采取坚定的措施加以制止，而任其自由泛滥"，"后果就可能非常严重"甚至"关系到党和国家命运和前途"①。邓小平在这里讲的就是国家意识形态安全问题。在这一方面，他多次强调坚持四项基本原则、反对资产阶级自由化的重要性、必然性。

联合国教科文组织的一份报告指出，"时代的飞速发展和变化给文化遗产的保护和复兴带来了新的挑战，历史建筑、遗址、文物和非物质形态的文化遗产（如民俗和语言），正在遭受破坏、逐渐衰落。"②在我国现代化进程中，许多历史上遗留下来的浩如烟海、绚丽多彩的传统民族文化资源，并没有得到比较好的保护、继承和开发，传统文化资源的破坏、流失、消失现象触目惊心。文化生态如同自然生态一样，被破坏之后很难再恢复起来，甚至一去不复返，留下永久的缺憾。必须认识到，历史上的文化资源是一个国家、一个民族得天独厚的、能够源源不断地从中吸取、丰富、扩容其精神世界以及滋养其精神生活的宝藏，关系到国家文化安全和国家民族的整体安全。我们应当高度重视国家文化安全问题，形成国家文化安全发展战略和文化安全预警机制，加强国家文化创新体系建设。只有自身的文化强大起来了，有了健壮的体魄，文化走出去才有可能，才有力量，才更有自信。

当然，文化"走出去"不是盲目的，要让世界更好地了解、接受中华文化，就要多思考、多研究，要注意文化传播方式，主动适应国外受众的文化背景、文化需求和习惯。切忌不加分析研究、一厢情愿、想当然地推行自己的文化。要以理性、平等、民主包容的态度进行文化传播、文化交流，全方位、多层次、宽领域对外宣传中华文化，广泛建立传播文化的平台、窗口和阵地，力争使中华文化进入国际主流社会和主流媒体，扩大其影响力。据相关调查显示，许多外国人对中国的认知仍然比较有限，尽管由于近年来我国经济实力和综合国力迅速提升，他们对中国的了解还是停

---

① 《邓小平文选》第3卷，人民出版社1993年版，第44—45页。

② 联合国教科文组织、世界文化发展委员会：《文化多样性与人类全面发展——世界文化发展委员会报告》，张玉国译，广东人民出版社2006年版，第4页。

留在一般的层面。多数外国人对中国的印象是"古老""东方大国""神秘"，这些印象主要形成于他们国家媒体报道的影响。还有一些外国人认为中国非常贫穷落后，人民生活条件很艰苦，甚至有的外国人竟然还以为男人都拖着一根大辫子，女人留着小脚，等等。当他们真正来到中国，亲身感受到中国的现实和老百姓的生活以后，对中国才有了比较客观的认知。据一项调查，当问及什么"最能代表中国的事物"，外国人大多会提到"长城""故宫""功夫"等，"长城"得票率达到21%。对于我们引以为豪的古代"四大发明"，得票率仅仅占到6%[①]。另外，一份由中美研究机构联合完成的调查结果表明，受访问的美国人一方面对未来十年中国的发展比较看好；但另一方面，对于中国悠久的文明和古老的文化他们似乎没有太多"感触"。在"中国有非常丰富的文化遗产"的判断上，40.6%的人表示同意，而34.9%的人表示不太认可，9.3%的人认为"中国有非常吸引人的流行文化"，多达72.5%的美国对此持否定看法。由此可以看出，无论是古代文化还是现代流行文化，中国都没有在美国民众心目中占据一席之地。[②] 因此，中华文化走出去其形势是严峻的，任务比较艰巨，要有长期的思想准备。

当下，实施中华文化"走出去"战略，对我们而言是有多方面的意义：

第一，经济意义。众所周知，对外贸易是促进国民经济增长的三大因素之一。据统计，2009年我国以全球9.6%的商品出口份额成为世界第一大出口国，超过了德国，显示了"中国制造"的强大威力。然而，在这辉煌的背后则隐藏着一个问题，那就是我们的外贸出口结构很不合理，实物出口占据相当大的比例，而其中又以粗加工产品为主，文化的、技术的、拥有我国民族自立研发知识产权的外贸份额较少。因此，我们需要不断地扩大对外文化贸易，初步改变我国文化产品贸易逆差较大的被动局面，不断优化出口产业市场。

---

① 杨雪梅：《一项大型调查揭示外国人眼中的中国——长城、功夫、中餐知名度最高》，《人民日报》（海外版）2008年10月8日。

② 郭一娜：《中国首次赴美民意调查幕后》，《国际先驱导报》2011年3月2日。

从国际贸易来看，20世纪后期，文化贸易进入迅速发展阶段，进入21世纪以来，计算机、互联网、移动设备等新技术，极大地促进了文化产品的生产和消费。据我国商务部统计，2006年，全球文化产业的市场规模近1.5万亿美元，并且以每年6.7%的速度增长，是同期全球GDP增长率的两倍。然而，国际间的文化贸易显现出极不平衡的状况，主要发达国家凭借其得天独厚的经济优势和技术优势，占据了全球文化贸易的很大比重。例如，2006年美国、日本、英国和法国五个国家就占了全球文化市场三分之二的份额。尤其是美国是世界上最大的文化产品出口国，它拥有全球"文化巨无霸企业"的一半还要多，控制了75%的电视节目和60%以上的广播节目的制作；在互联网交易方面，2002年美国占全球3330亿美元网上交易总额的64%；在音像制品方面，美国占全球音乐市场份额的三分之一还要多，对外年销售额达到600亿美元；在电子游戏方面，美国2002年的出口产量占全球的40%左右。目前，美国文化产业与航空产业和农业相匹敌，是名副其实的文化产业世界强国，不仅在经济上赚得盆满钵满，而且在产业结构调整中抢占了先机。

再看看我们，在当今文化主导的时代，作为拥有数千年悠久历史传统和文化积淀的文明大国，在激战正酣的这场国际文化贸易竞争中却处于明显下风。首先，数量上，我国文化产品和服务对外贸易规模小，总量上显得微不足道。其次，结构上，我国文化贸易局面明显不平衡，出口的文化产品和服务中具有核心内容的文化产品和服务的占比较低，真正体现中国文化内容的文化产品占比不足15%；还有，东部省市文化产品出口额远远大于中西部地区，其中又以广东省为最大。再次，效益上，我国文化产品及服务进出口状况年度报告（2009）的统计，2008年我国核心文化产品进出口总额为158.4亿美元；中国贸易促进会公布的《2009年中国文化产品进出口白皮书》则显示，2008年界定为新闻出版类、广播影视类、艺术品类和网络传播类四大块的核心层文化产品出口总额为51.96亿美元，这样一来，我国核心文化产品贸易逆差超过100亿美元。

现在，在国际日益激烈的产业调整与产业升级中，文化产业异军突起，越来越受到各国政府的关注和重视。在有些国家，文化产业对经济发展的贡献早已超越了传统行业。西方发达国家因其经济与科技的优势，文化产业的规模化、高科技化程度较高，例如美国的电影和传媒、日本的动漫、德国的出版、英国的音乐等等，均已占领文化市场的有利地位，对外产生了典型的示范作用。许多国家也不甘落后，纷纷制定本国文化产业的发展对策，以期迎头赶上。例如韩国，致力于游戏产业，经过短短几年努力已成功跻身于世界三大游戏大国，其中的经验值得我们学习借鉴。《中共中央关于深化文化体制改革、推动社会主义文化大发展大繁荣若干重大问题的决定》指出，要"推动文化产业跨越式发展，使之成为新的经济增长点、经济结构战略性调整的重要支点、转变经济发展方式的重要着力点，为推动科学发展提供重要支撑。"这是我们党在科学分析我国发展的国内外形势基础上得出的重要判断。自从十五届五中全会第一次提出"文化产业"的概念以来，我国文化产业从小到大、从自发到自觉，从局部到全局，各省市各地区也纷纷出台了本地区振兴文化的中长期规划，文化产业发展前景广阔。但从整体上看，应当看到，我国的文化产业才刚刚起步，方兴未艾，尚处于初级阶段，难免有模仿国外的痕迹，缺乏足够的特色和竞争力，对于发展文化产业这篇大文章，存在许多有待破解、研究的难题。

发展文化产业，不仅可以取得良好的经济效益，具有优化经济结构功能，而且具有扩大消费、拉动就业，促进跨越式发展等综合性优点；随着时间的推移和生态的成熟化，这种优势还会越来越明显，文化效果越来越多释放出来。文化产业最符合经济原则，它投入小回报大，消耗物质能源少，发展空间大，有利于实施可持续性发展。文化产业吸纳劳动力就业功效也很明显，尤其是那些劳动密集型企业的吸纳能力更强。文化产业的发展，对外还能够极大地增强我国的影响力，提升我国商品的竞争力。通过增加产品中的文化因素和科技含量，增强其商品附加值，有助于使我国成为拥有更多自主知识产权的品牌大国，提升"中国制造"的竞争力。

要真正做大做强我国文化产业，就必然要求在全球经济一体化的条件下实现资源与市场的共享式发展。我国拥有广阔的文化市场，文化消费需求旺盛，潜力巨大，吸引着国外文化公司与产品、国外文化公司的进入可能会冲击我国本土文化产业，这是不少人所担心的；然而，文化产品的民族特征与地域个性造就了各国文化产品之间的显著差异，因而各国同类文化产品在市场中并非是完全的可替代关系，大部分文化产品不具有绝对的排他性，文化产品的这种特性正适合我国这种独特性、多样性的文化资源状况，为我们文化产品广泛地参与国际竞争提供了良机。

这里关键的问题是我们的文化能否"走出去"，只有走出去，才能获得参与竞争的条件与资格；只有走出去，我们的文化企业才能经风雨见世面，得到锻炼更快地成长起来。如果孤立于国际市场，自我封闭，仅仅满足于自己国内市场，我国文化产业就永远被排除于全球文化竞争之外，其舞台与天地只能越来越狭小。显然只有立足本土，放眼世界，时刻关注国际文化市场的动态与变化，借全球文化市场之力，才能更好地确定自己的位置，才能更好地认识自己与认识他人，进而加快文化产业管理和技术的国际化步伐，更快地推进文化产业成为国民经济新支柱的步伐。

中华文化要走出国家，走向世界，就要树立中国特色文化品牌。如今，在全球化时代，世界各国的商品及其行业竞相抢占市场份额，其本质是品牌的角逐与较量。文化品牌是一个国家文化产品及其服务显著特征的标识。没有品牌的文化，是缺乏标识度与影响力的文化。人们对一个国家文化的印象与认识，一般不会仅仅取决于某个具体的物品或技术，而首先是通过文化品牌这一象征性符号及其话语系统所显现出来的综合价值来理解。文化品牌作为凝结文化意蕴、体现文化生产力的符号，表征着文化产品的质量及品位，能够有力地提升某种文化产品的附加值，让人对某种文化产品更容易去认同、接受。

中华文化品牌的树立具有自己的优势与条件。中华文化具有浓厚的文化积淀、丰富的文化资源、数不清的内涵丰富的历史故事，这是打造文化品牌得天独厚的有利条件，最关键就是如何寻找切合当代时代、符合当代人类的表达方式或表现形式。树立国家文化品牌，要有民族特色，以特色取胜，只有民族的才是世界的。中国的文化品牌就要体现中华民族特色，例如长城、故宫、儒学就具有鲜明的中国特色，而相扑、和服、武士道等让人联想到日本。国家文化品牌需要有先进的文化理念为引领，符合人性且彰显人们对真善美的向往与追求，为人们及其社会提供有价值、有启迪的精神食粮，与人类历史发展趋势相一致，与时代步伐息息相关。

进行中华文化品牌建设，需要各方面的广泛参与。国家各级政府、民营机构、社会资本、个人力量都是建设的行动主体。对于国家来说，文化品牌的技术是国家文化战略的范畴，国家有关部门要做好设计与谋划，充分发挥其在文化品牌建设中的主导性作用。众多的民企在文化品牌建设中也大有可为。近些年，我国一些民营文化企业已经成功打入海外市场，在讲述中国故事、弘扬民族文化方面有效地提升了中国国际话语权与文化传播力，取得了很好的成绩。

党的十六大报告中强调要"着眼于世界文化发展的前沿，发扬民族文化的优秀传统，汲取世界各民族的长处，在内容和形式上积极创新，不断增强中国特色社会主义文化的吸引力和感召力。"后来，党的十七大报告中进一步提出，要"加强对外文化交流，吸收各国优秀文明成果，增强中华文化国际影响力"，等等。这些重大决策和部署顺应了时代需要，体现了文化发展与进步的客观规律，凝聚了中国共产党在新的历史时期推动对外文化工作，促进人类文明进步的战略考量和理论成果，具有十分重要的意义。

第一，中华文化走向世界，同世界上其他异族文化相互交流、碰撞及至融合，不仅有利于其优秀成果的传播扩大，使世界感受中华文化独特的魅力，而且也是中华文化自身发展的需要。任何真正有活力的文化都不是自我封闭的，中华文化亦然。历史上，中华文化曾经对世界文化做出过巨大贡献；同时也要认识到，中华文化也受益于其他文化的营养和滋润。当然，近代以后，我们的文化出现了闭关自守、发展迟缓的趋向，但不能否定其固有的品格，开放、包容、吸纳与变通才是中华文化的主流。尤其在全球化时代，随着现象学意义上国家之间经济、贸易、物流等的相互往来不断加强，思想文化交流日益频繁，提倡并且促进各种不同文化相互交流、取长补短、共同繁荣、和谐发展，应该成为我们特别予以关注的共识。否则，如果孤芳自赏，或者一味地任由文化对立甚至冲突下去，势必会引发政治、经济乃至军事上的冲突与对抗，既不利于国家发展，也不利于世界局势的和谐稳定。

第二，推动中华文化走向世界，是占据国际文化竞争制高点，赢得主动权、话语权的需要。"谁占据了文化发展的制高点，谁就能够更好地在激烈的国际竞争中掌握主动权。"2011年，胡锦涛在庆祝中国共产党成立90周年大会讲话中明确指出："要着眼于中华文化走向世界，形成与我国国际地位相对称的文化软实力。"①党的十七届六中全会是一次就推动社会主义文化大发展大繁荣作出专门部署的中央全会，会议决议强调要"实施文化走出去战略"。后来的党的十八大报告，更是明确要求未来"中华文化走出去迈出更大步伐"。当今时代，国家之间的竞争更加激烈，也更加复杂多变，文化的较量是其中重要的内容。除了有形的经济、科技、军事等硬实力的角力之外，以价值观点、精神力量为核心的文化软实力在综合国力竞争中的作用日益突显出来。

文化主动权是与文化话语权相联系在一起的。话语权属于传播学范畴，指涉对思想观念的掌控和主导能力，是文化软实力的重要组成部分。话语权包括对内话语权和对外话语权。中华文化走向世界，需要大力提高对外话语权即国际话语权，就是通过话语方式传播、影响舆论，以此塑造国家形象、主导国际事务。长期以来，由于中国属于发展中国家，在以西方发达国家主导的国际事务中处于外围、边缘的状态，加之文化产业比较落后，文化国际传播力、影响力和竞争力受到很大限制。相比之下，西方国家凭借其强大的经济实力、先进的科技手段在话语权上占据着明显优势。因此，在当前世界文化"西强我弱"格局的情况下，如何提升我国国际话语权，推动中华文化走向世界将是一项长期而紧迫的任务。

---

① 《胡锦涛文选》第3卷，人民出版社2016年版，第539页。

第三，推动中华文化走向世界，是加快发展我国文化产业，促进转变经济发展方式的需要。美国著名政治学家、哈佛大学名誉教授、美国前助理国防部长约瑟夫·奈认为，在信息时代，资本、自然资源，甚至土地都不见得是财富。今天投资驱动型经济已经走到尽头，我们必须转向创新驱动型与知识驱动型经济的领域，它需要新思维、新知识来加以推动。大力发展文化产业，不仅是社会主义市场经济时代满足人民日益增长的精神文化需要的重要途径，也是加快转变我国经济发展方式、促进经济健康发展的正确选择。要按照全面协调可持续的总要求推动我国文化产业跨越式发展，使其成为新的经济增长点、经济结构战略性调整的重要支点。总体上看，我国文化产业存在三大短板：一是规模结构偏小，产业结构不合理；二是区域发展很不平衡；三是自主创新能力较弱，技术层次偏低。西方发达国家文化产业经过多年的探索和发展，在国际市场上已经具备了相当强的竞争力，我国作为文化产业欠发达的国家应当虚心学习借鉴西方发达国家一切有利于我国社会主义文化建设的有益经验，学习一切有利于我国社会主义文化建设的管理理念和做法，提高文化领域智力、人才、技术工作的引进及利用力度，大力开展对外文化贸易，扩大文化产品和服务出口，扩大国际文化市场。在对外开放的过程中，取长补短，促进我们文化产业的较快发展。

第四，推动中华文化走向世界，是提高中华文化国际影响力，建设持久和平、共同繁荣和谐世界的需要。中华民族源远流长，生生不息，创造了光辉灿烂的文化，对世界文明作出了重要的贡献。从中华民族整个历史来看，它是一部追求和平、和谐的历史，不像世界上有的民族那样动辄倾向于对外侵略，征服异族，不断制造冲突与争端。中华民族的血液流淌着和谐、中和的文化基因。世界上万事万物，千差万别，但却大体上能协调和谐，相互依赖，共生共存，"和而不同"，"和实生物"，自然界如此，人类社会亦应当如此。《礼记·中庸》说："中也者，天下之大本也；和也者，天下之大道也。致中和，天地位焉，万物育焉。"中和，不仅是中国人的宇宙观、世界观，也是其人生观和历史观，是他们追求和坚守的文化理想，构成了中华文化的核心思想。中华文化走向世界，在丰富多彩的文化交流中，有助于向世界展现优秀的文化元素，弘扬和谐、包容、开放的文化传统，有助于国际社会理解并认同中国走和平发展道路、建设和谐世界的美好愿望，同时争取更多支持的外部力量。"远人不服，则修文德以来之"。总之，中华文化走出去是一项重大战略任务，有利于营造客观友善、于我有利的国际舆论环境，树立中国良好的国际形象，不断增强中华文化的国际影响力。

第九章　科学发展观视域下文化建设的历史地位

党的十六大以后，在科学发展观的指导和部署下，中国特色社会主义文化理论不断创新，对社会主义文化建设规律、发展规律的探索取得了新的认识，达到了新的高度，极大地丰富和发展了马克思列宁主义、毛泽东思想和中国特色社会主义文化理论，为马克思主义文化理论中国化作出了新的历史性贡献，具有极其重要的理论价值和深远的现实意义。

第一节　科学发展观视域下文化建设思想的基本特征

科学发展观视域下文化建设思想的基本特征是：

其一，强烈的时代性。科学发展观视域下中国特色社会主义文化理论的一系列思想观点，鲜明地体现了当今世界与中国社会发展进步的时代特征。人类进入 21 世纪以后，文化的地位和作用日益凸显，文化因素和成果已经成为现代生产力的重要构成和推动力量。经济文化化和文化经济化逐渐成为世界潮流和发展趋势，越来越多的国家把提高文化软实力作为重要发展战略。从我国自身来看，随着经济社会持续快速发展，尤其是随着广大人民生活水平不断提高，我们正在经历从物质温饱型消费进入精神文化型消费的快速增长期，人们精神文化需要更加旺盛、持续增长。对此，胡锦涛指出，文化已经成为衡量社会文明程度和人民生活质量的显著标志，是经济社会发展的重要支撑，也是综合国力竞争的重要因素。因此，如何准确把握时代发展的脉搏，高扬引导中国社会前进的社会主义文化旗帜，大力加强文化建设，不断发展和壮大中国特色社会主义文化，充分满足人民群众的精神文化需求，不断增强人民群众的精神力量，是我们当前和今后面临的一项重大而艰巨的战略任务。

其二，浓郁的民族性。科学发展观视域下中国特色社会主义文化理论散发着中华传统优秀思想文化的智慧，既是对民族文化资源的继承和运用，更是对它的发展和超越。中国特色社会主义文化建设，"要全面认识祖国文化，取其精华，去其糟粕，使之与当代社会相适应，与现代文明相协调，保持民族性，体现时代性。"[1]在关于党的根本宗旨和中国特色社会主义事业的价值取向上，中国特色社会主义文化理论提出"以人为本"的思想；在社会主义精神文明建设和加强全社会道德建设方面，提出了以"八荣""八耻"为内容的社会主义荣辱观；在对社会主义本质属性的认识和把握方面，提出了构建社会主义和谐社会的重要理论，等等。以上文化思想无不闪烁着中华古代思想智慧的光辉，但却不是对历史上原有思想观点的简单机械照搬，而是立足于当代中国活生生的社会实践，加以科学的借鉴应用，实现了传统与现实的有机衔接，使古代思想文化焕发出新的生命力，适应了中国特色社会主义发展的需要，具有浓厚的民族文化底蕴和理论力量，不仅得到了全党全社会的普遍认同和响应，而且在国际社会上也受到了高度的赞赏。

其三，广泛的人民性。人民群众是历史的创造者，是我们的执政之基、力量之源。人民群众不仅是中国特色社会主义事业的主体力量，是社会主义精神文明的创造者，而且是先进的生产力和社会主义先进文化的建设者。胡锦涛在庆祝中国共产党成立90周年大会上的讲话中指出："来自人民、植根人民、服务人民，是我们党永远立于不败之地的根本。以人为

---

[1] 《十七大以来重要文献选编》上，中央文献出版社2009年版，第27页。

本、执政为民是我们党的性质和全心全意为人民服务根本宗旨的集中体现，是指引、评价、检验我们党一切执政活动的最高标准。"①坚持以人为本进行社会主义文化建设，坚持文化建设的人民性，就是要求始终站在人民群众的价值立场上，以为了人民的利益、满足人民精神文化的需要作为建设文化、发展文化的根本目的，把保障好、实现好人民群众的文化权益、让人民共享文化发展成果、使文化建设成果惠及更多的人作为中国特色社会主义文化建设的根本宗旨。为此，就要充分尊重人民群众在文化建设中的主体地位，发挥人民群众的文化实践首创精神，发挥人民群众的文化创造能动性，这是立党为公、执政为民和以人为本的理念在中国特色社会主义文化建设中的显著体现。

其四，显著的实践性。科学发展观视域下中国特色社会主义文化思想是内涵丰富、相对独立的理论体系，既具有深刻的理论性，而且不乏强烈的实践品格与现实指向性；既从理论上阐明了文化改革发展的一系列重大问题，又从实践上提出一揽子切实可行的具体措施和对策，对我国文化建设作出重要部署。任何社会都是经济、政治与思想文化的有机统一体。在现代社会，文化不仅服务于政治，而且作为重要资源已经成为推动经济发展的主导性因素。中国特色社会主义文化建设是一个系统工程，渗透并服务于整个中国特色社会主义事业各个领域与过程。推动文化建设和经济建设、政治建设、社会建设协调发展，已成为实现科学发展的必然要求。没有社会主义文化的繁荣和发展，就没有社会主义现代化。文化建设切忌空喊口号，重在落实。为此，各级党委要切实加强和改进对文化工作的领导，加快文化体制机制改革创新，加快构建公共文化服务体系，加快发展文化产业；要真正贯彻执行群众路线，从群众需要出发，推出更多人民喜爱、思想性艺术性观赏性相统一的精品力作，真正使文化发挥引领风尚、教育人民、服务社会、推动发展的实效性作用。

其五，突出的创新性。科学发展观视域下中国特色社会主义文化是新

---

① 《胡锦涛文选》第 3 卷，人民出版社 2016 年版，第 532 页。

型的先进文化，构成了我们共同的思想基础和共有的精神家园。实践证明，推进文化发展，继承是基础，创新是关键。进入改革开放新时期以后，党中央审时度势，致力于不断探索中国特色社会主义文化发展道路，积极倡导建设社会主义文化强国，极大地丰富和深化了马克思主义文化理论，创造性地回答了中国特色社会主义文化"走什么路，坚持什么方向，朝什么目标迈进"的重大战略性问题，对我国文化建设的指导思想、基本内容、目标任务、战略方针等一系列重要问题都做出了许多新的回答和阐述。例如，在文化建设奋斗目标方面，提出了增强国家文化软实力的重要性与紧迫性；在建设社会主义文化强国的总体要求中，提出要更好保障人民群众基本文化权益，建设中华民族共有精神家园，为人类文明进步做出更大的贡献；关于文化建设内容，指出社会主义核心价值体系是兴国之魂，决定着中国特色社会主义发展方向，要用社会主义核心价值体系引领社会思潮、凝聚社会共识，给我们指出了文化建设的抓手和着力点；关于文化建设战略方针，指出要牢牢掌握意识形态工作领导权和主导权，解放发展文化生产力，实施中华文化"走出去"战略，开创中华文化国际影响力不断增强的新局面；关于发展文化应该注意的问题，提出必须把社会效益放在首位，实现社会效益与经济效益的统一；要推动文化事业与文化产业大繁荣大发展，等等，这些重要论断重要观点重要思想，无不体现了高度的理论自觉和理论创新。

第二节　科学发展观视域下文化建设的重要意义

第一，中国特色社会主义文化建设在科学发展观中占据着十分突出的地位。从世界历史来看，人类的发展观不是一成不变的而是不断转变和飞跃的。特别是 20 世纪六七十年代以来，人类的发展观经历了从肇始于工业革命注重经济增长的发展观到社会优先发展的发展观，从单向、片面的发展观到全面、可持续的发展观,从只注重物的繁荣到关心人的发展观,从旧的发展理念到新的发展理念的重大转向。自从改革开放以来,我国坚持以经济建设为中心的基本路线,极大地促进了生产力的解放和发展,国民生产总值长期保持较高的增长速度,人民生活尤其是物质生活水平大大提高,解决了温饱问题并逐渐过上了富裕美满的小康生活,但同时也产生了一些诸如经济、社会、文化、资源、生态环境等方面的矛盾和问题,出现了一些影响改革发展、社会稳定与社会和谐的社会风险因素,大大降低了社会全面、协调和可持续发展的能力。尤其在思想文化领域,一些人的人生观、价值观、道德荣辱观、社会心理发生畸变、错位,物质主义、享乐主义、历史虚无主义等思想蔓延,一些错误、消极、腐朽、反动、堕落的有害思想观念有所滋长,与此相关的各种违法犯罪活动时有发生;文化发展、文化建设方面相对薄弱,文化发展不协调、不平衡、不充分的问题比较突出,国家文化软实力有待进一步提高。因此,坚持实事求是,解放思想,从我国经济社会及其变化的实际出发,转变人们的发展理念,不仅要树立科学、正确的世界观、人生观和价值观,而且要树立科学、正确的发展观,这是我国经济社会发展和中国特色社会主义建设一项重要而迫切的任务。

第二,中国特色社会主义文化建设在贯彻和实践科学发展观中发挥着特殊的功能。一方面,文化建设有助于推动中国特色社会主义社会全面发展进步。一个完整的社会是由经济、政治、文化、生态等组成的有机系统总体;相应地,社会的发展就是包括经济建设、政治建设、文化建设、生态文明建设等方面的整体协调的发展;尽管文化建设具有区别于社会领域建设的特殊性,但它不可能是封闭、独立或孤立地进行的,必然会作用和影响到经济建设、政治文明建设和生态文明建设,并通过社会其他领域建设得以体现。经济文化所蕴含的人性假设、劳动观、货币观、财富观等是影响和制约社会经济驱动创新与可持续健康发展的重要因素;政治文化中所蕴含的民主、公平、正义、法治等意识构成了现代政治文明建设的核心理念;生态文化所倡导的绿色、低碳、简约、环保等理念有力地促进了人类社会的生态文明建设的步伐，等等。总体上，一定的文化所提供的是一种条件性、环境性的、整合性、涵盖性的柔性社会氛围，犹如空气一样无处不在、无时不在，不可缺少。因此，以文化建设来推动社会的全面发展和进步，可说是一项行之有效而又必不可少的基础性工作。另一方面，人是文化的主体，文化建设必然有助于促进人的全面发展。从文化哲学的角度考量，文化的本质是人化、化人，文化具有属人性。如前所述，文化建设归根到底是人的现代化，是培养和塑造理想人格、提升人生境界、促进人与人的社会的全面发展，是真正意义上人的确立和实践生成。

科学发展观核心是以人为本，是全面、协调、可持续的中国特色社会主义发展观，这一发展观是中国共产党在新的世纪条件下对国内外出现的新情况、新问题、新环境提出的关于中国特色社会主义发展问题的系统、全面而深刻的理论，是发展中国特色社会主义必须遵循和贯彻的重大战略思想，也是关于中国社会发展问题的新的科学思维方式。从中国特色社会主义文化发展道路来看，科学发展观是党的十六大以后中国特色社会主义文化建设的指导思想。在中国特色社会主义文化建设实践中，我们贯彻科学发展观，以科学发展观来纠正传统发展观和非科学发展观模式存在的不足，不断把中国特色社会主义文化建设事业推向前进、推向新的境界。一方面，实践需要理论的指导，中国特色社会主义文化建设在科学发展观的指导之下取得一系列新的发展、新的成就；另一方面，科学发展观在中国特色社会主义文化建设具体实践中不断得到贯彻和检验，通过实践证明了科学发展观的科学性、真理性和正确性。

第三节　科学发展观视域下文化建设的历史地位

党的十六大以后，围绕坚持和发展中国特色社会主义文化，在科学发展观的指导下，党中央提出一系列紧密相连、相互贯通的新思想、新观点和新论断，对新形势下"建设什么样的文化、怎样发展文化"等重大问题作出了新的回答；把我们党对中国特色社会主义文化发展规律的认识提高到新的水平；对探索中国特色社会主义文化发展道路作出了独特的理论贡献。

第一，十六大以后的文化建设思想是马克思主义文化理论、中国特色社会主义文化理论重要的组成部分。

十六大以后，在科学发展观引领下我们党在文化建设方面所提出的一系列新思想、新观点、新概括和新论断，既是马克思主义文化理论中国化的成果和结晶，也是对于进入改革开放以来中国社会主义文化建设丰富历史经验的科学概括和总结，涵盖了中国社会主义先进文化建设的各个方面，紧密结合世界形势特别是我国的具体文化国情的实际变化，适应了我国社会主义文化建设的新实践、新要求，充实、丰富了马克思主义文化理论、中国特色社会主义文化理论，包含着十分丰富的内容，是马克思主义文化理论、中国特色社会主义文化理论重要的组成部分。

第二，科学发展观视域下中国特色社会主义文化建设思想继承、创新和发展了马克思列宁主义、毛泽东思想、邓小平理论、"三个代表"重要思想等的文化思想。

科学发展观视域下中国特色社会主义文化建设思想既是对前人思想的继承，更是对前人思想的发展。关于弘扬和发展共产主义文化、社会主义文化，马克思主义经典作家和以毛泽东、邓小平、江泽民等为代表的中国共产党人都作出过许多深刻的论述，给我们指明了文化建设的方向。马克思恩格斯关于人类自由和解放的学说、关于人的本质力量对象化及其人的社会实践本质，以及对文化与自然、社会、历史关系论述等思想中，都彰显着他们对文化发展规律的把握和理解。在党领导人民进行的革命、改革和建设过程中，以毛泽东、邓小平和江泽民等为代表的中国共产党人，致力于马克思主义文化理论中国化，在不同的时期和历史条件下对马克思主义文化理论进行创新、发展，这些都构成了科学发展观视域下中国特色社会主义文化建设思想的思想来源。更重要的是，科学发展观视域下中国特色社会主义文化建设思想，结合国际国内的形势特征，赋予了中国特色社会主义鲜明的时代特征，为中国特色社会主义文化建设赋予了更加深刻的内涵。

第三，对新形势下"建设什么样的文化、怎样发展文化"等重大问题作出了新的发展、新的回答。

十七届六中全会通过的《中共中央关于深化文化体制改革 推动社会主义大发展大繁荣若干重大问题的决定》指出，我国文化建设的奋斗目标就是要坚持中国特色社会主义文化发展道路，"高举中国特色社会主义伟大旗帜，以马克思列宁主义、毛泽东思想、邓小平理论和'三个代表'重要思想为指导，深入贯彻落实科学发展观，坚持社会主义先进文化前进方向，以科学发展为主题，以建设社会主义核心价值体系为根本任务，以满足人民精神文化需求为出发点和落脚点，以改革创新为动力，发展面向现代化、面向世界、面向未来的，民族的科学的大众的社会主义文化，培养高度的文化自觉和文化自信，提高全民族文明素质，增强国家文化软实力，弘扬中华文化，努力建设社会主义文化强国。"这就系统地回答了"实现什么样的文化奋斗目标"的问题，为文化建设指出了发展的方向。为此，中国特色社会主义文化建设必须贯彻"以人为本"的发展理念，必须坚持社会主义文化科学性、先进性要求，必须坚持全面、协调、可持续发展的要求。大力建设社会主义核心价值体系，倡导发展和谐文化、生态文化、网络文化，以"八荣八耻"的社会主义荣辱观加强社会主义道德建设，构建中华民族共有的精神家园，推动文化事业和文化产业全面协调可持续发展，深化文化体制改革，不断创新文化体制和文化机制，实施中华文化"走出去"战略。要用系统思维、辩证思维、战略思维去谋划文化发展，要从整体、全局、长远看待文化发展，坚持统筹兼顾的原则，着力解决制约和影响我国城市与乡村、经济发达东部地区与广大中部西部地区文化发展存在的不协调、不平衡的突出问题，不断满足人民群众对于文化生活的需要，保障好人民的文化权利，实现好人民的文化权益，使人民群众能够最大限度地分享改革发展的成果，在文化建设发展中有更多的获得感。

第四，科学发展观视域下文化建设思想把我们党对中国特色社会主义文化发展规律的认识提高到新的水平。

科学发展观坚持"发展是党执政兴国的第一要务"，体现了马克思主义理论、中国特色社会主义实践主题与人类文明发展永恒主题三者的高度统一。具体到文化建设方面，科学发展观创新了文化发展理念，把握了新的历史条件下我国文化的发展规律。人民群众是社会历史的主体，是我们的执政之基、力量之源。科学发展观明确提出"以人为本"的价值理念，体现了我国社会主义事业发展的根本目的与根本追求；科学发展观提出建设社会主义和谐文化，使我国社会主义文化的目标更加合理、更加清晰。从社会整体发展的角度看，经济建设是中心，政治建设是保证，文化建设是灵魂，社会建设是条件，生态文明建设是基础。和谐文化是社会主义先进文化的体现。和谐文化符合时代需求，符合我国社会和人民的根本利益，契合人类社会发展的客观实际。只有建设和发展社会主义和谐文化，才能有助于形成经济富裕、政治民主、文化繁荣、社会和谐、生态良好的发展格局，把我国建设成为富强民主文明和谐的社会主义现代化国家。科学发展观把统筹兼顾作为深入贯彻落实科学发展文化、建设文化的根本方法，体现了对马克思主义唯物辩证法的正确运用。

第五，科学发展观视域下文化建设思想对探索中国特色社会主义文化发展道路作出了独特的理论贡献。

中国特色社会主义文化发展道路不是现成的。文化发展道路同其他任何道路一样都是走出来的、是在长期的实践中努力探索出来的。我们党是马克思主义思想文化武装成长起来的、有着高度文化自觉和文化自信的马克思主义政党，在革命、建设、改革各个历史时期，都非常重视思想政治教育工作，重视文化建设，重视对广大人民群众精神世界的丰富、塑造和建设，充分发挥马克思主义思想文化对于人民群众的引领、鼓舞和带动作用，致力于马克思主义文化理论的中国化，谱写了马克思主义文化发展的中国篇章。以毛泽东同志为核心的党的第一代中国共产党领导集体，在中国革命斗争的实践中创立并发展了以新民主主义文化为核心内容的革命文化，毛泽东指出，"革命文化，对于人民大众，是革命的有力武器。革命文化，在革命前，是革命的思想准备；在革命中，是革命总战线中的一条必要和重要的战线。而革命的文化工作者，就是这个文化战线上的各级指挥员。"①党领导下的革命文化建设，发挥了极其巨大的威力，为中国革命的胜利、为民族独立和国家解放奠定了坚实的思想文化基础。新中国成立后，中国共产党又开始了社会主义文化发展道路的实践探索；以邓小平同志为核心的党的第二代中央领导集体，明确提出文化建设的"二为"方针，指出社会主义制度的优越性表现在它的文化、科学技术水平应该比资本主义发展得更快、更先进，强调物质文明和精神文明两手抓、两手都要硬等等，进一步丰富和发展了毛泽东文化建设思想。以江泽民同志为核心的党的第三代中央领导集体，提出"三个代表"重要思想，强调我们党要代表先进文化的前进方向，社会主义文化"必须以科学的理论武装人，以正确的舆论引导人，以高尚的精神塑造人，以优秀的作品鼓舞人，不断培养和造就一代又一代有理想、有道德、有文化、有纪律的社会主义新人。"②党的十六大以后，以胡锦涛同志为总书记的党中央，以科学发展为主题，坚持以人为本，指出"文化是民族凝聚力和创造力的重要源泉，是综合国力竞争的重要因素，是经济社会发展的重要支撑"，强调要"始终高扬引导中国社会前进的社会主义文化旗帜，不断发展社会主义文化，我们才能不断丰富人民群众的精神世界，不断增强人民群众的精神力量"，着力破解文化发展难题，坚持一手抓繁荣、一手抓管理，不懈探索文化建设规律，提出解放和发展文化生产力、建设社会主义和谐文化、建设中华民族共有的精神家园、建设社会主义核心价值体系、建设国家文化软实力、建设社会主义文化强国等新论断，要求在中国特色社会主义的伟大实践中进行文化创造，让人民共享文化发展成果等等，中国特色社会主义文化发展道路日益明晰，中国特色社会主义文化建设取得了一系列新的重大的成就。

---

① 《毛泽东选集》第2卷，人民出版社1991年版，第708页。

② 江泽民：《在全国宣传思想工作会议上的讲话》（1994年1月24日），《论党的建设》，中央文献出版社2001年版，第125页。

余 论

党的十八大以来，以习近平同志为核心的新一届中央领导集体，向全世界宣示了国家富强、民族振兴、人民幸福的"中国梦"这一重要战略构想。"中国梦"是国家文化想象、中华民族理想与中国人民愿景凝练的话语表达，它实现了对中华传统文化理想的有效接续与时代刷新，揭示了中华民族的历史命运和当代中国的发展走向，也为中华民族伟大复兴提供了重要的精神动力与思想向导。"中国梦"是国家的梦，是民族的梦，也是人民的梦、每个中国人的梦。"中国梦"的提出，不仅是中国政府和中国共产党人的政治价值取向的郑重宣言，也是中国人民精神面貌、内心情感和愿望的体现，更为丰富和发展中国特色社会主义文化理论提供了很好的视角和难得的历史机遇。我们认为，从"中国梦"理解中华民族和中国人民，就在一定程度上把握了中国共产党的执政理念与文化追求，也在一定程度上把握了当代中国人民的精神文化特质。

"中国梦"内涵深刻，折射着中华民族的思想文化智慧；"中国梦"贯通历史，负载着几代中国人的夙愿，具有深厚的历史渊源和广泛的现实基础；"中国梦"立足现实，表达了中国人对国家民族的准确定位和科学判断；"中国梦"憧憬着未来，表达了中国人对未来美好生活的期许，维系了中华民族的共同情感和奋斗方向。实现"中国梦"，一直是近代以来无数仁人志士顽强追求的目标，也是时代潮流突出的主题，更是中华儿女长久不变的心结。"中国梦"所反映出来的文化价值观念和美好理想，深刻地影响着当代中国社会的发展节律，彰显着中国国家文化形象和精神历史。

对中华儿女来说，实现中华民族伟大复兴的"中国梦"决不是一般地挂在口头的豪言壮语，绝非脱离社会历史实际的空想或臆想，它实实在在地道出了全体中国人民的心声，超越了时空的局限，催人奋进，是回荡在辽阔中华大地广袤上空的共同旋律，激荡起广大人民群众的强烈共鸣，极大地焕发出了鼓舞人心的精神力量，是中华民族共同的文化寄托和精神归宿，也是近代以来推动中国不断前行的精神动力。当前，我国正处在由传统农业文明社会向现代工业经济社会的快速转型时期，社会结构出现一系列深刻变化，社会利益格局出现深刻调整，人们的社会思想和文化价值追求日益多元多样，而且复杂多变。然而，唯有在实现中华民族伟大复兴的"中国梦"这一宏伟愿景上，全体中华儿女能够找到最大的思想交集；在"中国梦"这一理想上，人们最有可能在多元社会价值中凝聚、产生最大的共识，从这个意义上说，"中国梦"也就具备了对转型社会多元文化价值观强大的引领和整合功能。

一个民族、一个国家，如果没有自己的文化，如果没有属于自己的精神支柱，就等于没有思想灵魂，就会失去凝聚力和生命力。实现中国梦，必须弘扬中国精神。这就是以爱国主义为核心的民族精神，以改革创新为核心的时代精神。这种精神是凝心聚力的兴国之魂、强国之魄。爱国主义始终是把中华民族坚强团结在一起的精神力量，改革创新始终是鞭策我们在改革开放中与时俱进的精神力量。在实现中华民族伟大复兴的征程中，全国各族人民一定要弘扬伟大的民族精神和时代精神，不断增强团结一心的精神纽带、自强不息的精神动力，永远朝气蓬勃迈向未来。今天，我们比历史上任何时期都更接近这个梦想，也更有信心、有能力实现这个目标。实现"中国梦"，需要全体中华儿女同心同德，群策群力，万众一心，众志成城，凝聚共同之民族精神力量，以高昂向上的精神风貌，为实现国家富强、民族振兴、人民幸福之共同理想而脚踏实地，攻坚克难，不懈奋斗，直到梦想成真。

责任编辑：崔继新
编辑助理：邓浩迪
封面设计：汪　阳
版式设计：东昌文化

图书在版编目（CIP）数据

科学发展观视域下文化建设思想研究 / 种海峰 著 . —北京：人民出版社，
　2020.9
ISBN 978－7－01－021442－9

I.①科… II.①种… III.①文化事业－建设－研究－中国 IV.① G12
中国版本图书馆 CIP 数据核字（2019）第 244823 号

科学发展观视域下文化建设思想研究
KEXUE FAZHANGUAN SHIYU XIA WENHUA JIANSHE SIXIANG YANJIU

种海峰　著

人民出版社 出版发行
（100706　北京市东城区隆福寺街 99 号）

北京虎彩文化传播有限公司印刷　新华书店经销

2020 年 9 月第 1 版　2020 年 9 月北京第 1 次印刷
开本：710 毫米 ×1000 毫米 1/16　印张：20
字数：290 千字

ISBN 978－7－01－021442－9　定价：68.00 元

邮购地址 100706　北京市东城区隆福寺街 99 号
人民东方图书销售中心　电话（010）65250042　65289539